新型农业经营主体与政策研究

⊙ 黄祖辉　陈　龙 编著

ZHEJIANG UNIVERSITY PRESS
浙江大学出版社

序　言

　　进入 21 世纪后,浙江在确保农业发展和促进农民增收方面取得了显著的成效。全省农业生产总值从 2001 年的 659.78 亿元增长到 2008 年的 1095.43 亿元,年平均增长率达到了 7.51%;农村居民人均纯收入则在 2009 年首次突破万元,连续 25 年位居全国各省区第一。但是,浙江省农业发展仍然面临着农业基础资源短缺、生产成本上升、经营主体素质不高、基础设施薄弱等许多制约和困难。这些因素相互作用、不断变化,对我省农业进一步做大做强、农民进一步增效增收提出了严峻的挑战。事实上,该问题的凸显恰恰反映出现有农业发展方式的缺陷和不足,要突破制约、攻克难题的关键就在于加快转变农业发展方式。

　　2007 年,党的十七大报告明确指出要加强农业基础地位,走中国特色农业现代化道路,建立以工促农、以城带乡长效机制,形成城乡经济社会发展一体化新格局。对于浙江而言,就是要立足省情,认真贯彻"创业富民、创新强省"总战略,创新农业发展方式,走出一条符合浙江实际、具有浙江特色的农业现代化道路。具体来说,就是要推进农业理念和实践创新,坚持用工业的理念和办法抓农业;推进农业产业结构创新,科学利用好稀缺的农业资源;推进农业生产关系创新,大力提高规模化水平;推进农业科技创新,提高农业科技贡献率;推进农业经营主体创新,提高产业化经营水平;推进农业投入机制创新,努力增加农民收入;推进农业服务方式创新,提高为农服务水平;推进农业管理创新,提高依法行政能力。

　　在上述创新内容之中,农业经营主体作为最活跃、最根本的要素之一,其创新不仅符合农业发展的客观规律,而且具有十分重要的现实意义和实践价值。众所周知,相较于传统农业,现代农业在科技、投入、经营、管理等方面对农业主体的要求明显提高,仅凭老经验、老办法已经行不通,必须要有一批懂技术、善经营、会管理的现代农业经营主体。当前,浙江省 70% 以上的农村劳动力已经稳定转移到第二、第三产业中,农业中青壮年劳动力流失明显且后备不足,现有农业从业人员中,51岁以上的占53%,小学文化以下的占71%,这大大影响了我省现代农业的发展后劲。在继续做好农村剩余劳动力转移工作的基础上,切实提升农业经营主体的综合素质显得尤为重要。一方面要加强培训,提高现有农业劳动力素质;另一方面要创造条件,吸引和鼓励有文化有技术的青壮年来从事农业。

学术界长久以来做了大量细致而翔实的研究工作,来探讨农业现代化的发展道路问题。教育部人文社科重点研究基地——浙江大学农业现代化与农村发展研究中心(CARD)主任、浙江大学中国农村发展研究院院长黄祖辉教授及其研究团队在"三农"问题的研究上具有颇深的造诣和丰富的成果。因此,为了更好地了解掌握有关问题的真实状况,我在担任浙江省分管农业的副省长时,于2007年和2008年设立省长专项课题,由省政府办公厅副主任陈龙和浙江大学中国农村发展研究院黄祖辉教授共同负责,组织实施了针对浙江农民就业和新型农业经营主体培育问题的调查研究。在课题组成员的通力合作与辛勤工作之下,两项课题均取得了有益的成果,并以本书的形式得以出版,公开发行。

综观本书,四大篇章既有根据实地调研获得第一手数据进行分析而成的调研报告,也有与研究对象深入访谈而形成的典型案例,还有海纳百川借鉴别国现代农业发展路径的经验总结和中央、浙江省及省内地市现行的相关政策。本书内容不仅有助于公共服务部门提高服务效率与管理水平,也有助于那些有志投身农业的人士了解我省农民就业和农业经营主体发展的现状、瓶颈与需求。

我国的基本国情决定了必须坚定不移地坚持农业作为国民经济基础的地位不动摇。农业现代化是实现这一目标,进而确保我国经济和社会科学、健康、快速发展的必由之路。广大的农业经营主体是我们实践现代化的排头兵和先锋队,只有尽快改变农业经营主体的整体素质,创新体制机制,做好服务管理,切实保障他们的经济利益,积极调动他们的生产热情,并大力培育新一代农业经营主体,才能真正加快农业增效、农民增收和农村发展的脚步,从而全面实现我国现代化事业的宏伟目标。

茅临生

二0一0年四月

前　言

　　早在 2008 年初,我们曾就党的十七大报告提出的走中国特色农业现代化道路这一命题进行过研讨与交流。我们认为在中国特色农业现代化道路的发展路径选择上,既要坚持加快转移农业剩余劳动力,减少农业劳动者的数量,推动农业生产从小规模向适度规模转变,又要注重劳动者素质的提高和人员的更新,大力培育有文化、懂技术、会经营的新型农民,着力解决好农业老龄化、兼业化的问题,从而促进我国的农业生产从粗放的劳动密集型向高效的技术、知识密集型转变。这一观点后来在另一篇讨论中国三农问题解决思路的文章中亦有阐述。可以说,加快剩余劳动力转移,注重新型农业人口培育不仅关系到我国农业现代化事业的成败,而且更关系着九亿农民的生存、转型与发展这一"三农"核心问题能否得以顺利破解。

　　过去 30 年,浙江省在对国情省情及社会经济发展趋势的客观剖析与准确把握的基础上,在发展农业、建设农村、富裕农民方面作了许多积极且富有成效的探索。从粮食购销市场化改革到率先取消农业税,从积极推进农业产业化到大力发展农民专业合作组织,广大农民在变革中历经就业形式转变、劳动收入增加、生活方式更新、创新能力增强等新变化。2009 年浙江省农村居民人均纯收入突破万元大关,达到 10007 元,连续 25 年居全国各省区第一。2008 年农业 GDP 达到 1095.43 亿元,占全省 GDP 总量的 5.1%。与此同时,全省农业从业人口继续下降 0.85 个百分点,占总从业人口的 19.22%。然而,浙江在经济社会转型时期不仅收获着成功的果实,在当今全球经济环境风云变幻之际更面临着前所未有的各种挑战。在进一步推进统筹城乡发展的过程中,我们仍然需要克服农民增收压力加大,农业人口比重偏高,农技推广效率低下、经营主体现代性不强等一系列复杂多变的难题。

　　正是基于上述认识,2007 年和 2008 年在时任浙江省副省长茅临生同志

1

的直接指导下,我们先后主持了"浙江省农民就业问题政策研究"和"浙江省新型农业经营主体政策研究"两项省长课题,分别就浙江省的农民就业的充分性、稳定性及和谐性与新型农业经营主体的发展现状、瓶颈及需求进行了调查研究。本书将这两项课题的研究成果以及一些相关内容进行了整理汇编,主要包括以下四个部分:

第一部分调研报告篇由《浙江省农民就业状况与对策研究》和《新型农业经营主体:现状特征、成长路径及政策需求——基于对浙江省10个县(市、区)的调查研究》两个课题调研报告组成。

第二部分典型案例篇总结了8个农业专业大户、22个农民专业合作组织和7家农业龙头企业的基本情况与经营绩效,并对其成功经验进行了点评分析。

第三部分境外经验篇分别选取了发达国家、发展中国家和特色国家(地区)中的典型代表,介绍了它们在培育新型农业经营主体方面的特点和经验。

第四部分政策法规篇则选编了当前中央、浙江省及省内各县市在培育新型农业经营主体方面出台的重要法律法规或办法条例。

长期以来,学术界对农民就业和农业经营主体等问题进行了广泛而深入的探讨,实际上对于它们的重要性,不应局限于增收和发展现代农业的范畴,更应该从提高我国农民的主体性和现代性的高度来加以注释。本书从来源实践、服务实践的角度出发,对浙江省近年来在这些问题上的发展状况、成功经验和存在的问题进行了总结,并辅以典型案例、国外经验和相关政策,以期能在一定程度上为公共服务部门完善工作,广大农民增收创富尽一份绵薄之力。

编 者
2010 年 4 月

目　录

1　调研报告篇

2007 年浙江省农民就业问题政策调研报告 ………………… 3
2008 年浙江省新型农业经营主体政策调研报告 ………… 48

2　典型案例篇

农业专业大户典型案例 ………………………………… 77
农民专业合作社典型案例 ……………………………… 99
农业龙头企业典型案例 ………………………………… 173

3　境外经验篇

发达国家农业经营主体发展的经验总结 ……………… 197
发展中国家农业经营主体发展的经验总结 …………… 210
其他农业特色国家(或地区)农业经营主体发展的经验总结 ………… 225

4　政策法规篇

国家培育新型农业经营主体的主要政策法规 ………… 241
浙江省培育新型农业经营主体的相关政策法规 ……… 246
省内各地市培育新型农业经营主体的相关政策法规 ……… 261

参考文献 ………………………………………………… 281
后　记 …………………………………………………… 283

1 调研报告篇

浙江省农民就业状况与对策研究

浙江省农民就业问题政策研究课题组①

一、研究背景和研究目的

农民收入的可持续增长是关系到国计民生和社会稳定的重大问题,也是实现农村全面小康和建设和谐社会的关键所在。因此,各级政府和社会各界对这一问题都给予了高度的重视与关注。已有的研究成果和实践经验揭示了增加农民收入的关键在于优化农民就业结构,确保广大农民实现充分就业、稳定就业以及和谐就业。

改革开放以来,浙江农村经济快速发展,浙江农民收入不论在绝对数量上还是在增长速度上,一直位居全国前列,人均纯收入连续 21 年保持全国省区第一。"十五"期间,浙江省各级政府和有关部门认真贯彻落实党中央、国务院出台的减免农业税、实行"粮食直补"等一系列的惠农举措,坚持对农民实行"多予、少取、放活"的方针,提高了农民的生产积极性,广大农民获得了真正的实惠。此外,农民非农收入的持续增长进一步确保了浙江农民收入的稳定增长。2005 年农村居民人均纯收入达到了 6660 元,与"九五"末期的 2000 年人均 4254 元相比,五年农民收入增加了 2406 元,增长了 56.6%,年

① 本课题是由浙江大学中国农村发展研究院(CARD)院长黄祖辉教授主持的一项省政府委托政策调研项目,课题得到了浙江省人民政府茅临生副省长的直接指导。参与课题设计、实地调研、数据分析、报告撰写及讨论的有浙江省人民政府办公厅副主任陈龙,浙江省农业厅经管处童日晖处长、吕丹以及浙江大学 CARD 的俞宁、刘雅萍等。本调研报告由俞宁、刘雅萍等执笔,黄祖辉教授统稿并修订完成。课题调研期间得到了浙江大学学生"三农"协会的大力协助,在此表示感谢。

均增长 9.4%,扣除价格因素年均实际增长 7.4%。2006 年,浙江农村居民人均纯收入达到了 7335 元,比 2005 年实际增长 9.3%[①]。2007 年,浙江农村居民收入又创新高,人均纯收入达到了 8265 元。

与此同时,由于经济社会环境的不断变化和市场竞争的不断加剧,浙江农民的收入和就业状况也发生了一系列的变化,呈现出一些新的特点。主要表现在以下四个方面:第一,农民兼业就业现象日益普遍;第二,农民工资性收入增长较快;第三,农户家庭经营农业收入所占比重不断下降,其中种植业收入在农户收入中比重不断下降,林、牧、渔业收入比重有所上升;第四,农户转移性和财产性等非经营性的收入增长加快。

调查研究表明,尽管"十五"期间浙江省在农民就业和农户增收方面取得了显著的成绩,但仍有不少新问题需要研究和解决。首先,浙江农民收入的持续稳定增长是通过平均数表现出来的,但在平均数下掩盖了收入差距以及低收入户增收困难等问题。根据浙江农村住户抽样调查资料显示,2005 年全省有 57.4%的农户人均纯收入低于全省农民纯收入平均水平,所占比重比前几年有所提高。其次,浙江省农民收入之所以较高的一个重要原因是非农收入所占的比重很高(高达 80%以上),这与浙江非农产业的发展、农业劳动力的转移以及就业的方式密切相关。但是,经过 30 年的改革发展,外省低成本劳动力大量流入我省,与我省劳动力在就业领域形成激烈竞争,导致浙江农业劳动力向外转移的难度与成本不断加大。我省农业 GDP 比重已降至 6%左右,但近几年农业劳动力比重始终徘徊在 26%左右,进一步的下降趋势并不明显,这不仅对浙江省农民的充分就业、稳定就业、和谐就业是一个严峻挑战,而且也不利于浙江经济结构与就业结构的相互协调。再次,浙江省正处在发展高效生态现代农业的关键时期,要求农业劳动者与其相适应,但如果目前我省 26%左右的农业劳动力大多是因为文化低、体弱或年老等原因而不能转向非农产业就业,则会不利于我省现代高效生态农业的发展。

由此可见,深入了解我省农民在不同领域的就业状况,就业的充分性、稳定性与和谐性,就业与收入的关系,农民就业意愿与困难及其制约因素,可以更好地解决民生问题,完善惠农政策,建立浙江农民充分就业和长效增收机制,进而不断提高我省农民就业竞争力,进一步转移农业富余劳动力,提高低收入农户收入水平,培育新型农业经营主体和非农产业高素质农民

---

① 此处所用的相关数据主要来自国家统计局浙江调查总队编写的《从"十五"浙江农民收入变化看农民增收前景》一文。

工就业群体、从而实现我省农民的充分就业、稳定就业和和谐就业。

基于上述认识，在茅临生副省长的直接指导下，在浙江省人民政府办公厅的大力支持下，我们在 2007 年 6 月至 2007 年 9 月间，对浙江省全省 11 个地级市的农户以及杭州地区的浙江籍农民工进行了较大范围的抽样调查，取得了大量的关于浙江省农民就业状况的第一手数据，就数据中所反映的就业现状、就业分类、存在问题和制约因素进行了统计处理和具体的分析，并且在此基础上提出了一些政策性建议，希望此项研究成果能够为浙江省委省政府应用，能够对其他地区经济社会的发展提供参考和启示。

二、调研方法与对象说明

（一）调研方法与区域选择

为了能够比较全面地了解浙江省农民就业的现状，找到影响其就业的主要因素，并针对具有不同就业特点的农民所面临的就业难题提出针对性的对策性建议，我们采用了访谈与问卷调查相结合的方法，并根据调研对象的不同，分阶段地实施了调研活动。

第一阶段的调研主要针对在杭州地区务工的浙江籍农民工。我们不仅重点调查了杭州市上城区、下城区、拱墅区、江干区、西湖区、滨江区、萧山区、余杭区等 8 个区的浙江籍农民工，还将调研范围延伸到临安、富阳、建德 3 个县级市以及桐庐、淳安 2 个县，基本覆盖了杭州地区不同经济发展水平的各个区域。并且根据《2007 年浙江农村统计年鉴》中提供的农民工务工行业分布数据，按照相应比例，运用简单随机抽样法，抽取并调研了在制造业、建筑业、交通运输业、仓储业、批发零售业、餐饮服务业等行业中务工的浙江籍农民工。

第二阶段的调研则是针对浙江省的农户而展开。浙江省共有 11 个地级市、30 个市辖区、22 个县级市、35 个县以及 1 个自治县。在兼顾调研范围的广度与调研工作的便利的前提下，我们使用了分层抽样法，使得调研覆盖了全省的 11 个地级市。在对每一个地市级的农户进行调研时，我们依据便利原则选择部分市辖区、县级市和行政村，并采用简单随机抽样法在被选择的行政村中抽取农户，完成问卷调研，图 1 中的小红旗显示了所有被选取的市辖区与县级市分布图。

与此同时，为了能从浙江省农村基层管理者中了解相关行政村农民就业的总体情况，我们也对浙江省部分行政村的管理人员进行了访谈。

图 1 《浙江省农民就业与对策研究》课题调研所选市辖区与县级市分布

（二）调研对象

此次课题研究关注的是浙江省农民的就业问题，我们根据具体情况，把就业的农民分为三类：一类是在城市里就业的农民工①。在第一阶段的调研过程中，我们的调研对象仅限于在杭州地区务工的浙江籍农民工，也就是通

---

① "农民工"是指户籍身份还是农民、有承包地，但主要从事非农产业、以工资为主要收入来源的人员。狭义的农民工，一般是指跨地区外出进城务工人员。广义的农民工，既包括跨地区外出进城务工人员，也包括在县域内第二、第三产业就业的农村劳动力。资料来源：国务院研究室中国农民工问题研究课题组：《中国农民工调研报告》，中国言实出版社 2006 年版。

常所指的农民工。由于这部分农民工的地域流动性很强,而杭州作为浙江省的经济、政治和文化中心,不仅吸纳了数量最多的浙江籍农民工,而且也是外省农民工进入浙江务工优先选择的城市之一。通过调研杭州地区的本省农民工,可以在一定程度上反映全省农民工的就业状况和问题。第二类是在本省县域内第二、第三产业就业的那一部分农村劳动力。第三类是主要从事家庭经营的农业或非农产业的农民。表1具体说明了浙江省不同就业状况的农民所对应的主要调研阶段。

表1 浙江省不同就业状况农民所对应的主要调研阶段

农民就业状况分类	细　　分	对应调研阶段
个人劳务活动	跨地区外出进城务工	第一阶段
	县域内第二、第三产业务工	第二阶段
家庭经营活动	农业生产	第二阶段
	非农生产	第二阶段

(三)样本总数及分布

在整个调研过程中,我们一共发放了33份行政村问卷,500份农民工问卷以及1100份农户问卷;共回收了30份行政村问卷,483份农民工问卷和939份农户问卷。问卷回收率分别为90.9%、96.6%和85.4%。其中,农户样本在各个地级市的市辖区及县级市的分布情况如表2所示。

表2 农户样本在各个地级市的市辖区及县级市的分布情况　　单位:个

地级市	市辖区/县级市	样本数量	地级市	市辖区/县级市	样本数量
杭州市	萧山区	46	绍兴市	诸暨市	32
	余杭区	37		新昌县	16
	桐庐县	30		嵊州市	12
	淳安县	22		绍兴县	13
湖州市	吴兴区	52	金华市	东阳市	25
	德清县	42		义乌市	19
	长兴县	39		武义县	23
宁波市	镇海区	29	台州市	路桥区	25
	余姚市	34		温岭市	49
	奉化市	20		三门县	25

续　表

地级市	市辖区/县级市	样本数量	地级市	市辖区/县级市	样本数量
嘉兴市	南湖区 桐乡县	20 51	衢州市	江山市 桐城县	32
丽水市	莲都区	99	舟山市	定海区	64
温州市	乐清市	49	总　计		905

（四）重要变量说明

根据《浙江农民就业状况调查问卷》中的问题设置,我们将取得的数据归纳为农户家庭基本情况、劳动力个人情况、农户家庭经营农业情况、农户家庭经营非农业情况、农民外出务工情况和非经营性收入情况六部分。表3是各部分较为重要的变量涵义说明。

表3　各类重要变量涵义说明

变量类别	变量名称	变量涵义
农户家庭基本情况	劳动力数 2006 年家庭纯收入 承包地 目前经营① 转包进/转包出	年满 16 周岁的劳动力数量 2006 年家庭经营农业、家庭经营非农业、劳动力外出务工纯收入以及非经营性收入之总和 农户目前家庭承包土地的数量 农户目前家庭经营使用的土地数量 农户目前家庭转包进/转包出的土地数量
劳动力个人情况	人口信息② 目前就业领域 是否兼业 劳动时间③ 就业地点 持续工作时间 岗位数	性别、年龄、婚姻、文化程度 劳动力目前从事的工作隶属的行业 劳动力是否同时在农业和非农产业中从事工作 2006 年劳动力在相应产业中工作的天数 2006 年劳动力主要工作的地点 劳动力在主要岗位上持续工作的时间 劳动力目前同时就业的不同岗位的数量

---

①　农户家庭目前经营使用的土地数量应该等于农户家庭承包的土地数量加上转包进的土地数量再减去转包出的土地数量。

②　人口信息对劳动力多个人口指标变量的总称,包括性别、年龄、婚姻和文化程度这四个具体变量。

③　这里相应产业划分为种植业、养殖业、产后加工业、家庭经营非农业、非家庭就业(在外务工),且在计算工作天数时,一天劳动时间 2 小时以下的算四分之一天;一天劳动 3~4 小时的算半天;一天劳动 5~6 小时的算四分之三天;一天劳动六小时以上的算一天。

变量类别	变量名称	变 量 涵 义
农户家庭经营农业情况	2005/2006 年种植业情况① 2005/2006 年养殖业情况② 2005/2006 年产后加工服务业情况③ 2005/2006 年农业收入 雇佣劳动力情况	农户 2005/2006 年家庭经营种植业的具体生产情况 农户 2005/2006 年家庭经营养殖业的具体生产情况 农户 2005/2006 年家庭经营产后加工服务业的具体生产情况 农户 2005/2006 年家庭经营农业所得收入情况 农户 2006 年在农业生产中是否雇佣劳动力,雇佣的人数、天数以及费用情况
农户家庭经营非农业情况	主要经营领域 销售收入 税后收入	农户家庭经营非农产业项目所属的具体行业 农户家庭经营非农产业项目所得的总收入 农户家庭经营非农产业项目扣除税收后的收入
农民外出务工情况	主要从事领域 年净收入	农民外出务工时主要从事工作所属的具体行业 农民外出务工时所得收入减去所有开支的余额
非经营性收入情况	租金 股息、红利和利息 亲友赠予 土地征用补偿 社保/补贴	农户出租自有资产所得的收入 农户持有的股票、基金和存款所得的收入 农户从亲友处获得的无偿的收入 农户因土地被政府征用而获得的补偿收入 农户因参与社保或政策规定而获得的补贴收入

三、浙江省农民就业现状与分析

客观准确地了解浙江省农民就业现状,是发现农民就业过程中现存问题的前提和基础,也是政府部门有的放矢地制定相关政策法规的重要保证。课题组通过对浙江省广大农民进行的多阶段多层面的问卷调研,利用 SPSS 和 EXCEL 等统计软件,从行政村、跨地区外出务工农民工以及农户等三个维度,详细考察了目前浙江农民就业的现状。

(一) 从行政村维度看

在第二阶段的调研活动中,我们和 30 位来自浙江省不同行政村的管理

---

① 种植业的具体经营项目主要包括粮食、蔬菜、水果、花木、茶叶、竹笋、蚕桑、食用菌、中药材等。
② 养殖业的具体经营项目主要包括养猪、养牛、养羊、养鸡、养鸭、养兔、养鹅、淡水养殖、海水养殖、昆虫养殖等。
③ 产后加工服务业的具体经营项目主要包括储藏、包装、运输、加工、购销、农机服务、农资供应、农技服务、信息服务等。

者进行了访谈。在这 30 位村干部中,有 9 位是村支书,6 位是村委会主任,8 位为村委会委员以及 7 位村会计(如图 2 所示)。他们对所在行政村的基本情况非常熟悉,可以帮助我们更好地把握农民就业的总体情况。

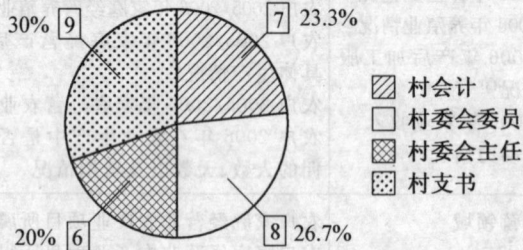

图 2 被调研的农村基层管理者职位情况

1. 主要从事农业的劳动力约占被访谈村总劳动力的四成

在 30 个行政村中,总人口数小于 1000 人的村有 7 个,其中人口最少的村是湖州市吴兴区的城南村,只有 161 人;总人口数在 1000~2000 人之间的村有 12 个;2000~3000 人之间的村有 5 个;3000~4000 人之间的村也有 5 个。其中,宁波余姚的横塘村的人口最多,有 4856 人。30 个行政村的户均人口为 3.3 人。

在这 30 个行政村中,劳动力总数占人口总数比例最高的是宁波镇海区的九龙湖村,达到了 81.1%。所占比例最低的是宁波余姚的新新村,只有 35.5%,而各村劳动力总数占人口总数的比例平均为 58.9%。进一步地,在所有的劳动力中,主要从事农业生产的劳动力所占比例最高的是嘉兴桐乡的董家村,为 85.2%。最低的是金华东阳的耕浇千村,只有 2.4%,各村的平均比例为 41.3%。图 3 比较直观地显示了大部分行政村的这一比例位于 40%~60%。

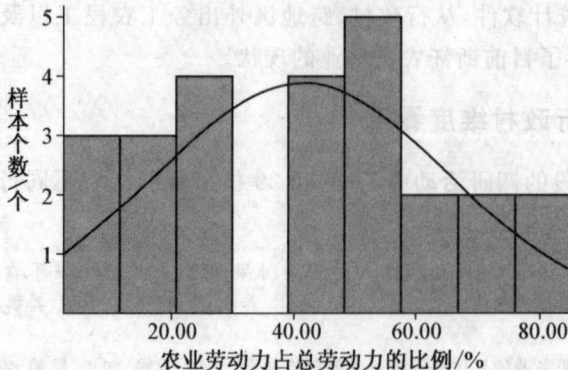

图 3 被访谈行政村主要从事农业劳动力占总劳动力的比例分布情况

如考虑性别上的分布,则主要从事农业的劳动力中有 40.3% 是女性。这一比例最高的行政村高达 77%,最低的行政村则均为男性。此外,我们还考察了这 30 个行政村中主要从事农业的劳动力的平均年龄,最小的是 35 岁,最大的是 60 岁,平均则为 46.6 岁。总体上看来,年龄偏大的劳动力仍然占有较大的比重。这部分劳动力一般文化程度低,缺乏经营现代农业的知识。

另外,为了从一个侧面了解村一级劳动力市场的供给情况,我们还调研了各村外来人员[①]的数量。表 4 给出了所有外来人员数量与当地总人口数之比超过 1 的行政村。由于外来人员的流动带有较强的就业导向,即哪里有好的就业机会就流向哪里,因而他们的进入会增加当地劳动力市场的供给,使得就业竞争变得更加激烈,尤其是当外来人员的数量和质量占有优势时,其对本地劳动力的替代作用将愈加明显。

表 4　外来人员数量超过本地总人口数的行政村

统计指标	诸暨 下纺门村	吴兴 城南村	温岭 江川王村	余姚 新新村	萧山 明朗村	义乌 土社村
外来人员与本地 总人口数之比	4.47	3.62	2.32	1.71	1.31	1.07
外来人员与本地 劳动力总数之比	10.00	4.70	6.15	4.82	2.14	2.14

2. 农民的农业就业类型取决于土地类型

在这 30 个行政村中,由于人口规模、地理位置、征地情况等因素的差异,全村土地总面积和户均土地经营规模在各个行政村之间也存在较大的差别(如表 5 所示)。土地资源分布的不均衡对部分地区农民的农业生产造成了制约,也对该地区农民的非农就业提出了迫切的要求。

调查表明,土地资源的数量决定了当地农业生产与农业就业的可能规模,而土地资源的类型则在一定程度上反映了当地的农业生产与农业就业的结构。依据调研所得的数据,我们发现在这 30 个行政村中,耕地和林地是主要的农业土地类型,它们占土地总量的比例平均为 48.1% 和 37.8%(如表 6 所示)。这反映出种植业和林业是当地农民农业就业的主要内容。

---

① 这里的"外来人员"包括外省流入的务工人员和本省其他市县流入的务工人员,但在访谈中了解到前者占了绝大部分。

表5　行政村样本中各村拥有土地资源的情况　　　　单位：亩

统计指标	全村土地总面积	户均土地经营规模
平均值	4640.91	5.75
最大值	23663	25.50
最小值	21	0.30

表6　行政村样本中各种土地类型数量与土地总数之比

统计指标		各种土地类型数量与土地总数之比			
		耕　地	园　地	鱼　塘	林　地
平　均　值		0.4807	0.0469	0.0468	0.3779
均值的95%的置信区间	低　界	0.3550	0.0196	−0.0245	0.2247
	高　界	0.6064	0.0742	0.1181	0.5311
标准差		0.32418	0.0616	0.1607	0.3456
最小值		0.00	0.00	0.00	0.00
最大值		1.00	0.24	0.76	1.00

　　为了进一步了解调研地区农民的农业生产与就业情况，我们依据不同的农业生产类型对他们主要从事的农业经营项目进行了统计[①]。图4、图5和图6分别是被调查的行政村产值排名前三位的种植业、养殖业和产后加工业项目的统计情况。从图中不难看出，在种植业中，产值排名前列的经营项目主要是粮食、蔬菜和水果，而像花木、茶叶、竹笋、蚕桑、食用菌、蔺草、棉花和山核桃等则属于地方性特产，只在特定的地理区域内形成一定规模的种

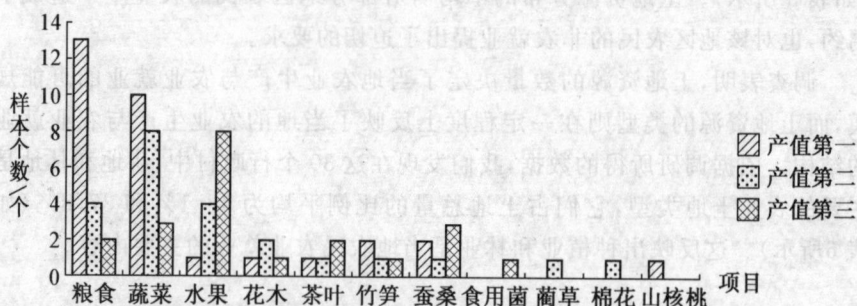

图4　产值排名前三的种植业项目统计情况

---

① 由于每个行政村的农业生产情况不一，所以该问题的分类统计中有效样本均不到30个。

植和产出。在养殖业中,猪、鸡、鸭是各地农户普遍饲养的禽畜,而对养殖技术和资金投入要求较高的牛、羊以及水产养殖业,只在少数几个行政村的农业产值中占有较大的比重。在经营产后加工业的行政村中,主要是进行农产品的加工和购销活动。

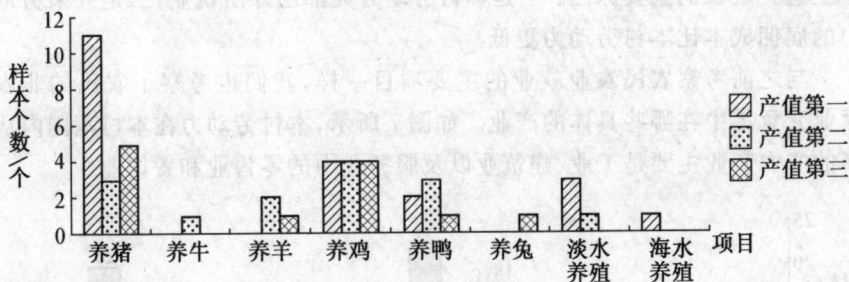

图 5 产值排名前三的养殖业项目统计情况

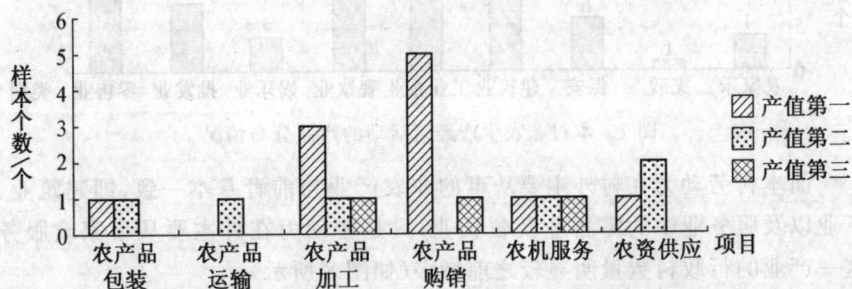

图 6 产值排名前三的产后加工业项目统计情况

3. 非农就业以工业、建筑业、零售业及餐饮业为主

除了从事农业生产之外,非农产业的就业已日益成为广大农民收入的重要来源和增收的首选途径。在这 30 个行政村中,2006 年主要在本村第二、第三产业中务工的本村劳动力占总劳动力的比例平均为 42.3%,其中该比例最小的村是无人在本村范围内从事第二、第三产业的生产活动;而该比例最高的村则有 89.0% 的劳动力在本村范围内的第二、第三产业中实现了就业,这说明该村的村域非农经济具有极强的吸纳劳动力就业的能力。与此同时,2006 年主要在村外务工经商的劳动力占总劳动力的比例平均达到 31.5%[①],其中该比例最小的村只占总数 0.03%;而该比例最大的村则有

---

① 需要说明的是,这里以村为单位的不同类型劳动力比例总和超过了 100%,其原因是我们是以"主要从事某类产业的劳动力"这一口径进行统计,因而其中有部分兼业性质的劳动力被重复统计了。

86.0%的劳动力主要是在村外就业。

另外,根据调查所得的数据,外来人员在本村从事第二、第三产业的人数与本村劳动力的人数之比的均值为 1.69,其中有 6 个行政村的这一比值大于等于 2.68,有两个村在本村就业的本村劳动力比例只有 8%和 14%。产生这一现象的主要原因:一是本村劳动力大都已外出就业;二是外来劳动力的雇佣成本比本村劳动力更低。

与之前考察农民农业就业的主要项目一样,我们也考察了农民的非农就业究竟集中在哪些具体的产业。如图 7 所示,本村劳动力在本村范围内从事的非农产业主要是工业、建筑业以及服务业中的零售业和餐饮业。

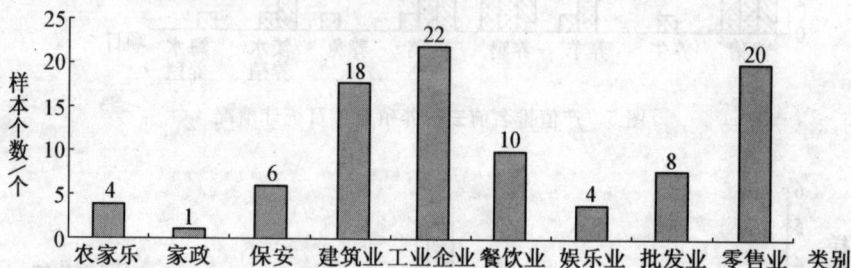

图 7 本村非农生产经营活动的产业分布情况

而本村劳动力在村外主要从事的非农产业与前者基本一致,即建筑业、工业以及服务业中的零售业及餐饮业,只是劳动力在外主要从事家政服务这一产业的行政村数量明显较之前增多(如图 8 所示)。

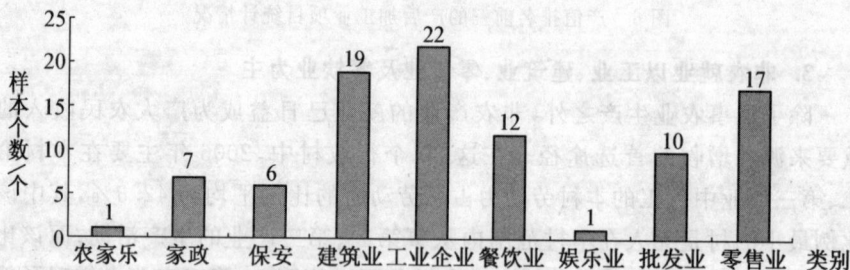

图 8 本村以外非农生产经营活动的产业分布情况

当我们进一步深入了解那些在工业企业就业的劳动力从事的具体行业时,发现不论是在本村就业还是在本村以外就业,这 30 个行政村的工业劳动力均主要集中在纺织服装加工业和建材五金制造业这两个劳动力比较密集的行业(如图 9 所示)。

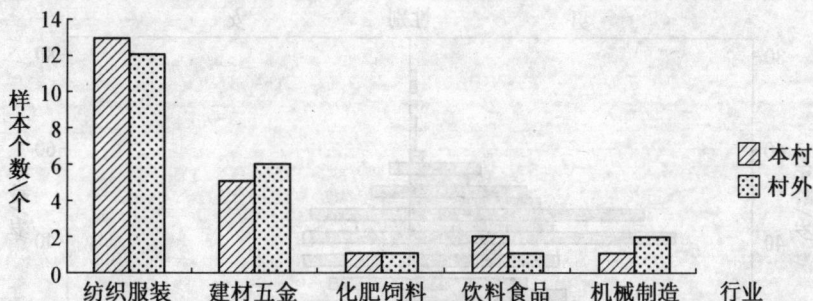

图 9 样本村劳动力集中就业的工业行业中的分布情况

（二）从农民工维度看

有关统计数据显示,2006 年浙江省农民工总数已达 1783 万,其中本省农民工约 1260 万,外省农民工约 523 万①。面对外省农民工的大量涌入,进而劳动力市场竞争日益激烈这一态势,了解浙籍农民工就业的现况与困难,探讨如何建立和完善相关的政策制度和服务体系,对于不断提高我省农民的就业竞争力,进一步转移我省农业富余劳动力,培育我省非农产业高素质农民工就业群体,都具有重要的意义。

1. 我省籍外出农民工以初中文化的男性为主

在对杭州地区务工的浙江籍农民工所进行的第一阶段问卷调查中,我们一共获得农民工样本 483 个,其中有效样本有 468 个。我们对样本的基本人口指标进行了统计。在这些样本中,男性农民工有 330 人,占总人数的 70.5%;女性农民工有 138 人,占总人数的 29.5%。就样本统计而言,在杭州务工的浙江籍农民工男性多于女性。他们中年龄最大的已有 76 岁,年龄最小的只有 17 岁。按照《浙江统计年鉴》中的年龄段划分方式进行统计,35 岁至 60 岁的农民工人数最多,占总人数的 54.6%;其次是 18 岁至 35 岁的农民工,占到 43.0%;而 60 岁以上和 18 岁以下的农民工则占了总人数的 2.1% 和 0.3%。图 10 具体显示了样本在不同年龄段的分布情况。

在所有的我省籍的农民工样本中,已婚的农民工占了总人数的 76.3%,未婚的占了 22.9%,另有 0.8% 的农民工是离异的。而在这些农民工中,文化程度在小学以下的占总人数的 9.21%,达到小学水平的占 19.27%,达到

---

① 此处的统计数据主要源自《2007 浙江省农业统计年鉴》。

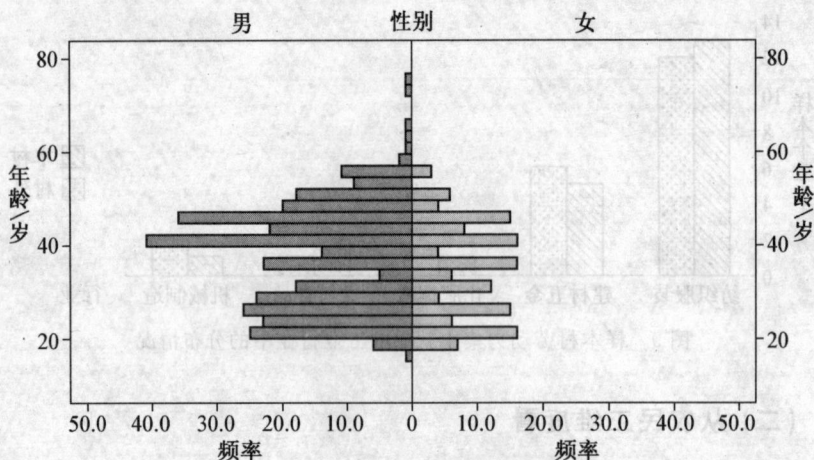

图 10 我省籍农民工样本的年龄分布情况

初中水平的占 40.47%,具有高中学历的有 24.20%,接受过中等职业教育的有 3.43%,而具有大专以上学历的有 3.43%(如图 11 所示)。

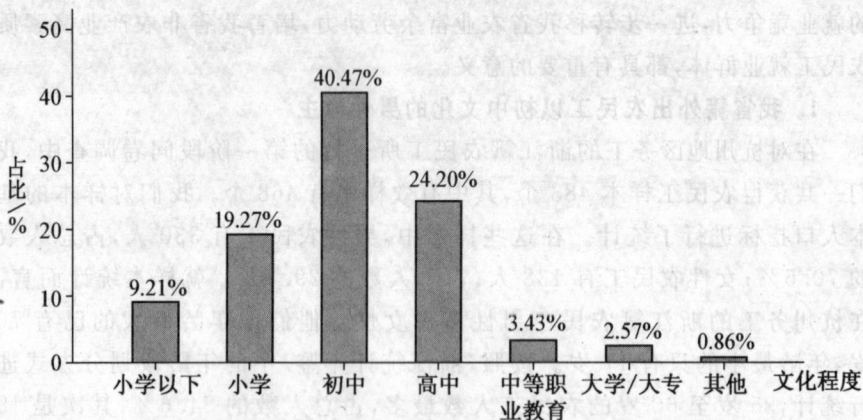

图 11 我省籍农民工样本的文化程度分布情况

总体看来,农民工群体的文化程度总体上偏低,有 68.95% 的农民工只接受过初中及初中以下的教育。另外,在 16~25 周岁的农民工中,60.3% 只具有初中及初中以下学历,他们缺乏必要的专业知识和技能,工作经验尚浅,且多数在劳动力密集型企业的流水线上工作,难以不断提高自身就业的竞争力。

值得注意的是,样本农民工中"晚婚"现象较为普遍,16~23 周岁的农民工未婚比重较高,为 89.6%;24~30 周岁的未婚农民工比重也有 48.8%。

一般说来,适婚年龄段的农民工未婚比重较高的现象容易导致农民工的流动性,进而造成就业的不稳定性。

土地作为农民工与农村之间天然的维系,不仅是农民工家庭的重要生产资料,也是确保农民工在城市与农村之间自由流动的退守性保障。因此,我们也考察了被调查农民工家庭土地承包的相关情况。调查数据显示,平均每个家庭拥有 3.35 亩的承包地,目前家庭经营土地的平均规模明显低于平均的承包地数量,仅为 2.06 亩。我们在调查中还发现有部分农户没有承包土地,家庭收入来源于在外务工、家庭经营的非农业或者非经营性收入。对于这部分已经放弃承包土地的农民工而言,在尚未被城市和非农产业充分接纳之前,势必承受更大的就业压力和生活压力。

2. 务工信息来源比较单一,务工目标呈现多样性

在我们调查的样本中,在建筑与装修业务方面的农民工占到总数的26.29%。其次是批发零售业,有 16.30% 的农民工在该行业就业。再次是饭店餐饮业,占总数的 15.30%。然后分别是社会安全业有 7.33%,交通运输业有 4.31%,社会文化娱乐业有 2.80%,社会家政业有 2.37%,其余的农民工零散分布在木材加工业、制衣业等行业。总体看来,农民工主要集中在劳动密集型的第三产业中。

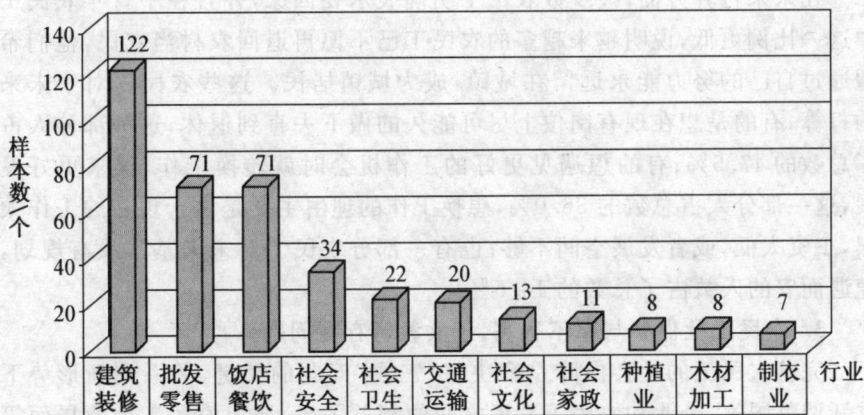

图 12　我省籍农民工主要务工行业的样本分布情况

此次调查中,我们对在杭州地区务工的浙江籍农民工的就业渠道进行了详细考查,发现大部分农民工是依靠传统血缘、地缘人际关系网络寻找工作,表明亲友介绍依然是农民工就业的重要渠道。同时,伴随着劳动力市场的发展,政府职能的完善以及传媒力量的壮大,农民工也能够通过其他渠道获取岗位信息并成功就业。调查显示,浙江籍农民工就业通过亲朋好友介绍的占 68.3%;从电视、报纸等媒体获知招聘信息的占 17.0%;通过市县政府安排的占 4.1%;通过公司或店铺的招聘启事求职的占 3.4%;通过网上人才中心求职的占 2.6%;而自己随意寻找工作岗位的占 4.6%。由此可以看出,农村劳动力市场在引导农民工进城务工方面还没有发挥十分令人满意的作用,乡镇政府的劳动就业管理站在为农民工提供就业信息方面也没有取得应有的效果。

此外,我们还对农民工外出进城从事现有工作的原因进行了调查,发现随着城乡社会经济的发展,农村劳动力外出就业的原因和动机不再仅仅是单纯的赚钱。为了从事自己喜欢的职业,为了一展专业所长,为了学习和锻炼而外出务工的农民工也占了相当比例。在我们调查的农民工中,为了赚钱养家的农民工比重为 58.2%,为了从事自己喜欢的职业而进城就业的占 19.5%,为了一展专业所长的占 12.1%,而为了学习和锻炼的占 10.2%。与此同时,农民工的就业稳定性在日趋上升,多数农民工愿意在现有岗位上长久干下去。我们调查的农民工样本中,在目前岗位上从业时间不足一年的比重为 39.2%,一年至三年的占 30.5%,三年至五年的占 16.1%,五年至十年的占 7.9%,十年以上的占 6.3%。调查还表明,大多数农民工渴望稳定的工作和稳定的收入,并期望通过进城就业实现由农村居民向城市居民的转变。

在未来打算方面,极少数农民工明确表示要回家,并且在中青年农民工中这一比例更低,说明越来越多的农民工已不愿再退回农村当农民,他们希望通过自己的努力能永远留在城镇,成为城镇居民。这些农民工对于未来的打算,有的是想在现有岗位上尽可能久的做下去直到退休,这一部分人占了总数的 47.5%;有的想遇见更好的工作机会时就转换工作,谋求更好发展,这一部分人占总数的 36.0%,想换工作的理由主要是由于现在的工作太累,工资太低,或者发展空间不够;也有一部分农民工对未来基本没有规划,随遇而安的人数占了总数的 16.5%。

3. 农民工社保参与率不很高,子女教育存在问题

完善农民工的社会保障是解决好"三农"问题的关键,关系到新形势下重新调整国家、企业和农民工三者之间的利益关系,稳定农民工就业局面等一系列重大问题。让农民工享有养老、医疗、工伤等保险服务,不仅是对农民工合法权益的维护,同时也是建设和谐社会的需要。在此次调研中,我们相应调查了浙江籍农民工在外务工的社会保障情况。

调查发现,我省籍农民工的社会保险参保率不是很高,只有 40.6% 的农民工参与了社会保险,并且险种覆盖不全面,大部分农民工只参加了一项或两项社会保险,其中参与一项保险的农民工有 109 人,占样本总数的

23.3％；参与两项保险的农民工有 60 人，占总数的 12.8％；参与三项保险的农民工有 21 人，占总数的 4.5％（如图 13 所示）。我们在调查中详细询问了被调查人单位提供保险的情况，发现有 27.8％的农民工所在单位提供了至少一项保险，而其余 72.2％的农民工所在单位没有提供任何保险。此外，我们还调查了农民工自己独立参保的情况，有 29.1％的农民工自己参加了至少一项保险，另外 70.9％的农民工没有自己独立投保。

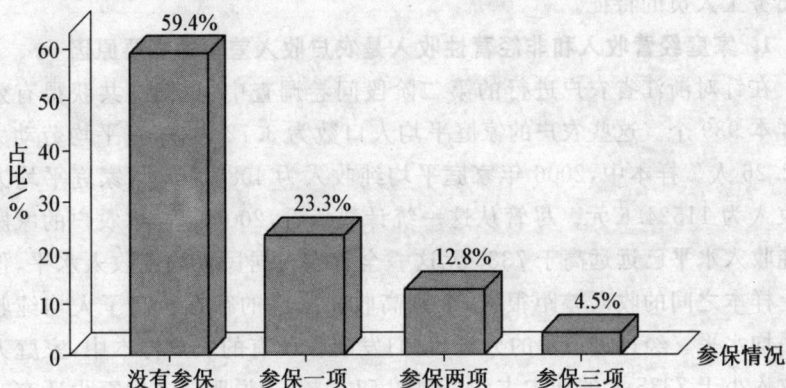

图 13　我省籍农民工样本参加保险的情况

　　农民工子女的教育问题也是社会普遍关心的问题之一，调查中有 19.4％的农民工反映"外出务工子女教育没人管"是一个大难题。60.9％的被调查农民工家中有学龄子女，而这部分农民工中把子女接到务工所在地上学的只有 34.6％。我们注意到在表述外出务工原因时，为了赚钱养家的农民工中，有半数以上的直接目的是供养子女上学，可见子女教育问题在农民工心目中地位十分重要。妥善解决农民工的子女教育问题，能解除他们的后顾之忧，从而安心外出务工就业。

（三）从农户维度看

　　截至 2006 年，浙江省共有 1221.13 万农村住户，其中农业生产户有 808.26 万。农村人口比 2005 年减少了 20.32 万人，为 3770.17 万人。除去跨地区外出务工的 435.58 万人，在县域范围内就业的农村劳动力仍有 1868.12 万人①。这部分农村劳动力的就业情况相对来说较为复杂，他们既包括在农业中就业的劳动力，也包括在非农产业中就业的劳动力，还包括了

---

　　①　浙江省统计局、国家统计局浙江调查总队：《2007 浙江省统计年鉴》，中国统计出版社 2007 年版。

同时在农业和非农产业中就业的劳动力,即兼业劳动力。因此,我们将大部分的问卷调查放在浙江省的农村,面向广大农户,以期能够尽可能地了解这部分劳动力的就业情况。当然,由于我们在选择农户时采用简单随机抽样的方式,故无法排除那些有家庭成员是跨地区在外务工的农户样本,但这不会影响我们的调查分析。我们对农户的调查归根结底还是为了了解作为个体的农民的就业情况,只是在数据处理时,可能会有部分劳动力符合跨地区外出务工人员的特征。

1. 家庭经营收入和非经营性收入是农户收入差距的主要原因

在针对浙江省农户进行的第二阶段问卷调查中,我们一共获得有效农户样本 939 个。这些农户的家庭平均人口数为 3.72 人,家庭平均劳动力数为 2.26 人。样本中,2006 年家庭平均纯收入为 40851.6 元,家庭平均人均纯收入为 11524.6 元。尽管从这一统计数值看,2006 年样本农户的家庭人均纯收入水平已远远高于 7335 元这一全省农村居民人均纯收入水平,但实际上样本之间的收入差距很大,个别高收入家庭的存在拉高了人均纯收入的平均水平。经过进一步的分析,我们发现在所有的农户样本中,家庭人均纯收入小于 7335 元的样本占到总数的 51.7%,这说明样本中至少还有一半左右的农户家庭人均收入水平低于当年全省农民人均纯收入的平均水平。

为了能考察样本中 2006 年各个地级市之间的农村居民人均纯收入水平是否存在差异,我们运用了单因素方差检验对数据进行了分析,发现结果在 99% 的置信度下显著(见表 7)。也就是说,各个地级市之间的 2006 年农村居民人均纯收入存在显著的差异。

表 7　2006 年浙江省地级市之间农村居民人均纯收入的单因素方差检验

	方差和	自由度	均值方差	F 统计值	显著性水平
组　　间	18210586331.195	10	1821058633.119	2.711	0.003
组　　内	608605110955.310	906	671749570.591		
总　　合	626815697286.505	916			

经过两两检验①,我们可以依据农村居民人均纯收入这一变量,将 11 个地级市划分为三个集合。农村居民人均纯收入较高的地级市有杭州、宁波、温州和绍兴,人均纯收入水平与这些地级市之间具有显著差异的地级市有

---

① 各个地级市之间的两两单因素方差检验的相关统计输出表格比较烦琐,故此处仅直接说明结果。

衢州、丽水和舟山,而湖州、嘉兴、金华、台州则处于中间位置。

为了进一步了解究竟是什么方面的收入差距导致不同地级市之间农村居民人均纯收入的显著差异,我们将样本农户的收入依据不同的来源进行了细分。一般来说,农村居民的人均纯收入主要由四部分构成,分别是家庭经营农业收入、家庭经营非农产业收入、工资性收入以及非经营性收入。在运用了多因变量方差分析之后,我们发现在上述四种收入来源中,各个地级市之间除了工资性收入水平没有显著性差异以外,家庭经营农业收入、家庭经营非农产业收入和非经营性收入均在 99% 的置信度下表现出显著差异(如表 8 所示)。也就是说,导致不同地级市农村居民人均纯收入水平差距较大的主要原因是各地农户的家庭经营活动收入以及非经营性收入,包括转移性收入和资产性收入之间存在显著差距。

表 8　2006 年浙江省地级市之间农村居民不同来源收入水平的多因变量方差分析

	因变量	自由度	F 统计值	显著性水平
Corrected Model(修正模型)	农业收入	10	4.754	0.000
	非农产业收入	10	2.471	0.006
	工资性收入	10	1.258	0.250
	非经营性收入	10	5.902	0.000
Intercept (截距模型)	农业收入	1	136.272	0.000
	非农产业收入	1	15.461	0.000
	工资性收入	1	137.504	0.000
	非经营性收入	1	54.443	0.000
地级市分类编号	农业收入	10	4.754	0.000
	非农产业收入	10	2.471	0.006
	工资性收入	10	1.258	0.250
	非经营性收入	10	5.902	0.000

在所有的农户样本中,平均每个家庭拥有 3.86 亩的承包地。由于其中有一些农户闲置或部分闲置了自己的承包地,使得目前家庭经营土地的平均规模略低于平均的承包地数量,为 3.77 亩。调查还发现,有部分农户从他人处转包了承包地或将自己的承包地转包给了他人。从他人处转入承包地的农户一共有 71 户,占有效样本总数的 9.2%,平均转包规模为 7.78 亩;将自己的承包地转包给他人的则有 129 户,占有效样本总数的 16.6%,平均转包规模为 1.95 亩。总体上,转出承包地的农户数要大于转入承包地的农户数,但转出承包地的土地数量要小于转入承包地的土地数量。被调查农户目前经营的土地类型中,耕地占了相当大的比重,平均每户农户经营的耕地

占其土地经营总量的 74.0%;其次是园地,占总量的 13.6%;而林地、牧草地以及养殖水面则分别占 9.7%、0.3% 和 3.3%(见表 9)。

表 9　不同土地类型占土地经营总量的平均比例

	耕　地	园　地	林　地	牧草地	养殖水面
平均比例	74.0%	13.6%	9.7%	0.3%	3.3%
标准差	0.39694	0.30194	0.31390	0.04908	0.17051

2. 从事农业的劳动力的文化程度不仅最低而且后继乏人

由上述统计我们已知,被调查的农户家庭平均拥有 2.26 个劳动力,故在第二阶段的调查中,我们一共取得了 2111 个劳动力个人样本,以下我们简称个人样本。

首先,我们对个人样本的基本人口指标进行了统计。在这些劳动力中,男性劳动力有 1136 人,占总人数的 53.81%;女性劳动力有 975 人,占总人数的 46.19%。

在个人样本中,年龄最大的已有 86 岁,但是仍然在从事生产经营活动,年龄最小的只有 16 岁,刚刚达到国家法律规定的最低工作年龄。若按照《浙江统计年鉴》中的年龄段划分方式进行统计,35 岁至 60 岁的劳动力人数最多,占总人数的 70.1%;其次是 18 岁至 35 岁的劳动力,占到 22.5%;而 60 岁以上和 18 岁以下的劳动力则占了总人数的 7.2% 和 0.2%。图 14 详细给出了不同性别劳动力的年龄分布情况。

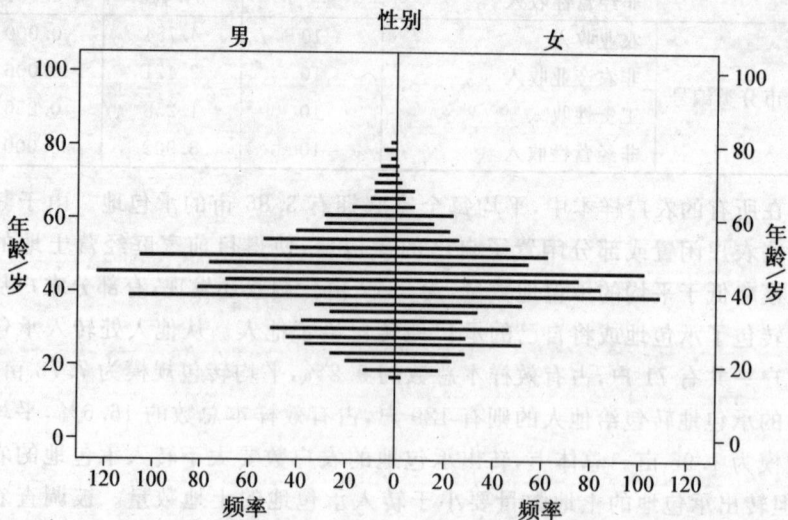

图 14　农户样本劳动力的年龄分布情况

在个人样本中,已婚劳动力占了总人数的 86.8%,未婚的占了 11.9%,另有 1.3%的劳动力是离异的。而在这些劳动力中,文化程度在小学以下的占总人数的 12.8%,达到小学水平的占 29.9%,达到初中水平的占了36.6%,具有高中学历的有 12.6%,接受过中等职业教育的有 4.0%,而具有大专以上学历的有 4.1%(如图 15 所示)。可见,与外出务工就业劳动力的文化程度相比较,在农村就业的劳动力的文化程度更低,前者有 31.05%的劳动力接受过高中以上的教育,后者仅有 20.7%。

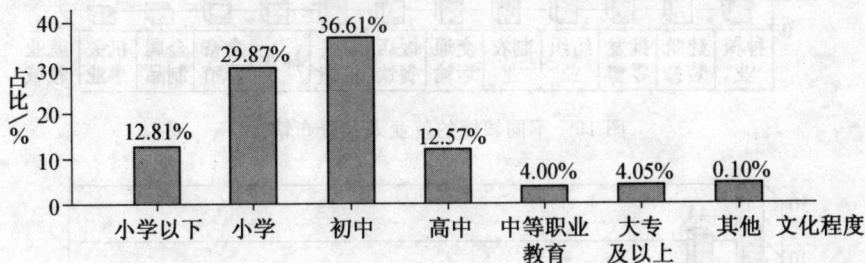

图 15   农户样本劳动力的文化程度分布情况

除了上述对个人样本的基本人口指标进行考察以外,我们还对他们的就业情况进行了调查。需要说明的是,在统计他们的具体就业领域时,由于兼业现象的存在,即同一个劳动力可以同时在不同的领域内就业,因而各个领域内的就业人数之和会超出样本总数。统计结果表明,在所有的劳动力中,共有 735 人从事的领域与种植业有关,是最多人数就业的领域;其次是建筑与装修业,共有 211 人;超过 100 人就业的领域还包括有批发零售业、纺织业和制衣业。总体上看,农村劳动力的就业领域仍然主要集中在传统的种植业和劳动密集型的行业。图 16、图 17 和图 18 给出了样本中所有不同领域的就业人数情况。

在所有从事农业生产的劳动力中,男性劳动力占到 58.5%,女性劳动力占 41.5%。图 19 显示的是从事农业的劳动力中各个年龄段的人数分布情况,其中比重最大的是 35 至 60 岁的劳动力,占 77.0%,其次是 60 岁以上的劳动力,占 13.4%。换言之,90.4%的从事农业生产的劳动力年龄在 35 岁以上,只有大约 9.5%的农业劳动力比较年轻。我省农业劳动力面临着数量不少,但后继乏人的局面。

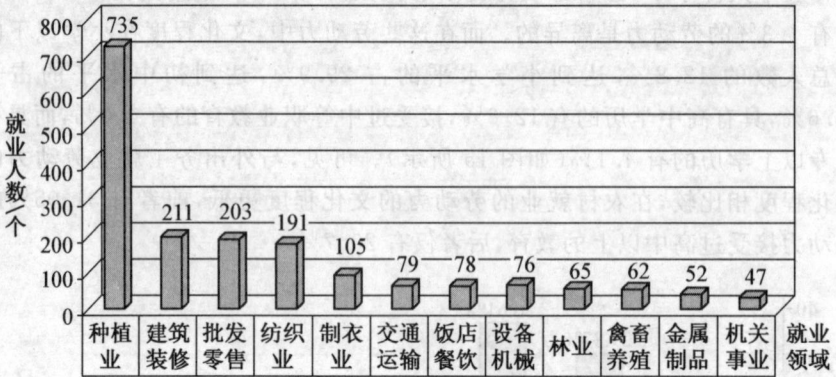

图 16　不同领域的就业人数分布情况

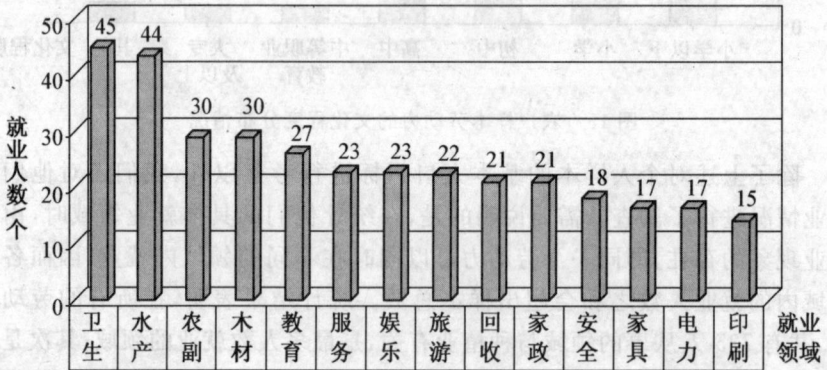

图 17　不同领域的就业人数分布情况（续 1）

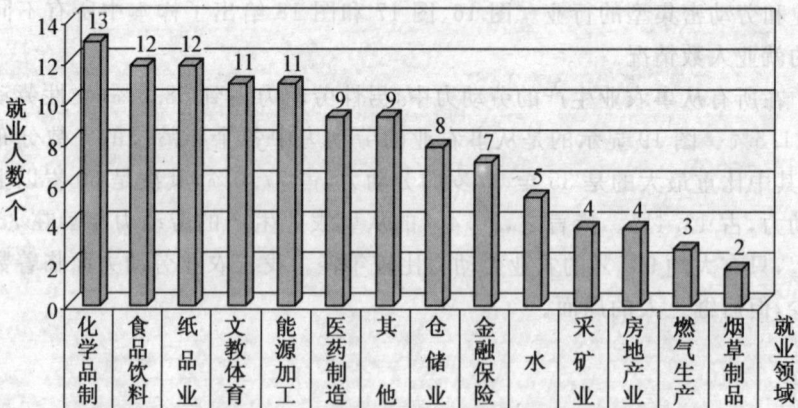

图 18　不同领域的就业人数分布情况（续 2）

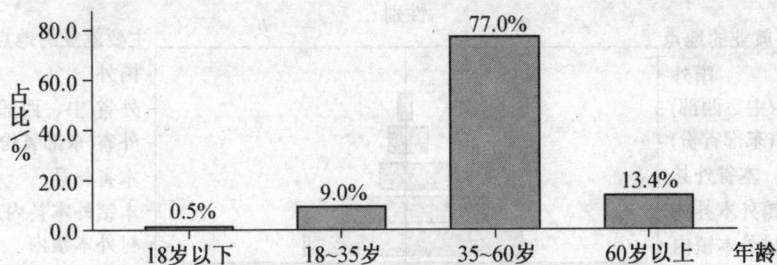

图 19　样本农户农业劳动力年龄的分布情况

另外,从所有从事农业生产的劳动力的文化程度看,19.6％的人文化程度在小学以下,42.5％的人具有小学文化程度,28.6％具有初中文化程度,而具有高中及以上学历的人只有 9.4％(如图 20)。这表明,从事农业的劳动力的文化程度在所有农村劳动力中是最低的,不仅低于外出务工就业的劳动力的文化程度,而且低于农村劳动力文化程度的平均水平。

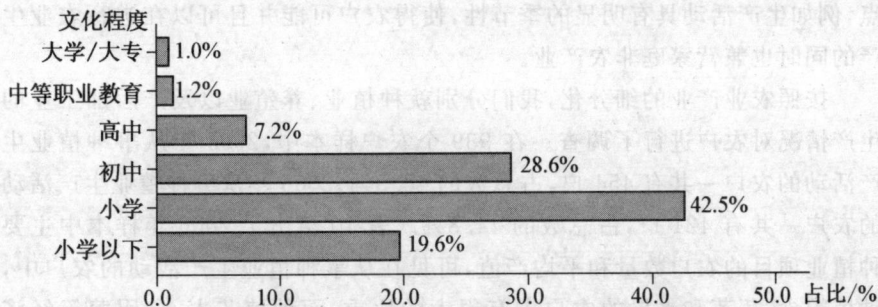

图 20　样本农户农业劳动力文化程度的分布情况

在对样本劳动力的就业地点统计后发现,有 49.2％人在本村工作,有 23.2％的人在村外本镇内工作,有 15.3％的人在本镇外本县内工作,上述三类劳动力加总共计为 87.8％,即大部分农村劳动力还是选择在县域范围内就业。另外,还有 7.1％的人在本省外县工作,3.7％的人在东部地区的其他省份工作以及 1.2％的人在中西部地区的省份工作。这一部分劳动力主要是由跨地区外出务工的农民工所组成。图 21 表示的是不同性别的劳动力的就业地点分布情况,从中我们可以发现,性别对就业地点的选择基本上没有影响。

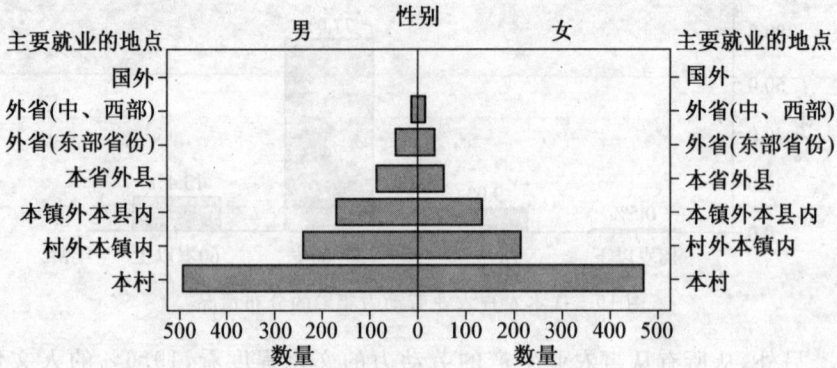

图 21　不同性别的劳动力主要就业地点的分布情况

3. 农户家庭经营呈多样化,5 年以上非农经营户达 58.6%

农民的家庭经营既包括农业的生产,也包括非农领域的经营活动。一般来说,家庭经营农业在农村是非常普遍的,但是由于农业生产自身的特点,例如生产活动具有明显的季节性,使得农户可能并且可以在进行农业生产的同时也兼营家庭非农产业。

按照农业产业的细分化,我们分别就种植业、养殖业以及产后加工业的生产情况对农户进行了调查。在 939 个农户样本中,2005 年从事种植业生产活动的农户一共有 454 户,占总数的 48.3%;2006 年从事种植业生产活动的农户一共有 421 户,占总数的 44.8%。表 10 给出了 2006 年样本中主要种植业项目的农户数量和平均产值,可见在从事种植业生产活动的农户中,种植粮食、蔬菜和水果的农户占有很大的比重,而种植花木、食用菌等经济效益较好的作物的农户数量则比较少。一方面,这可能是由于作物本身只适合在特殊的自然环境中生长,例如山核桃就只能在临安一带广泛种植且品质最好;另一方面,则可能是由于种植经济效益好的作物需要有先进的生产管理技术和较多的资金投入。

表 10　2006 年主要种植业项目的从事农户数量和平均产值

	粮　食	蔬　菜	水　果	花　木	茶　叶
户数/户	356	116	73	10	22
产值/元	2705.8	4558.7	8753.0	22127.8	5133.3
	竹　笋	蚕　桑	食用菌	中药材	山核桃
户数/户	56	54	2	1	5
产值/元	4180.9	2950.9	24000.0	3000.0	26000.0

在 939 个农户样本中，2005 年从事养殖业生产活动的农户有 110 户，占总数的 11.7%；2006 年从事养殖业生产活动的农户有 94 户，占总数的 10.0%。同样的，我们统计了 2006 年样本中主要养殖业项目的农户数量和平均产值（如表 11 所示）。

表 11　2006 年主要养殖业项目的农户数量和平均产值

	养　猪	养　牛	养　羊	养　鸡
户数/户	33	2	13	22
产值/元	10333.0	12000	4007.7	7113.2
	养　鸭	养　蜂	淡水养殖	海水养殖
户数/户	10	1	17	12
产值/元	37520.0	20000.0	33576.5	28750.0

另外，2005 年经营产后加工业的农户只有 5 户，只占到样本总数的 0.5%；2006 年也仅有占总数 0.9% 的农户从事这一行业。由此看来，大多数农民的农业生产仍以传统的动植物的种养殖为主，在农产品深加工和包装储运等方面，以农户家庭为单位进行经营的情况较少。

在对样本农户家庭经营农业中各个细分产业调查的同时，我们还获得了样本农户在 2005 年和 2006 年的农业收入情况。在计算了每个样本农户这两年的家庭人均农业收入后，得到了该变量的样本均值（如图 22 所示）。2005 年样本农户的家庭人均农业收入的平均水平为 2886.5 元，家庭人均农业纯收入的样本均值为 1942.9 元；2006 年家庭人均农业收入的样本均值为 3246.4 元，比 2005 年增加了 12.5%，而这一年的家庭人均农业纯收入的样本均值则为 2209.7 元，比 2005 年增加了 13.7%。

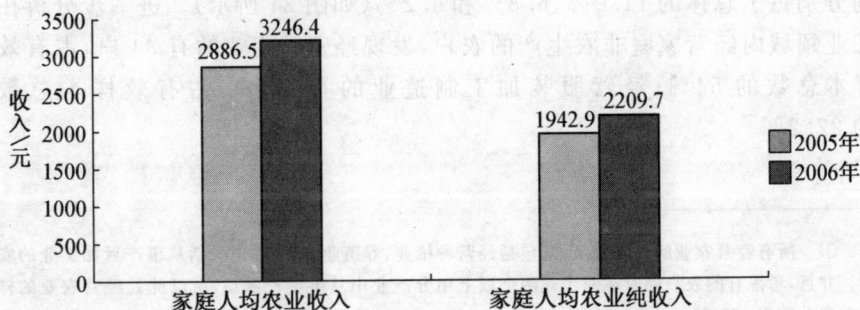

图 22　家庭人均农业收入和家庭人均农业纯收入的样本均值情况

2006 年所有经营农业的样本农户中,有 70 户在农业生产中雇佣了劳动力,占总数的 14.4％[1],且每户平均雇佣了 4.2 人,雇佣时间平均为 54 天,为此支付的工资平均为 4117.1 元。雇佣一个劳动力工作一天的平均工资为 48.1 元。

在考察农户家庭经营农业的同时,我们也考察了其家庭经营非农产业的情况。根据调查所得的数据,2006 年共有 263 户农户从事家庭非农产业的经营活动。为了了解其经营活动的持续性,我们统计了他们经营相关非农产业的年数。在 263 户农户中,有 17.1％的农户是第一年从事家庭非农生产,有 14.1％的农户已经经营相关非农产业 2 年的时间,有 8.0％的农户已经经营了 3 年时间,有 2.3％的农户已经经营了 4 年时间,而经营时间在 5 年及以上的农户数量最多,共有 154 户,占到总数的 58.6％,如图 23 所示。

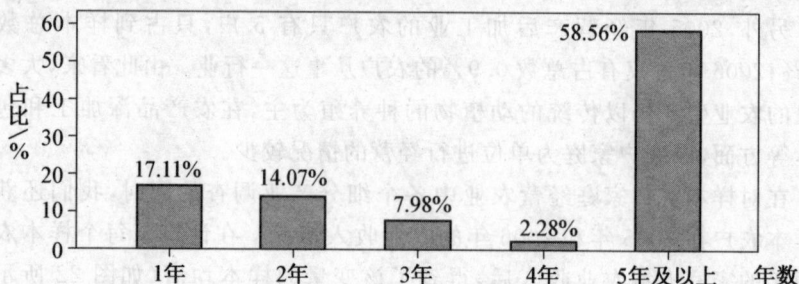

图 23　样本农户家庭经营非农产业年数的分布情况

在 263 户从事家庭非农产业生产经营的农户中,经营零售业的农户数量最多,一共有 81 户,占到总数的 30.8％;其次是经营工业相关项目的农户有 77 户,占总数的 29.3％;而从事建筑业、餐饮业和交通运输业的农户则分别占了总体的 11.0％、6.8％和 4.2％(如图 24 所示)。进一步分析在工业领域内经营家庭非农生产的农户,发现经营纺织业的有 34 户,占有效样本总数的 54％;经营服装加工制造业的有 14 户,占有效样本总数的 22.2％[2]。

---

[1]　所有经营农业的农户数量,既包括经营种植业、养殖业的农户,也包括从事产后加工业的农户。并且,考虑有的农户同时在两个或两个以上细分产业中从事生产活动,所以此处经营农业的样本农户总数为 485 户。

[2]　此处"有效样本总数"是指从 77 户在工业领域内经营家庭非农生产的农户中,剔除了 14 户未说明具体所从事行业的农户后剩余的 63 户农户。

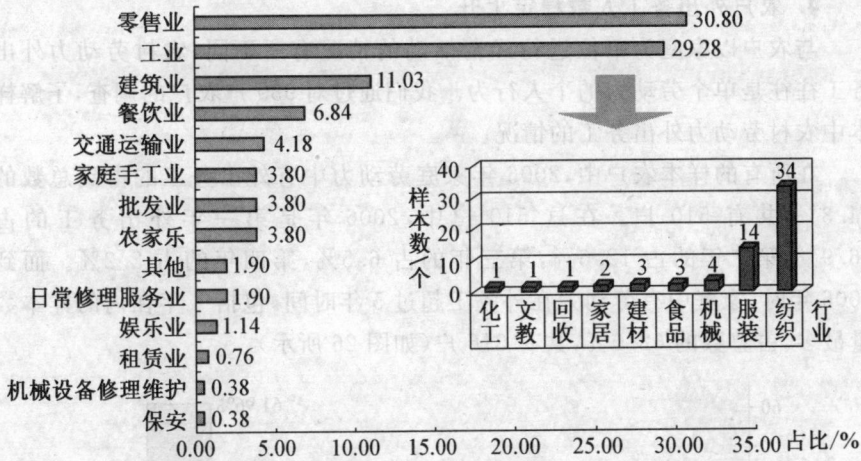

图 24　家庭经营非农生产的农户在各产业及工业各行业的分布情况①

另外,我们还分别计算了 2002—2006 年五年间农户家庭经营非农产业的总收入和税后收入的情况。如图 25 所示,从 2002 年开始,人均家庭非农经营收入的样本均值呈现出明显的上升态势,2006 年该变量的样本均值水平是 2002 年的 1.89 倍,平均每年上升 22.3%;而人均家庭非农经营税后收入虽然在 2002 年至 2006 年间也有所上升,但是其幅度相对较小。2006 年该变量的样本均值水平是 2002 年的 1.21 倍,平均每年上升 5.25%,且 2004—2006 三年的人均家庭非农经营税后收入水平基本持平,没有明显的增长。

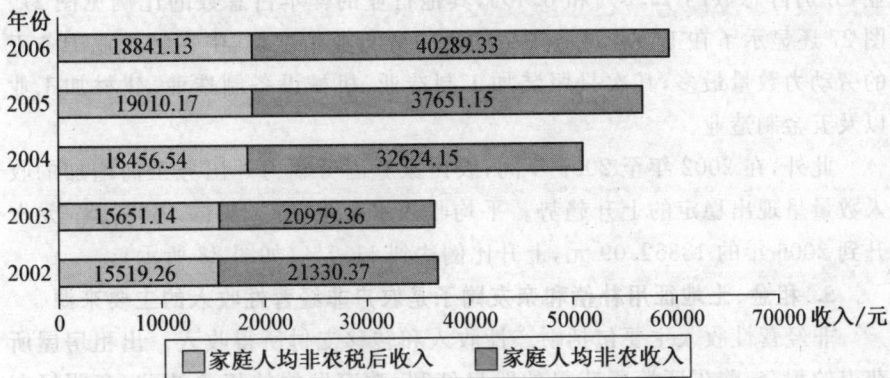

图 25　样本农户人均家庭非农经营收入及税后收入的变化情况

①　图 24 中的"日常修理服务业"主要包括了那些在日常生活中在社区范围内为人们提供服务的行业,例如自行车修理、裁缝、理发等。

4. 农户外出务工人数稳定上升

与农户以家庭为单位进行经营活动的情况有所不同,农村劳动力外出务工往往是单个劳动力的个人行为。我们通过对 939 户农户的调查,了解样本中农村劳动力外出务工的情况。

在所有的样本农户中,2006 年家庭劳动力中有外出务工的占到总数的 54.3%,共有 510 户。在这 510 户中,2006 年是第一年外出务工的占 16.9%,第二年的占 12.6%,第三年的占 6.5%,第四年的占 2.2%。而到 2006 年时,家庭中有劳动力在外务工超过 5 年时间,包括 5 年在内的样本数量最多,占总数的 62.0%,共有 316 户(如图 26 所示)。

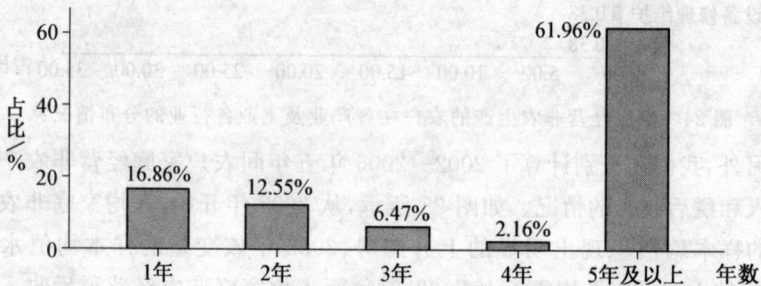

图 26　样本农户中劳动力外出务工年数的分布情况

同样地,我们也统计了这 510 个样本在不同行业中的分布情况。其中,在工业领域内务工的样本数量最多,占总数的 43.1%,其次是建筑业和零售业,分别占总数的 19.6% 和 8.4%,其他行业的样本占总数的比例见图 27。图 27 还显示了在工业领域务工劳动力的分行业情况,其中在纺织业中务工的劳动力数量最多,其次是服装加工制造业、机械设备制造业、建材加工业以及五金制造业。

此外,在 2002 年至 2006 年间,农户家庭因劳动力外出务工而增加的收入数量呈现出稳定的上升趋势。平均收入水平由 2002 年的 16880.87 元上升到 2006 年的 18852.09 元,上升比例达到 11.7%(如图 28 所示)。

5. 租金、土地征用补偿和亲友赠予是农户非经营性收入的主要来源

非经营性收入主要包括财产性收入和转移支付所得收入。出租房屋所获得的租金、购买证券所获得的股息红利、政府发放的相关补贴、亲朋好友赠送的财物等都属于该范畴。在我们的调查中,共有 207 户农户,占调查户总数的 22.0%,在 2006 年获得了一定金额的非经营性收入。其中租金收入在农户中最为普遍,其次是土地征用补偿和亲友之间的赠予。表 12 给出了样本农户非经营性收入主要来源、样本数量和样本均值水平。

工业 43.14
建筑业 19.61
零售业 8.43
餐饮业 5.10
杂工 4.31
交通运输业 4.12
机关事业单位 3.53
保安 2.55
家政 2.55
批发业 1.57
娱乐业 1.57
农家乐 1.18
日常修理服务业 0.78
保洁 0.59
金融业 0.59
机械设备维修维护 0.39

造船 1 冶金 1 通讯 1 IT 1 采矿 1 文教 2 家居 2 纸制 2 印刷 2 食品 3 制药 3 化工 5 回收 6 电力 6 五金 13 建材 16 机械 22 服装 26 纺织 42

0.00 5.00 10.00 15.00 20.00 25.00 30.00 35.00 40.00 45.00 50.00 占比/%

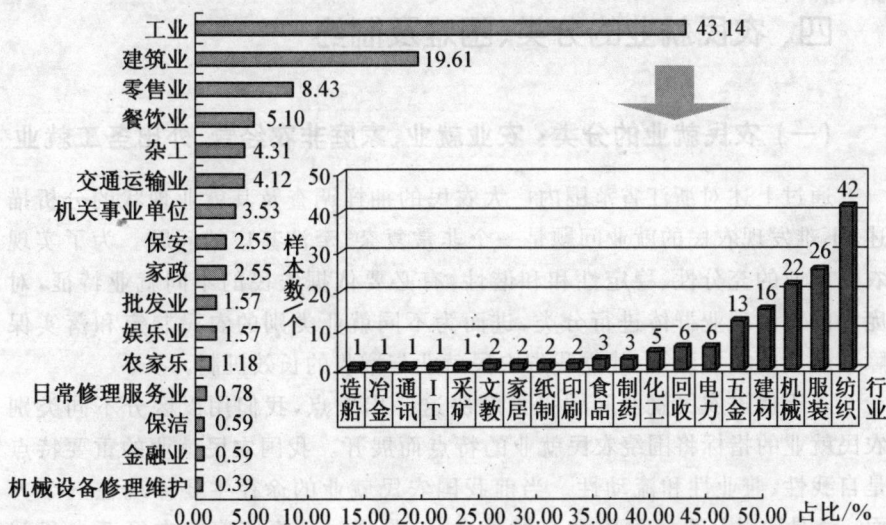

图 27 样本农户外出务工劳动力在各产业及工业各行业的分布情况

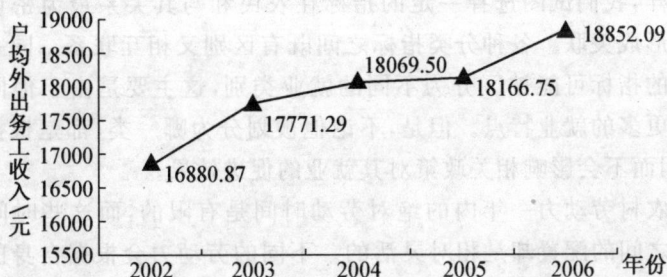

16880.87 17771.29 18069.50 18166.75 18852.09
2002 2003 2004 2005 2006 年份

图 28 样本农户户均外出务工收入水平的变化情况

表 12 样本农户的非经营性收入情况

	租金	股息、红利和利息	亲友赠予	土地征用补偿	社保补贴
样本数（户）	103	17	40	69	18
均 值（元）	6680.78	8088.24	4055.00	10799.42	1006.11
最小值（元）	100	200	200	120	50
最大值（元）	50000	100000	45000	90000	3000

四、农民就业的分类、困难及制约

(一) 农民就业的分类：农业就业、家庭非农经营、外出务工就业

通过上述对浙江省范围内广大农民的抽样调查及其就业现状的分析描述，不难发现农民的就业问题是一个非常复杂、牵涉甚广的问题。为了实现农民就业的充分性、稳定性和和谐性，有必要依据农民的不同就业特征，对庞大的农民就业群体进行分类，进而为不同就业类别的农民制定和落实保障其就业的相关政策，建立我省农民就业与增收的长效机制。

基于促进农民就业问题妥善解决这一出发点，我们用以区分不同类别农民就业的指标将围绕农民就业的特点而展开。我国农民就业的重要特点是自我性、兼业性和流动性。当前我国农民就业的途径主要体现在三个方面：一是通过从事家庭农业自我就业；二是通过从事家庭非农经营自我就业；三是通过外出经商务工雇佣就业。由于不同就业途径的相关政策具有明显的差异，我们试图选择一定的指标在农民和与其关系最为密切的就业途径之间形成关联。各种分类指标之间既有区别又相互联系。同一位农民依据不同的指标可能被区分为不同的就业类别，这主要是由于他同时具有两个甚至更多的就业特点。但是，不论他被划分为哪一类，都是根据其自身的特点，因而不会影响相关政策对其就业的促进效果。

一个农村劳动力一年内的绝对劳动时间是有限的，而这些时间在不同就业途径之间的配置却是相对灵活的。不同的劳动力会根据自身的特点和工作的性质来分配自己的时间，以期获得尽可能多的收入。一般来说，在保持现有时间配置结构不变的前提下，若能提高配给最长时间的岗位的单位劳动时间报酬，则会增加农民的收入，增强其就业的稳定性。因此，我们依据农村劳动力一年内的劳动时间在不同就业途径之间的分配情况对其进行分类。

1. 劳动时间主要用于外出务工就业的占劳动力总数的 57.03%

以第二阶段问卷调查所获得的样本为例，依据劳动时间分配这一指标，可以把有效样本中的农村劳动力分为以经营家庭农业为主、以经营家庭非农业为主以及以外出务工为主三种类别。图29显示了样本中上述三种不同类别的劳动力数量占样本总数的比例，可见大部分劳动时间用于外出务工的农村劳动力占了总数的一半以上，即57.03%，其次是将劳动时间主要用于经营家庭农业的劳动力，占到总数的27.04%，而将劳动时间重点放在经

营家庭非农产业上的劳动力则占了15.93%。表13给出了有效的个人样本中,劳动力的劳动时间在各个就业途径间分配情况的平均水平。

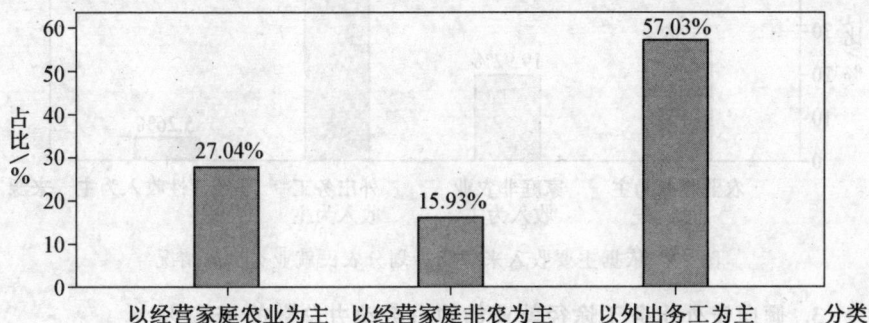

图29 依据工作时间分配指标划分农民就业类型的情况

表13 样本劳动力的劳动时间在各个就业途径中分配情况的平均水平

	家庭农业劳动时间	家庭非农业劳动时间	外出务工劳动时间
均值/天	66.10	46.58	157.63
标准差	104.36174	109.90450	144.77563
最小值/天	0.00	0.00	0.00
最大值/天	365.00	365.00	365.00

2. 主要收入来源于外出务工的占劳动力总数的49.25%

伴随着农民就业途径多样化而来的不仅是劳动时间的配置问题,而且还有不同来源的收入结构问题。按照依据劳动时间的分配来划分农民就业途径的原则,使用主要收入来源这一指标也可以推出农民收入结构与就业结构的关系。这里需要指出的是,劳动时间分配指标是反映农民的人力资源投入状况,而主要收入来源指标则是反映农民就业的收益状况。事实上,根据这两种不同指标对农民群体所做的分类是有部分重合的,而重合的部分就是那些在某种就业途径既耗费最多劳动时间,又为其带来最多收益的农村劳动力。

同样以第二阶段问卷调查所获得的样本为例,依据主要收入来源这一指标把有效样本中的农村劳动力分为以家庭农业收入为主、以家庭非农业收入为主、以外出务工收入为主以及以非经营性收入为主四种类别。图30给出了样本在这四种类别中的分布情况。从图30中可以看出,主要收入来源分布与劳动时间在就业途径上的分布是基本吻合的,另外还有占有效样本5.26%的劳动力的主要收入是来自非经营性收入。

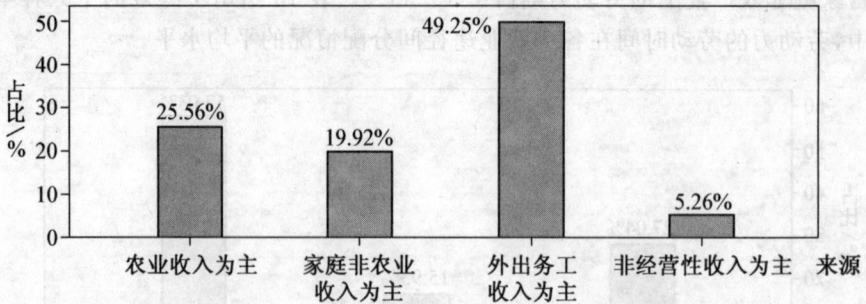

图 30　依据主要收入来源指标划分农民就业类型的情况

3. 倾向于外出务工途径就业的约占劳动力总数的 45.3%

与上面两种反映现时农民就业特点的分类指标不同,农民的主观就业意愿是一种反映劳动力未来就业趋势的分类指标。基于经济理性的假设,目前的就业状态即就业环境、就业结构、就业能力和就业保障等情况会对广大农民未来的就业预期和意愿产生影响,从而使得他们调整自己的就业行为。这些行为通常包括转变主要就业途径,替换具体经营项目,改变主要就业地点等。

以第二阶段问卷调查所得的样本为例,依据主观就业意愿这一指标,把有效样本中的农村劳动力分为倾向于农业就业增收、倾向于家庭非农产业就业增收、倾向于外出务工就业增收以及倾向于非经营性领域增收四种类别。图 31 显示了样本劳动力在这四种类别中的分布情况。其中,倾向于通过外出务工解决就业、增加收入的劳动力占总数的 45.3%,倾向于通过经营家庭农业或家庭非农业的劳动力分别占总数的 29.6% 和 29%,而倾向于非经营性领域增收的劳动力占总数的 9.1%。图 31 同时还给出了各个类别中的劳动力倾向在具体行业的数量分布情况。

由于政府的公共政策从制定到实施具有一定的时滞性,所以需要在了解现时客观情况的基础上对外来可能的发展进行预测。依据主观就业意愿这一指标对农民进行分类将有利于把握就业主体的行为趋势,有利于采取方向更为明确的引导和激励措施,也有利于充分调动农民就业的主观能动性,使之积极配合有关单位落实好相关就业政策。因此,在接下来分析农民就业的制约因素时,我们首先采用这一指标对样本中的农村劳动力进行分类,再进一步分析不同类别农民的就业制约因素。

在基本了解浙江省广大农村劳动力就业现状与分类的基础上,我们需要对制约其就业的因素进行分析,以期找到在解决农民就业问题过程中政

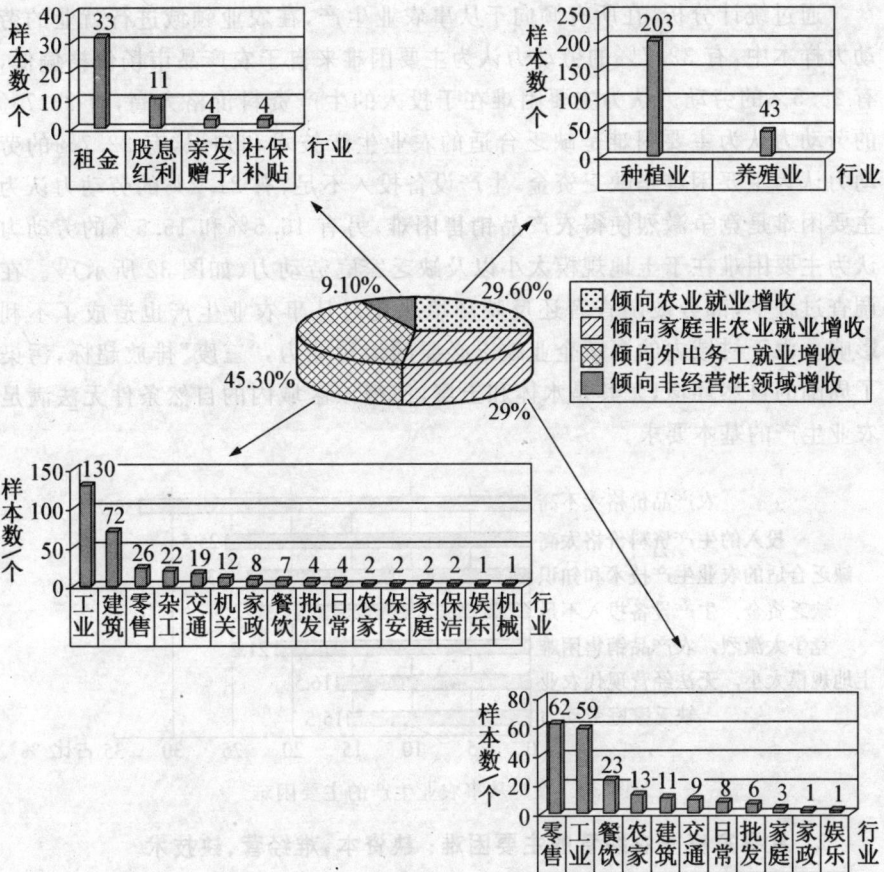

图 31　依据主观就业意愿指标划分农民就业类型及其细分倾向

府行为的着力点。我们仍以第二阶段调研所得的 939 个样本为主,兼顾第一阶段调研的农民工样本,通过整理和归纳这些劳动力在就业过程中所面临的主要困难,揭示农民就业的主要制约因素。

(二) 农民就业的困难

根据上文中对农民就业分类的讨论,我们知道依据主观就业意愿这一指标可以将农村劳动力分为倾向农业就业增收、倾向家庭非农产业就业增收、倾向外出务工就业增收以及倾向非经营性领域增收四种类别。以下我们将对前三种劳动力类别的就业困难进行统计分析。

1. 从事农业生产的主要困难：成本高，缺技术，销售难

通过统计分析，在所有倾向于从事农业生产，在农业领域进行就业的劳动力样本中，有 32.7％的劳动力认为主要困难来自于农产品市场价格偏低，有 25.5％的劳动力认为主要困难在于投入的生产资料价格太高，有 23.7％的劳动力认为主要困难是缺乏合适的农业生产技术和知识，有 22.7％的劳动力认为主要困难是缺乏资金，生产设备投入不足，有 21.2％的劳动力认为主要困难是竞争激烈使得农产品销售困难，另有 16.5％和 15.5％的劳动力认为主要困难在于土地规模太小以及缺乏家庭劳动力（如图 32 所示）①。在调查过程中，部分被调查者还反映环境恶化对从事农业生产也造成了不利影响。由于村域内的乡镇企业缺乏必要的治污能力，"三废"排放超标，污染了周围的自然环境，尤其是水体和土壤，使得该区域内的自然条件无法满足农业生产的基本要求。

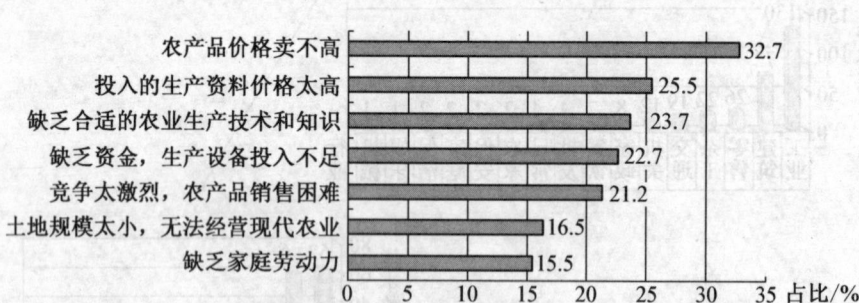

图 32　农户从事农业生产的主要困难

2. 从事家庭非农经营的主要困难：缺资本，难经营，缺技术

在所有倾向于通过经营家庭非农产业来解决就业问题，提高收入水平的劳动力样本中，有 17.8％的劳动力认为主要困难是缺乏经营资本，有 15.0％的劳动力认为主要困难是缺乏经营管理知识，有 14.3％的劳动力认为主要困难是缺乏有效的技术支撑，有 12.8％的劳动力认为主要困难是缺乏稳定的市场，有 10.2％的劳动力认为主要困难是缺乏家庭劳动力，另有 9.8％和 9.5％的劳动力认为主要困难在于劳动力雇佣成本高以及缺乏行业内部的协调，同行之间竞争过度（如图 33 所示）。

---

①　由于在调查过程中，涉及就业困难的问题是多选的，所以此处各类比例之和会大于 1，以下类同。

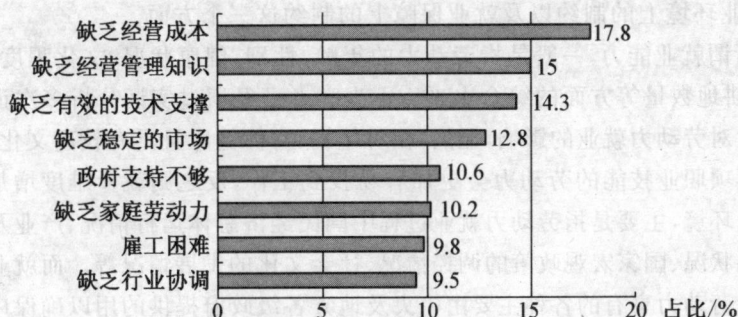

图 33 农户从事家庭非农经营的主要困难

困难	占比/%
缺乏经营成本	17.8
缺乏经营管理知识	15
缺乏有效的技术支撑	14.3
缺乏稳定的市场	12.8
政府支持不够	10.6
缺乏家庭劳动力	10.2
雇工困难	9.8
缺乏行业协调	9.5

3. 外出务工就业的主要困难：消费高，受歧视，求职难

在所有倾向于通过外出务工就业的劳动力样本中，有24.2%的劳动力认为其就业过程中的主要困难是在外务工生活开支太大，有20%的劳动力认为主要困难是在外务工时会遭受他人歧视，同样各有20%的劳动力认为主要困难是缺少就业的渠道和信息以及缺乏一定的职业技能。而认为外出务工子女教育没人管是主要困难的劳动力有18.1%，认为外出务工工作不稳定的有17.4%，认为外出务工医疗和养老没有保障的劳动力有14.6%，另有13.4%的劳动力则认为外出务工收入太低是其就业中的主要困难（如图34所示）。

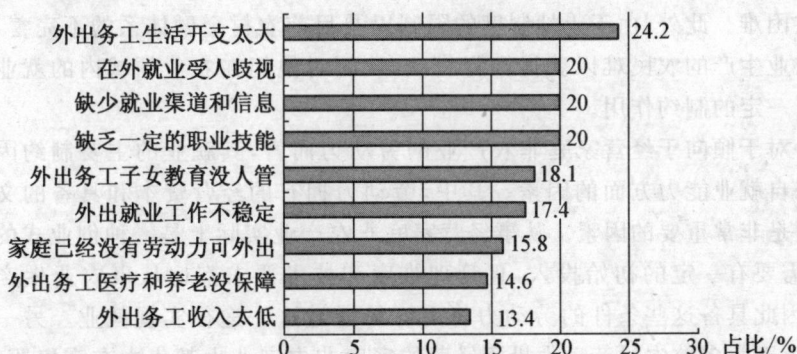

图 34 农户外出务工就业的主要困难

困难	占比/%
外出务工生活开支太大	24.2
在外就业受人歧视	20
缺少就业渠道和信息	20
缺乏一定的职业技能	20
外出务工子女教育没人管	18.1
外出就业工作不稳定	17.4
家庭已经没有劳动力可外出	15.8
外出务工医疗和养老没保障	14.6
外出务工收入太低	13.4

（三）农民就业的制约：就业能力、就业环境、就业保障

应该说，导致广大农民就业困难的原因非常复杂，既有客观条件的制约，又有主观政策的影响；既有自然条件的限制，也有原经济结构不合理等体制性诟病。简单来看，制约农民就业的因素可以归纳为就业能力上的制

约、就业环境上的制约以及就业保障上的制约这三个方面。

所谓就业能力,一般是指劳动力的年龄、性别、健康状况、文化程度、职业技能、耕地数量等方面的综合水平。不少学者已经通过实证分析多次证明这些因素对劳动力就业的影响,显然,相对年轻、身体健康且具有较高文化程度,掌握某项职业技能的劳动力会更加容易找到工作,反之则就业难度增加。所谓就业环境,主要是指劳动力就业过程中国民经济总体运行情况、产业及行业的发展状况、国家宏观政策的调控情况、社会文化的发展情况等。而就业保障则是指劳动力享有的各种主要由中央及地方各级政府提供的用以确保广大农村劳动力充分、稳定、和谐就业的公共产品与服务。与微观层面的就业能力因素不同,就业环境因素和就业保障因素主要是属于宏观层面上的。

通过上述农民就业困难因素的分析,可以发现,对倾向于从事农业生产就业的劳动力而言,其就业的制约因素主要是来自就业环境方面的。由于当前我国的农业就业主要是一种自我雇佣式的就业,同时农业生产是农民的传统就业途径,因此只要农民拥有一定的承包地,不论其劳动力的年龄、性别、文化程度如何,都可以进入这一产业进行生产经营活动。并且,我国农业生产水平目前来说整体尚未达到现代化,大部分农民仍然依靠传统经验从事劳作,所以生产技术和知识的不足并不会直接影响其就业。而就业环境中的有关因素则对农民从事农业生产的影响较大,例如农产品市场价格偏低,农业生产资料价格较高这一情况,会导致农业增收困难,进而农民增收困难。此外,由于土地制度的限制以及目前农村金融体系的不完善,从事农业生产的农民难以获得银行贷款,从而对他们在农业领域内的就业产生了一定的制约作用。

对于倾向于经营家庭非农产业的劳动力而言,其就业的主要制约因素是来自就业能力方面的因素。其中,劳动力拥有的经营资本和具备的文化程度是非常重要的因素。从事经营家庭非农产业实际上是一种创业式的就业,需要有一定的初始投入,且管理难度和技术要求都比从事农业生产要高,因此具备这些条件的劳动力将更容易通过这一途径实现就业。另一方面,由于大多数农村劳动力投资经营的家庭非农产业大都集中在零售业、服装加工等行业,经营规模一般较小,这会导致行业内部的过度竞争和不稳定的市场,进而使一部分风险规避型的农民不敢轻易尝试经营家庭非农产业。

对倾向于外出务工的劳动力而言,其就业的制约因素则比较复杂,主要受到三个方面因素的综合影响。一是转移成本与收益预期的比较。农民外出务工就业是从第一产业向第二、第三产业进行转移,这种转移不仅仅带来职业上的变化,同时也造成了生活环境上的变化。促使这种转移的最根本动因是城乡收入差距,一旦在外务工的生活开支太大,以至于其净收入与从事农业生产的收入相当,加上心理适应等其他成本,则广大农民就不会选择外出务工。二是信息因素的影响。由于农村生活环境相对城市闭塞,就业渠道和信息获得的难易程度也会影响农民外出务工的选择。三是专业技能的掌握。缺乏专业技能是农民外出务工就业的一个重要制约因素。由于缺乏一定的职业技能,农村劳动力在外出务工时能够选择的行业和岗位范围较小,一般都集中在比较辛苦的行业。当然,也有一部分企业会对员工进行生产技能方面的培训,但由于专业技术在一定程度上是一种专用性比较强的人力资本,所以农民在掌握某项专业技能后,往往也就被限制在了某个特定的行业中从事生产活动。

五、农民就业充分性、稳定性、和谐性评价以及农民的建议

(一) 农民就业充分性:非农就业比较充分、农业就业不很充分

劳动力的工作时间和兼业状况在很大程度上能体现其就业的充分性程度。在我国,农民既可以代表一种身份,又可以是一种职业称呼。在现行农村土地制度框架下,农民可以通过土地的承包,进行自我雇佣式的家庭农业生产,基于此,以下讨论时我们假设农民就业不存在自愿性失业的情况。另外,在调查劳动力兼业状况时,我们重点考察了农民同时在农业和非农产业中就业的情况。

根据我国《劳动法》的有关规定,全年法定节假日有 114 天,除去法定节假日之后一共有 252 天工作日。通过对第二阶段调查所得的 2111 个农村劳动力样本工作时间的统计分析,发现 2006 年我省农村样本劳动力人均工作时间为 270.3 天,其中有 68.5% 的劳动力全年工作时间大于 252 天,31.5% 的劳动力全年工作时间少于 252 天。在这些个人样本中,兼业的劳动力占到16.9%,有 357 人。

对农民工和仅从事农业生产的农村劳动力这两个群体进行分类分析时发现,在被调查的农民工群体中,全年工作时间在 252 天到 300 天之间的占41.8%,超过 300 天的有 42.1%,不足 252 天的仅占 16.1%。调查中还发现,大部分农民工加班加点或者牺牲双休日工作是出于自愿,其主要原因是超时工作可以获得更多收入。表明大多数农民工依然处于较低的需求层次,为了获取更高的收入,宁愿牺牲自己的闲暇时间。而在仅从事农业生产

的农村劳动力群体中,全年工作的平均时间为 209 天,其中工作时间不足 252 天的劳动力占该类群体的 60.2%,远远高于仅从事非农产业的劳动力群体水平。此外,在考察所有从事农业生产的农村劳动力兼业情况后发现,有 42.4% 的劳动力存在兼业现象,共有 312 人,占样本中所有兼业劳动力的 87.4%。我们对 2006 年劳动力样本的纯收入和兼业情况这两个变量进行了品质相关分析①,结果显示在 99% 的置信度下显著相关。

上述分析不难看出,就总体而言,我省农民就业的充分性是比较高的,尤其是在非农产业中就业的农村劳动力,他们中绝大部分的全年工作时间是在 252 天以上,但是对于仅从事农业生产的劳动力群体而言,工作时间不足 252 天的比例就相对较高,这说明单单依靠经营农业不足以完全有效利用劳动力资源。另外,从事农业生产的劳动力的兼业情况较为普遍,且兼业性与农民纯收入之间存在显著的正相关性。

(二)农民就业稳定性:家庭非农经营相对稳定、外出务工岗位不很稳定

在对农户样本的分析中,我们已经知道从事家庭非农经营和外出务工就业的时间大于五年(含五年)的劳动力分别占两类样本群体的 58.6% 和 62.0%。但与此同时,在我们调查的农民工样本中,我们发现外出务工的农民在现行岗位上从业时间为一年以下的农民工比重达 39.2%,一年至三年的占 28.3%,三年至五年的占 15.5%,五年至十年的占 7.6%,十年以上的占 4.1%。

这些数据至少可以说明两方面的问题。一方面,说明农民从事家庭非农经营的稳定性比较强。其主要原因是家庭非农经营通常需要对生产所需的房屋、设备等进行投资,而这些投资的资产往往具有比较强的专用性,这使得家庭非农经营的退出或转换成本较高,因此,一般说来,一旦进入这一领域,只要经营项目能够为家庭带来净收入,经营活动就会持续下去。

另一方面,说明尽管有 62.0% 的农村劳动力外出务工就业的时间要大于五年(含五年),但是他们在不同工作岗位上的稳定性并不强,主要表现在就业岗位的流动性较大。调查表明,他们中有近 40% 的劳动力在目前工作岗位上的就业时间不足一年。频繁更换工作岗位的原因,既可能是劳动者自身缺乏职业技能,无法从事专业性较高的工作,进而只能在一些临时性的、耗费体力的岗位上就业,又可能是农民外出务工的就业市场和保障机制

---

① 由于兼业情况是名义级变量,故只能使用品质相关分析来判别和劳动力纯收入之间的相关性,但品质相关只能给出是否相关的结论,而无法进一步说明相关的方向。

不够健全,使得农民工一方面很难获得稳定的权益和收入预期,另一方面转换工作岗位的代价也低,进而频繁更换工作。

(三)农民就业和谐性:有所改进、但仍存在不少不和谐之处

相较于通过家庭经营途径就业的农民,外出务工的农民工就业是一种雇佣式的就业,存在劳资关系,他们的就业状况更能体现出和谐就业的意义和重要性。在我国,由于存在城乡二元的社会结构,农民外出就业的和谐性主要体现在劳资关系是否融洽,就业者能否享受社会保障,城市对农民进城就业是否存在歧视等方面。外出务工的农民工大多数在城市从事重、脏、苦、险等工作,倘若不能构建和谐的就业环境与劳资关系,不仅会给广大农民工的生活带来潜在的危险和阴霾,而且不利于和谐社会的建立。近年来,浙江省政府在构建和谐就业环境方面下了大工夫,投入了大量的财力和智慧,不断进行制度创新和实践探索,取得了成效。例如,在养老保险方面,我省目前已基本套用现行城镇职工基本养老保险制度,缴费水平远低于城镇职工,但是享受的待遇只略低于城镇职工。值得一提的是,2006 年 11 月,浙江省政府出台了《浙江省人民政府关于解决农民工的问题的实施意见》,以加强农民工群体的社会保障,规定用 3 年左右将与用人单位有劳动合同关系的农民工全部纳入工伤保险,让农民工看得起病,将稳定就业的农民工纳入城镇职工基本养老保险。此外,尽管进城务工农民对城市是否会歧视他们存在一定顾虑,但从实践看,城市企业和居民对外来农民工的认同感和融合度已越来越高。

当然,仍然存在不和谐之处。调查显示,农民工的子女教育问题仍然是他们所面临的主要难题之一。也有部分被调查者反映拖欠工资的现象还是时有发生,并且薪酬水平太低以致支付他们的各项生活开支后便所剩无几。此外,在被调查的农民工中,工伤、医疗和养老保险的覆盖率不足一半,且超过七成的用人单位没有给雇佣的农民工投保任何一项保险。同时,政府有关部门对从事农业生产和家庭非农经营农户的支持力度还不大,有些惠农政策没有得到很好落实。

(四)农民对就业问题的建议

我们在此次问卷调查中特别考察了广大农民对促进就业的建议,这对于政府部门制定和完善农民就业政策,建立以就业带动农民收入增长的长效机制有重要参考意义。

通过对 939 个农户样本的统计,在促进农业就业方面,有 20.13% 的被

调查农户希望有关部门能为其提供技术服务,有 16.29% 的农户希望能帮助其解决信贷问题,有 14.59% 的农户希望能转包更多的土地,扩大经营规模,有 14.48% 的农户希望有关部门可以提供技术方面的培训,有 14.38% 的农户则希望能推进农业保险服务,降低农业生产中的风险,另外,还有 13.63% 的农户建议有关部门加强市场信息和营销等方面的服务(如图 35 所示)。

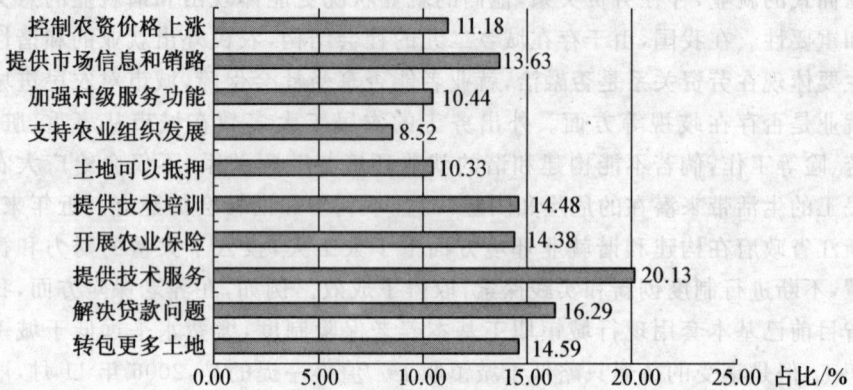

图 35 农户对促进非农就业的建议

建议项目	占比/%
控制农资价格上涨	11.18
提供市场信息和销路	13.63
加强村级服务功能	10.44
支持农业组织发展	8.52
土地可以抵押	10.33
提供技术培训	14.48
开展农业保险	14.38
提供技术服务	20.13
解决贷款问题	16.29
转包更多土地	14.59

图 35 农户对促进非农就业的建议

在促进非农就业方面,被调查的 939 个农户中有 17.57% 的农户认为应及时提供各种就业信息,有 13.84% 的农户认为应提供就业技能培训,有 13.74% 的农户认为应建立和完善最低工资制度,有 12.78% 的农户认为应着力解决社会保障问题,有 12.14% 的农户希望建立劳工维权组织来保障合法权益,有 11.05% 的农户建议提供廉租居住房屋。此外,有 9.27% 的农户建议解决子女就学问题,8.31% 的农户要求解决土地抵押贷款问题,7.14% 的农户建议解决城镇户口问题(如图 36 所示)。

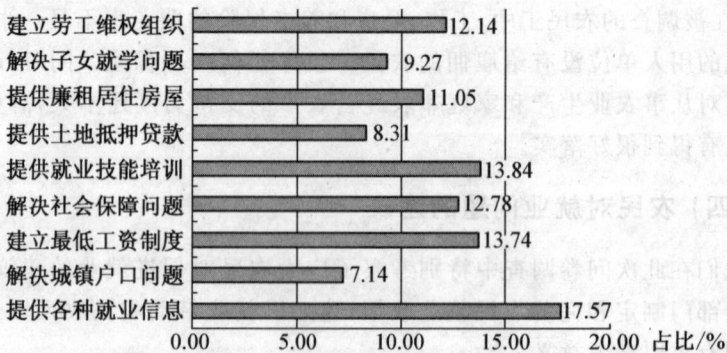

建议项目	占比/%
建立劳工维权组织	12.14
解决子女就学问题	9.27
提供廉租居住房屋	11.05
提供土地抵押贷款	8.31
提供就业技能培训	13.84
解决社会保障问题	12.78
建立最低工资制度	13.74
解决城镇户口问题	7.14
提供各种就业信息	17.57

图 36 农户对促进农业就业的建议

六、促进农民就业的思路与对策

(一) 基本思路

通过对我省农民在农业、在家庭非农经营以及外出务工就业状况的考察和对农民就业制约因素,农民就业充分性、稳定性、和谐性的分析,结合当前我省经济社会发展的环境和发展任务与目标,考虑农民对就业方面的建议倾向,进一步促进我省农民就业的基本思路是:以科学发展观为引领,坚持以人为本方针,按照统筹城乡发展,"以工支农、以城带乡"方略,以拓宽农民就业领域为核心,促进农民充分就业;以提供农民就业服务为重点,促进农民稳定就业;以保障农民就业权益为宗旨,促进农民和谐就业。

(二) 对策建议

长期以来,浙江省委、省政府对广大农民的就业和增收问题给予了高度的重视,投入了大量的人力、物力和财力来研究和探索如何建立促进农民就业和增收的长效机制,制定并实施了很多支农惠农的政策法规,在促进农民就业和增收方面发挥了很重要的影响,取得了良好的成效。为了进一步完善我省农民就业和增收的长效机制,确保在"十一五"期间实现提高农民就业的充分性、稳定性和和谐性的这一重要目标,我们从以下三个方面提出对策建议。

1. 以拓宽农民就业领域为核心,促进农民充分就业

(1) 拓宽农民就业领域必须进一步转移农业劳动力

无论从我省目前产业结构、就业结构、城市化的关系看(见表14),还是从本次调研所反映的我省农民在农业的就业充分性程度以及农民收入的主要来源看(见表15),进一步转移农业富余劳动力是农民就业充分性的基本前提。

表 14　浙江省产业结构、就业结构和城市化水平　　　　单位:%

GDP	1978			2005		
	一产	二产	三产	一产	二产	三产
	38	43	19	5.9	53.9	40.2
劳动力就业结构	农业	非农产业		农业	非农产业	
	72.4	27.6		26	74	
城市化水平	农村人口	城镇人口		农村人口	城镇人口	
	85	15		45	55	

表 15　2005 年和 2006 年浙江农民收入构成情况

收入构成	2005 年①	2006 年
外出务工(工资性)收入	49.5%	39.7%
家庭非农经营收入	22.8%	42.3%
家庭农业经营收入	18.7%	12.0%
非经营性收入	9.0%	6.0%

　　我省当前正处在工业化的中期阶段和产业转型的关键时期,根据国际的经验和我省农业劳动力的现状,在这一时期中的农业劳动力的转移重点不是第二产业,而是第三产业。从长期看,第三产业是最能容纳劳动力就业的领域,而发展第三产业的关键是城市化的发展。因此,我省仍应把城市化战略放在重要地位,但应纠正城市化战略的偏差,要走出一条"产业集聚、人口集聚和进城农民市民化"三位一体,稳定大城市发展规模,积极发展中小城市的中国特色城市道路。不仅要通过城市化的健康发展,带动第二、第三产业,尤其是第三产业的发展,而且要通过城市化的健康发展,突破二元社会结构,使进城就业农民市民化,进而使更多的农业劳动力从农业领域彻底转移出来,在城市就业,并成为城市的居民。

　　除此之外,进一步转移农业劳动力还需深化农村土地制度改革。除了要进一步完善农村土地家庭承包经营制度,赋予农民长期而有保障的土地使用权,明确土地家庭承包经营权的物权性质外,要建立健全土地流转机制。在我们的调查中,有 53.5% 的农户愿意彻底放弃土地的承包权,有 68.1% 的农户愿意将自己承包地的经营权转让给他人。可见,土地流转市场中不乏供给者。就目前而言,土地转包和租赁仍然是最常见且最易操作的流转方式。政府有关部门应当做好宣传推广和咨询服务工作,使尽可能多的农户了解这些方式。此外,政府有关部门还应加强监督管理,确保农村土地流转过程的合法、自愿和有偿。相较于从法律上完善家庭承包经营权,建立健全农村土地流转机制,促进土地依法流转的实施周期更短,难度也相对较小。这样做将有利于土地集中到那些适合经营现代农业的农户手中,并使得那些从农业生产中转移出来的劳动力获得一定的收入补偿,减少他们的转移成本和风险。

---

　　① 此处所用的相关数据主要来自国家统计局浙江调查总队编写的《从"十五"浙江农民收入变化看农民增收前景》一文。

（2）拓宽农民就业领域应努力拓展农业领域的就业空间

在进一步转移农业劳动力的同时,不能忽视农业领域的就业潜力。随着现代农业的发展,农业的专业化分工、社会化服务和产业化经营将不断发展,这将为农民在农业领域的就业提供愈来愈多的机会和空间。从发达国家的实践看,在农业从传统农业向现代农业的转变过程中,尽管直接从事农业生产的劳动力会不断的减少,但是与农业生产密切相关的农业产前服务,产后分级、保鲜、储运、营销等领域的从业人员却不断增加。我省农业正处在传统农业向现代农业的转变之中,农业产前与产后的就业空间很大,应成为农民在农业领域就业的新的重点。

（3）拓宽农民就业领域需要进一步完善农户家庭经营体系

随着大量农业富余劳动力的转移就业和农村土地流转机制的不断完善,农户的家庭经营模式会发生一定的变化,农业的适度规模经营将成为可能,这将改变自给式农户家庭经营模式,尤其是为农业的非自我式就业,即雇佣式的农业就业提供了空间。相对于那些"离土不离乡"、"离土又离乡"等劳动力转移与就业模式,以农户家庭经营为基础的农业雇佣式就业,具有"不离土不离乡"和"离乡不离土"的特征,这种农业劳动力的转移模式与就业模式更加适合那些年龄偏大、文化程度较低的农村劳动力的就业。

2. 以提供农民就业服务为重点,促进农民稳定就业

促进农民稳定就业,除了加快国家社保体制和农村土地制度改革外,还需要为农民的就业提供各种服务。

（1）应不断加强农村教育和农民技能培训,以不断提升我省农民的素质和就业竞争力

在完善农村常规教育体系的基础上,重点是为农民提供职业技能培训方面的服务。由于职业培训是提高农民岗位工作能力和增强农民就业竞争力的重要途径,各级政府应加大对这方面的财政投入力度,完善相应的管理机制,充分调动农民参与培训的积极性,建立行之有效的农村劳动力技能培训体系。培训内容应注重内容的实用性和质量的可靠性,既要面向就业市场需求,又要有一定前瞻性。我省可率先在部分农村试点"9＋2"义务教育,即对未升入初中的毕业生根据其就业意向,自愿选择专业,免费或以较少的费用参加2年职业技能教育,取得相应的职业技能资格。

（2）要着力打造我省地方劳务品牌

劳务作为一种特殊的商品,其品牌的价值对于促进农民稳定就业具有重要意义。例如"江山保安"、"衢州家政"等都已具有一定的品牌效应。各

级政府应注重发掘本地已具有一定优势,在劳务市场上又有良好声誉和需求的项目,进行深度开发,对这些项目加大培训力度,在政策和资金上予以重点扶持。同时,要加强对外宣传和营销服务,可以和劳务输出所在地城市或主要用工单位建立长期劳务合作关系,为我省农民外出就业和稳定就业开辟新的市场。

（3）要建立健全就业信息网络与服务体系

要建立城乡一体、信息化、网络化的劳动力就业市场,将就业信息网络覆盖到乡镇、村组织的劳动保障站和再就业中心。要积极利用互联网开展就业信息服务,开展网上招聘求职,提高用人单位招聘的质量和效率,降低农民外出务工的盲目性,降低农民工求职的成本和风险。

3. 以保障农民就业权益为宗旨,促进农民和谐就业

（1）要加快推进社会保障体制改革

从总体看,解决好农民和农民工社保问题需要建立"四位一体"的解决框架,中央政府、流入地政府、流出地政府和用工单位的"四位一体"。中央政府应着重于解决覆盖全体公民最基本的社会保障问题,如义务教育、基础医疗、基本养老金、失业和最低收入保障等问题的解决和立法。地方政府（包括流入地政府和流出地政府）以及用工单位着重于农民、农民工的生存环境（如住房问题、劳动环境、环卫问题等）、劳资关系、家庭分居、培训教育、土地权益等方面问题的解决或协调。

浙江省政府在 2006 年 11 月出台了《浙江省人民政府关于解决农民工的问题的实施意见》,以加强农民工群体的社会保障。比如,规定用 3 年左右将与用人单位有劳动合同关系的农民工全部纳入工伤保险,让农民工看得起病,将稳定就业的农民工纳入城镇职工基本养老保险。建立了大病统筹为主的具有可选择性的医疗保险方案。完善了农民工养老保险制度,探索输出地与输入地合作实行地保险费率,扩大覆盖面。

当前应着重贯彻新的"劳动法",要抓紧农民工的工伤、医疗（含女工生育）和养老保障制度的落实,并积极探索城镇养老、医疗保险与农村养老、合作医疗的衔接方式与渠道,赋予农民工自主选择权。此外,还要研究解决一方面用工单位认为社会保险费率过高、负担重,另一方面存在缴费基数不实的问题。要完善农民工社会保障监督机制,强化社会保障行政部门对相应的业务管理部门和基金营运部门的监督,发挥社会监督如新闻媒体监督及群众监督等的作用,使每一项政策和法规都能落到实处。与此同时,还可以通过建立专门的法律咨询中心、救援小组,为农民工提供帮助,真正维护农民工的劳动与社会保障权益。

（2）应高度重视农民工子女教育问题

我省一直以来高度重视农民工子女教育问题。比如，随父母入城求学的农民工子女以流入地全日制公办中小学为主，收费项目和标准与当地学生一视同仁，不再收取借读费、择校费或者要求农民工捐资助学及摊派其他费用等。当前，我们还应高度重视留守的农民工子女教育问题，由于这些子女与其父母不在一起生活，当地政府应加强对他们的教育和关心，要采取有效措施，保障其上学、生活等各项权利，以真正消除外出务工就业农民工的后顾之忧。

此外，保障农民和谐就业还需处理好经济转型和农民就业关系。我省正处在经济转型的关键时期，由于我国的粗放式经济增长不仅体现在资源与环境方面，而且也体现在人力资本利用方面，经济转型面临着巨大的双重压力和两难选择。一方面，如果仍按现行粗放式增长方式增长，我国、我省的资源与环境状况将进一步恶化，将难以为继；但另一方面，经济增长方式的转型也存在另外的风险，即高失业率的风险，其原因是与我国现行粗放增长方式相匹配的人力资源，绝大部分是那些文化层次相对低、主要依靠强体力劳动、数量众多的农村劳动力，他们的素质特征在短期内是难以改变的。因此，如果我们的转型方式把握不当，则很可能在短期内出现大量企业倒闭或外迁（珠三角地区和我省一些地区已出现这一情况），大量农村转移劳动力失业，大量农业富余劳动力不能进一步转移出来，进而社会就业不和谐矛盾不断加剧的情况。基于此，有必要采取相应的应对措施，妥善处理好经济转型与农民、农民工就业的关系，以既实现我省经济增长方式的逐步转变，又实现我省农民，尤其是农业转移劳动力的充分就业、稳定就业和和谐就业。

2008年浙江省新型农业经营主体政策调研报告

新型农业经营主体：现状特征、
成长路径及政策需求

——基于对浙江省10个县（市、区）的调查研究

浙江省新型农业经营主体政策研究课题组[①]

以农业专业大户、农民专业合作社和农业龙头企业为代表的新型农业经营主体，已经成为现代农业发展的"主力军"。深入研究这类农业"精英群体"的现状特征、成长路径及政策需求，总结其中一些具有发展潜力和产业特色的典型案例，可以为今后培育更多的新型农业经营主体提供决策依据。从长远来看，新型农业经营主体的未来发展方向和变化趋势，对于研究如何进一步优化农业产业结构、发展农村社会经济和提高农村居民收入等问题，都具有十分重要的意义。

2009年4月19日至5月28日，"浙江省新型农业经营主体政策研究"课题组的12名研究人员，分赴浙江省的10个县（市、区）[②]、36个镇（乡）、96个村，开展了为期一个多月的实地调研工作。此次课题调研以问卷调查和案例访谈相结合的方式展开，调查和访谈的对象包括186个农业专业大户、

---

① 本课题是由浙江大学中国农村发展研究院（CARD）院长黄祖辉教授主持的一项省政府委托政策调研项目，课题得到了浙江省人民政府茅临生副省长的直接指导。参与课题设计、实地调研、数据分析、报告撰写及讨论的有浙江省人民政府办公厅副主任陈龙，浙江省农办原副主任顾益康，浙江省农业厅经管处童日晖处长、吕丹以及浙江大学CARD的王朋、俞宁、邵科、王鑫鑫、李兮芝、方辉东、胡济飞、谢崇波等。本调研报告及案例汇编由王朋、俞宁、邵科等三人执笔，黄祖辉教授统稿并修订完成。

② 开展实地调研的10个县（市、区）分别是：余杭、长兴、浦江、常山、三门、嵊州、松阳、嘉善、鄞州和苍南。

102 个农民专业合作社和 44 个农业龙头企业。

一、浙江新型农业经营主体的现状特征

20 世纪末,我省新型农业经营主体主要是一些专业大户(包括种养大户和贩销大户)和农产品加工企业,两者各占农业精英群体的"半壁江山"。近年来,随着一系列推进现代农业发展和提升农业经营主体组织化程度的政策法规的出台,我省新型农业经营主体的组织布局发生了很大的变化,目前已经基本上形成了专业大户、合作社和龙头企业"三分天下"的新格局。而且,从目前合作社的增长数量和辐射带动效应来看,合作社的发展已经呈现出了超过其他两类经营主体的态势[①]。在此基础上,广大农民群众和基层干部还探索出了"合作社+农户"、"龙头企业+合作社+农户"、"合作社+基地+农户"、"龙头企业+合作社+基地+农户"等多种符合各地实际需要和各种产业实际特点的经营组织形式,以新型农业经营主体为核心、多样化的农业经营组织正在得到不断的发展。

不仅如此,课题组还发现,各类新型农业经营主体在个体特征、就业及培训经历、土地经营及流转情况、生产技术水平、产品销售渠道、信息服务方式、生产资金来源等方面,也显示出了一些明显的差异化特征和不同的未来发展方向。

(一)浙江新型农业经营主体的个体特征

从性别结构来看(详见表 1),全省农业从业人员中男性占 53.4%,略多于女性的数量(46.6%)。而被调查的三类新型农业经营主体(或其负责人)都是以男性为主,所占的比例合计达到了 93.35%。其中,女性农业经营主体的比例最高的是企业负责人,但也只占 16.28%,最低的是大户,只占 4.30%。

从年龄结构来看,全省的面上数据显示,50 岁以下的农业从业人员不到总数的一半。而被调查的新型农业经营主体的平均年龄只有 46.80 岁,其

---

① 截至 2007 年底,我省有各类种养大户 19.2 万户,农产品购销专业户 9.5 万户,农民专业合作社 5788 家(社员 31.2 万户),农业龙头企业 5437 家。而到 2008 年底,全省合作社的数量增加到 9254 家(社员 47.58 万户),增幅达 59.9%,龙头企业的数量增加到 5883 家,增幅为 8.2%。——转引自"农业创业创新主体培育路径对策研究",《重点课题调研报告成果汇编》,浙江省农业厅,2009 年 2 月,第 5 页。

中,农业龙头企业负责人的平均年龄最小(43.48岁),并且50岁以下的占到了86.36%,而大户和合作社负责人的平均年龄相对大一点(46.85岁和48.16岁),50岁以下的分别占68.28%和59.81%。

表1 浙江新型农业经营主体的个体特征 单位:%

特征指标 \ 主体类型		专业大户	合作社负责人	龙头企业负责人	各类主体合计	面上数据①
性别	男	95.70	93.14	83.72	93.35	53.4
	女	4.30	6.86	16.28	6.65	46.6
年龄	30岁及以下	3.23	2.94	9.09	3.92	5.6
	31~40岁	18.28	15.69	20.45	17.77	15.4
	41~50岁	46.77	41.18	56.82	46.39	26.0
	51~60岁	26.34	32.35	13.64	26.51	53.0
	61岁及以上	5.38	7.84	0.00	5.42	
	平均年龄(岁)	46.85	48.16	43.48	46.80	
文化程度	小学及以下	13.44	6.86	0.00	9.64	71.0
	初中	45.70	30.39	18.18	37.35	26.0
	高中(含中专)	33.87	39.22	45.45	37.05	2.9
	大专及以上	6.99	23.53	36.36	15.96	0.1
政治面貌	党员	40.86	52.94	46.51	45.32	—
	团员(含曾经是)	12.90	14.71	20.93	14.50	—
	群众	45.16	31.37	25.58	38.37	—

从文化程度来看,全省拥有高中(含中专)和大专及以上学历的农业从业人员分别只占2.9%和0.1%。在这两项数据上,被调查的三类主体的比例按照从高到低的顺序依次是:企业负责人(45.45%和36.36%)、合作社负责人(39.22%和23.53%)、大户(33.87%和6.99%)。从这三类主体的区别来看,只有小学及以下学历的大户还占了13.44%,包括一部分文盲,而这一学历水平的合作社负责人和企业负责人的比例分别为6.86%和0。

从政治面貌来看,是党员的经营主体比例从高到低依次是:合作社负责人(52.94%)、企业负责人(46.51%)、大户(40.86%),而一般群众的主体比

---

① 表1中"面上数据"引用自"浙江省第二次农业普查主要数据公报",浙江统计信息网,浙江省统计局,2008年3月18日。

例则是大户最高(45.16％),企业负责人最低(25.58％)。

由此可见,我省新型农业经营主体(或其负责人)已经呈现出年轻化、知识化的发展趋势。其中,农业龙头企业负责人的平均年龄最轻,文化程度也最高,合作社负责人的文化程度居次,而专业大户比合作社负责人则要显得更加年轻一些。

(二)浙江新型农业经营主体的就业及培训经历

从培训经历来看(详见表2),接受过相关技术知识培训的经营主体比例合计为83.69％,其中,获得过培训证书的也达到了58.91％。而按照经营主体类型区分,接受过培训的比例从高到低依次是:合作社负责人(90.20％)、企业负责人(84.09％)、大户(80.00％),而三者获得过培训证书的比例差别不大,都在25％左右。另外,所有被调查主体合计的平均接受培训次数和时间分别是3.95次和28.04个小时,而三类主体在这两项指标上从高到低的排列顺序依次是企业负责人(5.75次和50.94个小时)、合作社负责人(4.73次和32.38个小时)、大户(3.13次和21.40个小时)。

从非农就业经历来看,在第二、第三产业中兼业的"非纯农户"(即"农业兼业户"和"非农兼业户"的总合)占全省农业从业人员的59.37％。而此次调查显示,有过非农就业经历的新型农业经营主体的比例合计为66.47％,三种类型经营主体按照从高到低的比例顺序依次为:龙头企业负责人(74.42％)、合作社负责人(70.59％)、大户(62.37％)。其中,32.56％的农业龙头企业负责人以前曾经创办过其他工厂或企业,这是他们现在转而创办农业企业的重要经验来源。

表2　浙江新型农业经营主体的个体特征　　　　　单位:％

特征指标	主体类型	专业大户	合作社负责人	龙头企业负责人	各类主体合计	面上数据[①]
培训经历	有,且获得证书	56.22	64.71	56.82	58.91	—
	有,但没获得证书	23.78	25.49	27.27	24.77	—
	没有	20.00	9.80	15.91	16.31	—
	培训次数(次)	3.13	4.73	5.75	3.95	
	培训时间(小时)	21.40	32.38	50.94	28.04	

① 表2中"面上数据"的"非农就业经历"指标的比例数据没有特别好的来源资料可供查询,课题组借用了"浙江省第二次农业普查资料"中的2006年全省"农业户"中的"纯农户"和"非纯农户"的分布比例数据作为参照。

续　表

特征指标＼主体类型		专业大户	合作社负责人	龙头企业负责人	各类主体合计	面上数据
非农就业经历	打工	15.59	12.75	13.95	14.50	59.37
	经商	29.03	37.25	27.91	31.42	
	办厂（或企业）	17.74	20.59	32.56	20.54	
	没有	37.63	29.41	25.58	33.53	40.63
任村干部	有	38.71	48.04	16.28	38.67	—
	没有	61.29	51.96	83.72	61.33	—

从担任村干部的经历来看;现在或曾经担任过村干部的经营主体比例合计为 38.67%,而按三类主体区分,具有这项工作经历的主体比例按照从高到低顺序依次为:合作社负责人(48.04%)、大户(38.71%)、企业负责人(16.28%)。由此可见,我省新型农业经营主体(或其负责人)不仅在"文化程度"上有了很大的提高,而且在体现实际工作能力的"技能培训"和"非农就业经历"等方面也有了较大的提升,这是他们的经营理念和管理方法越来越现代化和市场化的重要根源。

(三) 浙江新型农业经营主体的土地经营及流转情况

表 3 显示,专业大户的平均承包土地面积为 3.67 亩,比全省农户户均承包土地面积的 1.5 倍还多。从户均流入土地面积来看,龙头企业达到了 3248.63 亩,专业大户也有 153.40 亩,这远远超出全省农业企业和专业大户平均流入土地的面积(25.57 亩)。在服务土地面积方面,专业服务大户的户均服务面积为 131.48 亩,远远低于服务型合作社的平均服务面积(7927.72 亩)。

表 3　浙江新型农业经营主体的土地经营及流转情况　　　　　　单位:亩/年

指标＼主体类型	专业大户	合作社	龙头企业	各类主体合计	面上数据①
承包土地面积	3.67	—	—	3.67	2.11
流入土地面积	153.40	—	3248.63	662.20	25.57
服务土地面积	131.48	7927.72	—	2130.52	—
土地流转年限	13.18		24.22	14.84	—

---

①　表 3 中"面上数据"引用自《浙江省农经统计资料简要本(2007)》,浙江省农业厅,2008 年 5 月,第 138 页和 164 页。

在土地流转年限方面,从全省的总体情况来看,有 60％以上的土地流转年限在 5 年以下,流转 10 年以上的土地面积比例仅占总流转土地面积的 15％左右[1]。而被调查的专业大户流入土地的平均年限为 13.18 年,龙头企业更是高达 24.22 年,远远超出全省的平均水平。

由此可见,我省新型农业经营主体的土地经营(生产或服务)的规模和土地流转的年限都要远远超出全省的平均水平,规模化、组织化、长期化的发展趋势已经非常明显。

(四)浙江新型农业经营主体的生产技术水平

为了适应竞争激烈的市场环境,各类新型农业经营主体都在为提高生产技术的标准化程度而努力,并且已经取得了非常显著的成效。在所有被调查的合作社和龙头企业里,按统一技术标准生产的农产品比例高达 84.29％,而按统一市场需求生产的农产品比例也达到了 57.43％(详见表 4)。

表 4　浙江新型农业经营主体生产技术水平　　　　　　单位：％

指标＼主体类型	专业大户	合作社	龙头企业	各类主体合计	面上数据[2]
按统一技术标准生产	—	84.17	84.60	84.29	—
按统一市场需求生产	—	61.58	46.45	57.43	—
产品认证情况　无公害基地(或农产品)	31.18	56.86	59.09	42.77	21.29
产品认证情况　绿色农产品	15.59	24.51	31.82	20.48	11.30
产品认证情况　有机食品(农产品)	8.06	14.71	29.55	12.95	6.17
产品认证情况　没有	61.83	32.35	29.55	61.83	74.52
产品品牌　国家级	—	6.86	15.91	9.59	—
产品品牌　省级	—	16.67	25.00	19.18	3.40
产品品牌　市级	—	12.75	25.00	16.44	6.01
产品品牌　县级	—	25.49	18.18	23.29	—
产品品牌　有,但不是自己的	—	34.31	15.91	28.77	—
产品品牌　没有	—	3.92	0.00	2.74	—

[1]　数据来源于"推进土地流转发展农业规模经营对策研究",《重点课题调研报告成果汇编》,浙江省农业厅,2009 年 2 月,第 32 页。

[2]　表 4 中"面上数据"只选取了全省合作社的数据,引用自《浙江省农经统计资料简要本(2007)》,浙江省农业厅,2008 年 5 月,第 204—210 页。

从农产品认证情况来看,截至2007年底,全省农民专业合作社已申报相关质量标准认证的农产品比例分别是:无公害基地(或农产品)认证21.29%,绿色农产品认证11.30%,有机食品(农产品)认证6.17%。而被调查的合作社在这三项指标上的合计数据分别是56.86%、24.51%、14.71%。三类主体合计的数据则分别是42.77%、20.48%、12.95%,都明显高于全省的面上数据。此外,由于受经营规模和技术成本的限制,大部分专业大户的生产技术标准化程度还比较低。从表4中我们还可以看出,大户的三项农产品认证比例分别只有31.18%、15.59%和8.06%,均低于总体平均水平,而龙头企业的三项认证比例则都远远高于总体平均水平。

从农产品品牌来看,截至2007年底,全省农民专业合作社已经获得省级名牌农产品的数量占合作社总数的3.40%,市级名牌农产品占合作社总数的6.17%。而在所有被调查的经营主体中,已经拥有自己的农产品品牌的合作社的比例高达60%以上,其中市级及以上名牌产品的比例也已经超过35%。农业龙头企业拥有各级产品品牌的比例更高,其中获得市级及以上名牌产品的比例高达65%以上。

由此可见,我省新型农业经营主体的产品生产标准化、科技化、品牌化的发展趋势已经非常明显,并且远远高于全省的总体水平。而从三类经营主体的比较情况来看,发展水平按照从高到低的顺序依次是:农业龙头企业、合作社、专业大户。

(五)浙江新型农业经营主体的产品销售渠道

调查数据显示,各类经营主体销售农产品的主要渠道存在较大差异(详见表5)。专业大户主要通过到批发市场或农贸市场上去销售农产品为主(26.78%),其次是相关加工企业的订单销售(22.40%)。合作社主要通过合作社统一到市场上销售(32.50%)或商贩上门收购(32.50%),龙头企业则以超市订购(34.09%)和下游加工企业收购(25.45%)为主要的产品销售渠道。此外,龙头企业还通过网络、展销会等其他方式销售20.01%的农产品,而专业大户和合作社通过这些方式销售的农产品比例都不到10%。

表5　浙江新型农业经营主体的产品销售渠道　　　　单位:%

销售渠道 ＼ 主体类型	专业大户	合作社	龙头企业	各类主体合计
超市订购	—	2.50	34.09	13.80
企业等集团客户订购	22.40	26.25	25.45	20.19

续　表

主体类型 销售渠道	专业大户	合作社	龙头企业	各类主体 合计
通过合作社统一销售	12.57	32.50	—	18.63
商贩上门收购	31.15	32.50	—	31.56
销售人员到市场上销售	26.78	—	20.45	25.55
其他方式	7.10	6.25	20.01	7.02

总的来看,每一类经营主体的销售渠道都不是非常集中,而是呈现出越来越多元化的发展趋势,这对经营者而言,更有利于规避市场风险。对于大部分生产规模较小、信息渠道较少的专业大户来说,通过企业订购、网络订购、展销会推荐等形式销售农产品的可能性很小,这些销售渠道的使用主体主要是那些规模较大、品牌较响的合作社和龙头企业。

(六)浙江新型农业经营主体的信息服务方式

从各类经营主体获取信息服务的渠道来看(详见表6),以专家或农技员的指导为主要信息服务途径的经营主体占24.16%,其次是依靠自己原有的经验或自学(22.96%)和电脑网络(15.90%)。按经营主体类型区分,专业大户、合作社、龙头企业获取信息服务的最主要途径分别是自己的经验或自学(27.47%)、专家或农技员的指导(33.66%)、电脑网络(22.73%)。通过电脑网络等现代电子媒介获取相关信息的合作社也达到了24.75%,而专业大户则不到10%,这显然与各类经营主体的文化知识水平有关。此外,各类经营主体通过相互间的交流获得相关信息的比例还很低。

表6　浙江新型农业经营主体获取信息服务的途径与用途　　单位:%

途径与用途		专业 大户	合作社	龙头 企业	各类主体 合计
获得信 息服务 的途径	电脑网络	9.34	24.75	22.73	15.90
	电视、广播、报刊	9.34	4.95	2.27	7.03
	政府部门的宣传	17.03	14.85	20.45	16.82
	专家或农技员的指导	21.43	33.66	13.64	24.16
	自己的经验(或自学)	27.47	16.83	20.45	22.96
	与专业大户交流	8.79	0.99	6.82	6.04
	与合作社负责人交流	3.30	0.99	2.27	2.42
	与企业负责人交流	1.65	0.99	4.55	1.81

续　表

途径与用途	主体类型	专业大户	合作社	龙头企业	各类主体合计
农民信箱的用途	买卖农产品	16.81	17.98	14.71	16.94
	获得技术信息	47.06	40.45	41.18	43.80
	求教疑难解答	5.04	5.62	5.88	5.37
	接收或发送短信	17.65	24.72	29.41	21.90
	向政府反映问题	6.72	5.62	5.88	6.20
	其他	6.72	5.62	2.94	5.79
	没有注册	36.02	12.75	22.73	27.11

关于"农民信箱"的使用情况,所有被调查的经营主体使用"农民信箱"的比例达到了 72.89%,各类经营主体的注册比例分别是专业大户 63.88%、合作社 87.25%、龙头企业 77.27%。各类经营主体使用"农民信箱"的具体用途没有存在很大的差异,通过"农民信箱"获取技术信息的经营主体比例高达 43.80%,其次是用于接收或发送短消息(21.90%)和买卖农产品(16.94%)。

因此,我省新型农业经营主体获得取各类信息服务的途径不仅已经呈现出了多元化的发展趋势,而且越来越多的主体已经开始使用手机、互联网等现代电子信息传播工具,这也是他们能够及时、高效地获取各类服务信息的重要原因。

(七)浙江新型农业经营主体的生产资金来源

在生产资金来源方面(详见表 7),所有被调查的经营主体汇总的情况是他们都以自有资金(39.45%)为主要的生产资金来源,其次是银行或信用社的贷款(23.24%)。按三类经营主体类型区分,他们的主要融资渠道也存在一些差异。专业大户以个人的自有资金为主(55.74%),其次是银行或信用社贷款(25.68%)。合作社社员共同筹款为主(52.48%),其次是核心成员筹资(18.81%)。龙头企业则是以银行或信用社贷款为主(46.51%),其次是企业负责人的自有资金(39.53%)。另外,向亲戚朋友借款的比例最高的是专业大户(18.58%),其次是龙头企业(11.63%)。

表7　浙江新型农业经营主体的生产资金来源　　　单位：%

资金来源 ＼ 主体类型	专业大户	合作社	龙头企业	各类主体合计
个人（合作社或企业）自有资金	55.74	9.90	39.53	39.45
银行或信用社贷款	25.68	8.91	46.51	23.24
亲戚朋友借款	18.58	1.98	11.63	12.54
政策性银行贷款	0.00	0.00	0.00	0.00
社员共同筹资	0.00	52.48	0.00	16.21
合作社核心成员筹资	0.00	18.81	0.00	5.81
政府项目扶持资金	0.00	5.94	0.00	1.88
其他	0.00	1.98	0.00	0.58

综上所述，以专业大户、农民专业合作社和农业龙头企业为代表的我省新型农业经营主体，不仅基本上摆脱了传统分散经营农户的发展困境，而且展现出了年轻化、知识化、组织化、规模化、标准化、科技化、品牌化、信息化、现代化、企业化等特征，他们在农业发展和农村繁荣过程中发挥了非常重要的示范带动和经济辐射作用。

二、浙江新型农业经营主体的成长路径

通过对现状特征的剖析，可以发现，我省各类新型农业经营主体的身份特征呈现出多样复杂的特点。在这一节中，课题组通过深入分析他们的个体交叉特征，总结出几类主要的新型农业经营主体的身份来源及群体特征（详见表8）。

表8　浙江新型农业经营主体特征的交叉分析　　　单位：%

指标		非农就业经历				任村干部经历	
		打工	经商	办企业	没有	有	没有
年龄结构	30岁及以下	6.25	4.81	2.94	2.70	1.56	4.93
	31～40岁	25.00	23.08	19.12	9.01	14.84	19.70
	41～50岁	41.67	46.15	63.24	37.84	46.09	46.80
	51～60岁	27.08	17.31	11.76	44.14	32.03	23.15
	61岁及以上	0.00	8.65	2.94	6.31	5.47	5.42

续 表

指标		非农就业经历				任村干部经历	
		打工	经商	办企业	没有	有	没有
文化程度	小学及以下	10.42	6.73	4.41	15.32	7.03	11.33
	初中	47.92	34.62	27.94	41.44	33.59	39.90
	高中(含中专)	25.00	43.27	45.59	30.63	42.19	33.99
	大专及以上	16.67	15.38	22.06	12.61	17.19	14.78

(1)第Ⅰ类:"投资农业的企业家"。在41～50岁的经营者中,有过创办企业经历的主体比例高达63.24%,远远高于有过其他非农就业经历或担任村干部经历的主体比例,这个群体主要是一些退出非农产业转而投资农业的企业家,包括一部分早期外出创业的农民企业家。企业家投资产业的转移行为,不仅是受到了近年来外部经济不景气的影响,还与国家和地方各级政府出台的一系列扶持农业发展的政策有关。

(2)第Ⅱ类:"返乡创业的农民工"。在31～40岁的经营者中,有过打工经历的主体(25.00%)比有过经商(23.08%)或办企业(19.12%)经历的主体比例要高一些,这个群体主要是放弃(或失去)在第二、第三产业就业的机会而返乡创业的农民工。企业家对非农产业投资的减少,必然导致城市非农就业机会的减少,这也是导致近年来农民工"回乡潮"的根本原因。他们回到家乡以后,势必要寻找新的谋生出路,而他们当中的一部分人就就地选择了农业经营领域的创业之路。

(3)第Ⅲ类:"基层创业的大学生"。同时受到外部经济危机影响的,还有一大批刚刚从高等院校毕业等待就业的大学生,他们中的很大一部分都来自农村地区。随着城市就业形势的恶化,毕业后来到基层创业的大学生也越来越多。数据显示,在没有过任何非农就业经历的主体中,拥有大专以上文化水平的占12.61%。课题组发现,这其中除了一部分长期在基层从事农技推广工作的老农技员以外,大部分都是近年来毕业的农村大学生。虽然,目前这个群体的数量还不是很多,在各类新型农业经营主体中所占的比例也较低,但是却代表了未来我省新型农业发展的希望。

(4)第Ⅳ类:"农村种养能人"。在51～60岁的经营者中,有44.14%的人没有任何外出打工、经商或创办企业的经历,这个群体主要是那些借助近几年政府的农业扶持政策逐渐发展壮大起来的农村种养能人。在这类主体中,虽然有将近60%的人只有初中及以下的文化水平,但是他们凭借自己长期从事农业生产所积累起来的经验和技术,再结合各级政府的扶持政策和项目,从传统的小规模种养户发展成为专业大户(26.34%),或组建成立合作社(32.35%)和龙头企业(13.64%),并担任这些组织的负责人职务(见表1)。

(5)第Ⅴ类:"农村干部带头人"。有村干部任职经历的经营者主要集中在 41~50 岁(46.09%)和 51~60 岁(32.03%)这两个年龄段,年轻人所占的比例很小。而且,其中有 59.38% 的人拥有高中(含中专)及以上的文化水平。一方面,通过村民的民主选举,村干部一般都是由一些年纪较大、在当地比较有威望的人担任的;另一方面,只有具备较高文化水平的人才能够胜任村干部的职务。这些农村干部带头人凭借自己对国家农业政策的了解和当地农村情况的熟悉,逐渐发展成为各类专业大户,或组建成立合作社和龙头企业,并担任其负责人的职务。

由此可见,我省新型农业经营主体(或其负责人)是有特定的群体身份来源的,其中既有受近年来外部经济环境变化而转移投资目标或就业方向的企业家、农民工或大学生,也有长期以来在农村从事农业生产、技术研究或农村经营管理工作的农村能人、农技员或村镇干部。事实上,他们不仅在个体特征方面存在差异,其最初的创业背景、经营目标、资本实力、管理能力等也不尽相同。那么,他们到底是通过怎样的路径成长为今天的专业大户、合作社负责人或龙头企业负责人的? 课题组将从三类经营主体的基本特征、主要优势、主要劣势及典型案例等方面入手,进一步分析和揭示上述五类群体的适用组织形式及未来的发展方向。

(一)浙江农业专业大户的成长路径

1. 基本特征

表 9 显示[①],在个体特征方面,专业大户主要集中在 41~50 岁(46.77%)和 51~60 岁(26.34%)两个年龄段,文化程度以初中居多(45.70%),非普通群众的比例要高于党员的比例。37.63% 的专业大户没有过任何非农就业经历,而且 60% 以上的人也没有担任过任何村干部职务。在生产经营方面,26.78% 的专业大户还是以农贸市场和摊贩市场为主要销售渠道,他们获取信息服务的方式则是以农技人员的指导(21.43%)和自己的经验(27.47%)为主,生产经营的资金基本上以自有资金为主(55.74%)。

---

① 表 9 中摘取了三类新型农业经营主体在各项指标中所占比例比较集中的选项,以此来显示他们的特征差异。

表9 浙江新型农业经营主体特征的比较 单位：%

特征指标	农业专业大户	农业合作社负责人	农业龙头企业负责人
性别	男性(95.70)	男性(93.14)	男性(83.72)
年龄	41~50岁(46.77) 51~60岁(26.34)	41~50岁(41.18) 51~60岁(32.35)	31~40岁(20.45) 41~50岁(56.82)
文化水平	初中(45.70)	初中(30.39) 高中(39.22)	高中(45.45) 大专及以上(36.36)
政治面貌	群众(45.16)	党员(52.94)	党员(46.51)
非农就业	没有(37.63)	经商(37.25)	办企业(32.56)
任村干部	没有(61.29)	有(48.04)	没有(83.72)
产品认证	没有(61.83)	有(67.65)	有(70.45)
销售渠道	到市场上销售(26.78)	合作社销售(32.50) 商贩收购(32.50)	超市订购(34.09)
信息服务	农技人员指导(21.43) 自己经验(27.47)	电脑网络(24.75) 农技人员指导(33.66)	电脑网络(22.73) 政府宣传(20.45)
资金来源	自有资金(55.74)	社员筹资(52.48)	银行贷款(46.51) 自有资金(39.53)

根据前文对五类群体特征及上述专业大户的特征分析，第Ⅳ类群体，即"农村种养能人"的年龄偏大、文化水平较低、非农就业经历和担任村干部经历较少以及比较传统的销售和信息服务渠道等特点，与农业专业大户显示的各项特征非常相似。因此，我们可以判断，专业大户的身份来源主要集中在由传统种养农户发展过来的第Ⅳ类群体，即"农村种养能人"。除此之外，第Ⅴ类群体，即"农村干部带头人"和第Ⅱ类群体，即"返乡创业的农民工"的部分特征也与上述特点比较符合，他们中的一部分人也发展成了专业大户。而第Ⅰ类群体，即"投资农业的企业家"和第Ⅲ类群体，即"基层创业的大学生"的特征与专业大户的特点存在较大差异，所以发展成为专业大户的比例也就非常低。

2. 主要优势

总的来说，我省农业专业大户的群体来源比较集中，他们在生产经营中的优势主要有以下几点：

（1）熟悉农村的实际情况。他们都是长期生活在农村的传统农户，对当地的自然条件、资源环境、社会关系等实际情况比较了解。

（2）掌握较多的实用技能。长期从事农业生产的经历，让他们积累了丰富的生产实用技能，尤其是在特种产品生产技术和疾病防疫技术等方面，他们的经验能够起到很好的作用。

（3）经营管理方式比较灵活。由于他们不需要像合作社和企业那样严格按照规章制度进行生产决策，因此他们在雇工、技术推广、产品销售等方面都比较灵活。

3. 主要劣势

当然，由于受文化水平、管理水平、市场意识等因素的约束，我省农业专业大户在生产经营中的劣势也非常明显，主要体现在：

（1）资金实力较弱。长期从事农业生产并没有让他们积累很多的生产资金，而且在生产投入时期还经常需要向亲戚朋友借款，他们一般也无法承受银行（或信用社）贷款的成本。

（2）科技水平较低。与合作社或龙头企业相比较，专业大户自身的科技水平较低，他们生产的产品科技含量也就比较低，相关产品认证的情况也远远不如其他两类经营主体（见表4）。

（3）现代市场经营意识较淡薄。专业大户既没有较高的文化水平，又没有很多非农就业或生产经营经历，这也决定了他们的现代市场经营意识比较淡薄，从目前比较传统的产品销售渠道和获取信息服务方式等方面也可以看出这一点。

4. 相关案例分析

[案例1]　农业专业大户的成长之路

徐春根，男，48岁，常山县天马镇五联村村民，初中文化水平，同时还担任该村的村委会委员。5年前，徐春根主要经营生猪贩销生意，2006年担任村干部之后，他和姐夫、哥哥、舅子等亲戚合伙流转了162亩土地，开始种植西红柿、黄瓜、芹菜、丝瓜等蔬菜。

最初的时候，由于投入了大量的精力专心研究相关生产技术，该大户种植的蔬菜品质非常好。但是，当他们把产品拿到市场上去卖的时候，销售的情况却并不理想，这让他们陷入了很大的困惑。经过商量，他们采取了"先试吃再付钱"的营销策略，免费送菜给一些需求较大的企事业单位试吃，并由此逐渐建立起了自己稳定的客户关系网。这种办法虽然有些"土"，但是也足以说明他们对自己产品品质的高度信任。如今，他们已经为自己的产品注册了"山泉"牌商标，并且每天都固定向衢州某农贸市场及当地的企事业单位供应1吨左右的蔬菜。2008年，该大户的年销售额达65万元，实现净收益15万元。不仅如此，他们还申请通过了无公害基地和无公害农产品的认证,并带动了周边20多家农户按照他的技术标准生产同类蔬菜,创造了一定的经济效益和社会效益。

上述案例中的专业大户是从传统的种养农户转型而来的,具有早期小农经济时代散户的典型特征,包括文化水平偏低、年龄偏大、思想淳朴甚至保守等。而当他们从事过外出打工、经商以及担任村干部等非农就业工作后,慢慢地积累了一些社会经验、市场意识及创业资本,并且在适当的时机选择了他们原本就非常熟悉的种植或养殖业,进而发展成为今天的规模种养大户。

(二)农民专业合作社的成长路径

1. 基本特征

在个体特征方面(详见表9),合作社负责人的年龄结构与专业大户的年龄结构差异不大,主要也是集中在41~60岁之间。但是,合作社负责人的文化水平总体上要比大户的高一些,39.22%的人拥有高中文化水平,而且一半以上的人是党员。在非农就业经历方面,37.25%的合作社负责人有过外出经商的经历,而且担任过村干部的比例也达到了48.04%。在生产经营方面,67.65%的合作社申请了各类产品认证,而且还以合作社统一安排(32.50%)和商贩上门收购(32.50%)为主要的产品销售渠道。此外,除了农技人员的指导(33.66%)以外,还有不少合作社已经通过电脑网络(24.75%)获取各类信息服务。

前文所述的第Ⅴ类群体("农村干部带头人")的年龄偏大、有一定文化水平和非农就业经历、担任过村干部、统一生产经营及销售等特点,与合作社(或其负责人)显示的各项特征非常相似。据此我们可以判断,合作社负责人的身份来源主要集中在第Ⅴ类群体("农村干部带头人")。同时,第Ⅳ类群体("农村种养能人")的年龄、文化水平等特点和第Ⅰ类群体("投资农业的企业家")的统一生产经营及销售等特点与合作社负责人的部分特征比较相似,他们中的一部分人也会发起成立农民专业合作社,并担任理事会或监事会成员职务。

2. 主要优势

总的来说,农民专业合作社负责人的群体来源比较分散,即使是第Ⅱ类("基层创业的大学生")和第Ⅲ类("返乡创业的农民工")群体,也有不少人组建成立了合作社。但是,从相对集中的第Ⅴ类("农村干部带头人")群体的情况来看,他们在生产经营中的优势主要有以下几点:

(1)熟悉农村的实际情况。他们都是长期生活在农村的传统农户或农村干部,对当地的自然条件、资源环境、社会关系等实际情况以及相关的农业政策比较了解。

（2）拥有较强的个人能力。他们有比较丰富的非农就业经历,他们在技术推广、市场拓展、品牌营销等方面的个人能力相对较强。

（3）具有较高的群众威望。一定的村干部任职经历让他们在当地群众中积累了一定的个人威信,这是他们能够召集广大农户组建合作社的重要基础。

3. 主要劣势

当然,农民专业合作社的负责人在年龄结构、文化水平等方面也存在一些不足,这也必然造成他们在生产经营管理过程中的劣势:

（1）现代经营管理理念不够强。由于合作社负责人的年龄偏大、文化水平不够高,这就必然导致他们的现代经营管理理念不够强,这是一部分合作社无法实现标准化生产、品牌化销售、企业化运作的重要原因。

（2）对负责人自我牺牲精神的要求过高。作为合作社的主要发起人及组建之后的主要领导人,合作社的负责人经常需要为保障广大社员的利益而投入更多的时间、精力甚至资金,否则就有可能无法维系整个组织的发展。因此,对于负责人自我牺牲精神的过高要求,是农民专业合作社发展过程中必然要面临的一种困难。

（3）获取设施用地、信用贷款等要素的难度较大。作为一种由普通散户组成的农村合作组织,合作社在管理、生产、加工、培训等方面都需要一定的办公或生产设施用地,而且生产资金的贷款需求也很强烈,但是与投资规模较大的龙头企业相比较,合作社在这些方面的劣势就显得特别明显。

4. 相关案例分析

[案例 2] 农民专业合作社的成长之路

苍南县桥墩镇石龙村,由于长期受山区交通不便、信息不灵、封山育林等因素的影响,全村的经济和社会发展极其缓慢。2003 年,该村的农民人均收入只有 1837 元,远远低于当时的全省平均水平（5309 元）。与此同时,全村三分之二的农民都外出打工,整个村庄日渐萧条,社会经济发展的速度极其缓慢。2004 年,在桥墩镇党委和政府的关心下,该镇林业技术员温怀意同志进驻石龙村,并兼任该村的党支部书记,并负责带领当地农民脱贫致富。

2003 年 6 月,在温怀意同志的指导和帮助下,相关部门的农业、林业技术人员和当地农民共同出资,由退伍回乡农民洪永友发起成立了"苍南县玉苍杨梅专业合作社"。经过近 6 年时间的发展,该合作已经拥有入股社员 112 名,核心基地 2200 亩,带动周边各村农户 530 户,发展杨梅种植总面积

6000 多亩,为当地农民创造了良好的经济和社会效益。目前,该合作社已经连续 4 年荣获"苍南县优秀农业专业合作组织"称号,并于 2006 年成功申请"狮隐"牌杨梅商标,并将杨梅加工成杨梅罐头、杨梅酒等产品,远销全国各地市场。此外,合作社还与玉苍山风景区合作开发休闲观光农业,打响了"狮隐"牌杨梅的知名度,为该地山区农民的脱贫致富和长期发展打下了良好的基础。

上述案例中的村干部对当地农村的情况比较了解,他们带着上级政府交代的任务和自己的专业技术,带领当地农民完成了在外人看来不可能的"脱贫致富"梦想。当然,在专业技术方面的优势以及特殊的政府工作人员身份也是他们能够召集广大农户组建合作社的重要原因。这条合作联营的创业道路在一定程度上改变了偏远山区农村的发展面貌,也使那些长期蹲守在农村无法外出的农民看到了新的希望。

(三)农业龙头企业的成长路径

1. 基本特征

在个体特征方面(详见表9),龙头企业负责人的平均年龄比其他两类经营主体的都要小一些,主要集中在 31~40 岁(20.45%)和 41~50 岁(56.82%)两个年龄段。文化水平也比其他两类主体高一些,以高中(45.45%)和大专及以上(36.36%)为主。这些负责人通常都有比较丰富的经商或创办企业(32.56%)的非农就业经历,而他们有过村干部任职经历的比例是三类主体中最少的(16.28%)。在生产经营方面,他们申请相关产品认证的比例非常高(70.45%),销售农产品的渠道则以超市订购(34.09%)为主,并且通过电脑网络(22.73%)和政府宣传(20.45%)等方式获取主要的信息服务。另外,他们的生产资金来源以银行贷款(46.51%)和自有资金(39.53%)为主,这和其他两类主体也存在一些差异。

前文所述的第 Ⅰ 类群体的文化水平较高、非农就业经历较丰富、现代企业经营理念较强等特点,与龙头企业(或其负责人)显示的各项特征非常相似。据此可以判断,龙头企业负责人的身份来源主要集中在第 Ⅰ 类群体。同时,第 Ⅱ 类群体的非农就业经历和第 Ⅲ 类群体的年龄、文化水平等特点与企业负责人的部分特征比较相似,他们中的一部分人成立了公司并发展成为现在的农业龙头企业。

2. 主要优势

(1)资金实力雄厚。多年经商或创业办企业的经历为他们积攒了一定的投资资本,而相对于其他非农产业来说,农业项目投资所需的资金额度通常并不是很大。

（2）融资渠道多样。尽管农业基础设施及相关固定资产一般不能作为银行贷款的抵押物，但是多年的城市经商经历或同时兼营非农产业的情况，使得他们更容易通过银行贷款、朋友借款等方式进行融资。

（3）容易获取政府的扶持项目。通常情况下，由于他们的项目投资额度较大，当地政府的相关部门都会将其视为招商引资和带动地方经济的主要对象，因而会在一些设施用地、项目申报等方面给予更大力度的支持。

（4）具有较好的市场意识、经营头脑和现代经营管理理念，甚至已经有明确的产品销售网络。过去的经商和创业经验是他们今后发展农业龙头企业的最宝贵财富，超前的市场意识为他们打开产品销售网络奠定了重要的基础。

3．主要劣势

（1）投资的社会成本与风险较大。这类主体投资的项目规模大，效益也比较好，但是市场风险也比较大。而一旦项目投资失败，就有可能带来用地资源浪费、环境污染等风险。

（2）对负责人的社会责任感要求过高。也正是由于这类项目存在较大的市场风险，而且涉及面比较广，企业与周边农户之间容易产生用地、环境污染等各种利益纠纷，这对于企业负责人的社会责任感要求比较高。

4．相关案例分析

［案例3］ 农业龙头企业的成长之路

方志明，男，53岁，初中文化水平，嵊州市某农业开发公司董事长、辣椒专业合作社理事长。从1984年开始，在近25年的经商和创办企业的过程中，方志明先后尝试过养殖长毛兔、开饭店、修建厂房出租、办沙厂等多个行业，从而打下了比较雄厚的经济基础。2006年，他在当地政府的鼓励下成立了这家专业从事辣椒品种研发和生产的农业开发公司，并采用"公司负责研发、推广＋合作社负责生产、发展"的经营模式，探索出了一条具有特色的高效生态农业的发展道路。

在雄厚经济基础的支撑下，该公司通过自己独特的融资方式和多样化的融资渠道，对上游相关联的合作社提供贷款、资金和项目申报等方面的帮助，而合作社则利用联合农户的规模优势促进公司的发展。据了解，通过该公司的引种、试种、品种推广以及统一管理和施肥等措施，2008年农户的亩产利润达到了8000元以上。截至2009年5月，该公司已累计投资700多万元，对当地辣椒产业的提升和地方经济的发展起到了非常重要的辐射带动效应。

显然,传统分散的农业资本积累很难满足大型农业项目开发的需求,上规模、高效益的农业项目的发展需要依托一部分非农商业资本的投入。上述案例中的农民企业家正是凭借自己强大的资金实力和融资能力,抓住了基层政府发展大型农业项目的政策契机,获取了相关部门的各项政策支持。该项目既实现了企业家获取资本回报的目的,又促进了当地农村经济的发展和农民收入的增长,这对于企业家、政府和农民来说是一个"三赢"的局面。商业资本退出第二、第三产业转而投向第一产业,既是外部市场环境变化的一种必然趋势,又是发展现代农业的一次重要契机。

根据各类身份的经营群体与三类新型农业经营主体之间的相关程度,我们将他们区分为"主要群体"、"次要群体"和"不重要群体"三个等级(详见表 10)。综上所述,农业专业大户的主要身份来源是第Ⅳ类群体("农村种养能人"),第Ⅴ类群体("农村干部带头人")和第Ⅱ类群体("返乡创业的农民工")相对次要,最不重要的是第Ⅰ类群体("投资农业的企业家")和第Ⅲ类群体("基层创业的大学生")。农民专业合作社负责人的主要身份来源是第Ⅴ类群体,第Ⅳ和第Ⅰ类群体相对次要,最不重要的是第Ⅱ和第Ⅲ类。龙头企业负责人的主要身份来源是第Ⅰ类群体,第Ⅱ和第Ⅲ类群体相对次要,最不重要的是第Ⅳ和第Ⅴ类群体。

表 10 浙江新型农业经营主体身份来源的群体分布

群体类型	专业大户	合作社负责人	龙头企业负责人
主要群体	第Ⅳ类	第Ⅴ类	第Ⅰ类
次要群体	第Ⅴ、Ⅱ类	第Ⅳ、Ⅰ类	第Ⅱ、Ⅲ类
不重要群体	第Ⅰ、Ⅲ类	第Ⅱ、Ⅲ类	第Ⅳ、Ⅴ类

注:第Ⅰ类:"投资农业的企业家";第Ⅱ类:"返乡创业的农民工";第Ⅲ类:"基层创业的大学生";第Ⅳ类:"农村种养能人";第Ⅴ类:"农村干部带头人"。

三、浙江新型农业经营主体的政策需求

无论从新型农业经营主体的个体特征和生产经营的情况来看,还是从经济效益和社会效益的角度看,我省在促进新型农业经营主体的发展方面已经取得了非常显著的成绩,三类新型农业经营主体的发展路径及成功经验都具有一定的推广价值。与此同时,我省新型农业经营主体的发展也面临着许多难以克服的瓶颈问题,要进一步提升这些经营主体在未来发展过程中的市场竞争能力、科技创新能力以及抵御风险能力，就必须着力解决这些问题。

从已经获得相关扶持政策的总体排序情况来看（详见表11），三类新型农业经营主体在税收优惠、政府资金（或项目）扶持、农业信息和技术服务等方面获得的扶持政策的比例排在前三位，而在农资价格优惠（第⑨位）、用水和用电等价格优惠（第⑩位）等方面获得的扶持政策比较少。

表11　浙江新型农业经营主体获得扶持政策的排序情况

扶持政策 ＼ 主体类型	专业大户	合作社	龙头企业	总　体
政府资金（或项目）扶持	②	①	②	②
金融信贷扶持	③	⑤	③	④
农业保险扶持	④	⑥	⑤	⑥
农业信息和技术服务	①	③	⑥	③
土地流转服务	⑤	⑧	⑨	⑦
农产品销售服务	⑦	④	④	⑤
农资价格优惠	⑧	⑨	⑩	⑨
解决设施用地	⑥	⑦	⑧	⑧
用水、用电等价格优惠	—	⑩	⑦	⑩
税收优惠	—	②	①	①

具体来看，专业大户在农业信息和技术服务、政府资金（或项目）扶持、金融信贷等方面获得的扶持政策的比例排在前三位，但他们获得的农产品销售服务（第⑦位）和农资价格优惠（第⑧位）等方面的扶持却不明显。就农业专业合作社而言，排在前三位的是政府资金（或项目）扶持、税收优惠、农业信息和技术服务等方面的扶持，较少享受农资价格优惠（第⑨位）和用水、用电等价格优惠（第⑩位）方面的扶持政策。从农业龙头企业这一经营主体来看，税收优惠、政府资金（或项目）、金融信贷等方面获得扶持政策的比例排在前三位，而在农资价格优惠方面获得相关扶持政策的比例几乎为零。

很显然，三类经营主体已经获得的上述扶持政策与他们的实际需要还存在一些差距，这也正是许多被调查者反映在生产经营过程中遇到很多困难和问题的主要原因。从他们反映的困难和问题的具体情况来看，一类是普遍存在的、合情合理的、且有希望解决的问题，另一类则是不具有普遍性、可操作性或者在短期内难以解决的问题。课题组认为，"政府资金（或项目）

扶持"①和"农产品销售服务"是属于后一类问题衍生出来的两项政策需求,前者涉及各级地方政府的财政实力和资金使用效率问题,后者则完全取决于市场需求和消费者行为问题。为此,我们根据三类经营主体的不同情况,将前一类困难和问题所衍生出来的相关政策需求进行排序,并进行总结分析评估(详见表 12),以供有关领导和部门决策参考。

(一)关于金融信贷方面的政策需求

金融信贷支持已经成为各类新型农业经营主体的非常重要的政策需求。我们的调查结果显示,三类新型农业经营主体(即:农业专业大户、农业专业合作社、农业龙头企业)分别将"金融信贷扶持"列为第②、第③和第②位的重要政策需求,见表 12。具体包括以下三个方面。

1. 农业生产资金贷款授信担保的政策需求

按照目前的相关规定,农民申请贷款必须要由具有公务员身份的人或相关部门提供授信担保,而这对于一般的农业经营主体,尤其是刚刚处于发展起步阶段的农业专业大户来说,并非易事。因此,我们建议政府出台相关政策,允许农民通过村委会进行贷款担保,或以合作社在上下游生产供应链中的地位、作用、身份等名义提供贷款担保。实际上,从农民的社会信用归属角度来看,这种做法也更加符合农村的实际情况。

表 12 浙江新型农业经营主体对政策需求的排序情况

政策需求 \ 主体类型	专业大户	合作社	龙头企业	总　体
政府资金(或项目)扶持	①	①	①	①
金融信贷扶持	②	③	②	②
农业保险扶持	⑦	⑦	⑤	⑦
农业信息和技术服务	③	④	⑩	④
土地流转服务	⑥	⑥	⑧	⑥
农产品销售服务	⑤	⑤	⑥	⑤
农资价格优惠	⑧	⑧	⑨	⑧
解决设施用地	④	②	③	③
用水、用电等价格优惠	—	⑩	⑦	⑩
税收优惠	—	⑨	④	⑨

① 专业大户、合作社、龙头企业将"政府资金(或项目)扶持"都列为排序第①的政策需求,而将"农产品销售服务"分别列为排序第⑤、第⑤和第⑥的政策需求。

2. 农业生产资金贷款手续简化的政策需求

从总的情况来看,目前的农业贷款手续还显得过于烦琐,特别是对于一些偏远山区的农民,由于交通不便、信息不畅等原因,他们的贷款成本很容易因为贷款手续的烦琐而大幅增加。因此,在全省范围内出台简化农业生产资金贷款手续的扶持政策,对于那些距离县城较远的新型农业经营主体来说,具有十分重要的现实意义。

3. 农业生产资金贷款利息优惠的政策需求

调查表明,在绍兴、嘉善、余杭等经济较发达的县(市、区),地方政府已出台了一些针对合作社等新型农业经营主体的贷款利息优惠政策,例如县(市、区)财政直接将一笔专项扶持资金划入当地信用社的账户,专门用于补贴农业项目贷款的利息优惠。但是,在松阳、常山、苍南等经济欠发达的县(市、区),由于地方财政实力较弱,几乎没有任何用于农业贷款利息优惠的专项扶持资金。因此,在全省范围内推行统一的农业生产资金贷款利息补贴的财政扶持政策显得尤为必要。

(二) 关于农业配套设施用地方面的政策需求

调查结果显示,三类经营主体分别将"解决设施用地"列为第④、第②和第③位的重要政策需求,并且认为设施用地方面的制约已经严重影响到他们的发展。在案例访谈中,课题组了解到各类设施用地的需求主要集中在以下几个方面。

1. 农业合作社和农业龙头企业的办公管理用地需求

随着合作社和农业龙头企业的发展和规模扩大,日常业务管理、召开会议、产品分级包装、储运、设备安放等方面的业务越来越频繁,并且需要有相应的场地才行。尽管省委省政府出台的《关于进一步加快发展农民专业合作社的意见》(浙委办〔2005〕73号),已经要求对合作社的相关配套设施用地需求可依法办理"临时用地"手续,但是在实际操作过程中仍然存在很大的困难。例如,杭州余杭区余杭茶叶合作社的负责人就反映,他们因为无法在茶山上建造用于茶叶包装的临时用房,只能取消了购入数台大型茶叶烘干、包装设备的计划。

2. 农机服务主体的农机设备存放用地需求

上规模的农机服务合作社或专业大户一般都拥有数十台的农机设备,实践中,这些设备的存放用地问题往往得不到妥善的解决,进而制约了这类服务主体的发展。例如,成立于2005年的鄞州区五乡镇力邦农机专业合作社发展势头非常好,但却苦于没有足够的仓储用地而不敢贸然扩大服务规模。据该合作社负责人反映,当地的一些农机具因为没有足够的存放用地,只能露天随意摆放,这就大大地缩短了机械设备的使用寿命。

3. 粮食生产主体的粮食仓储用地需求

与农机服务主体的用地需求类似,上规模的粮食生产主体在粮食烘晒期间、粮食销售之前都需要仓储用地。而且,与农机仓储用地相比,粮食仓储用地还需要有防潮、防火、防盗等方面的要求,所以仓储用地的选择余地很小,用地需求得到满足的可能性也就更小。例如,据苍南县马站镇的粮食种植大户施成钏反映,去年他生产的粮食中有三分之一需要长时间的仓储,迫不得已,他只能临时租用了一个大型仓库,增加了 5000 多元的成本,这在很大程度上影响了他的粮食生产积极性。

4. 鲜活农产品生产主体的冷库建设用地需求

种植保存时间较短的水果或养殖海鲜产品的经营主体对于冷库建设用地的需求比较强烈,但是这类用地比起一般农业配套"临时用地"的审批更难。另外,由于冷库的建设还涉及用电、用水设施的安排等,各种审批手续也更加复杂。例如,温州的状元杨梅专业合作社的负责人就反映,由于没有冷库等保鲜储藏设施,杨梅的采摘和销售时间就不得不缩短,进而大大影响到杨梅的销售价格和收入。

5. 淡水养殖经营主体的设施用地需求

养殖鳖类、观赏鱼等需要保温、引水等设施的经营主体,对于养殖设施用地的需求也非常强烈,这些设施的建造必然需要硬化一部分河塘水面,而这些做法对于土地管理部门来说都是不被允许的。例如,松阳县老伟甲鱼养殖专业合作社在扩大养殖规模的过程中就遇到了类似的问题,但是经过近一年时间的申报、审批,他们还是没能得到相关部门的同意批复。

(三)关于农业科技推广和疾病防疫技术方面的政策需求

调查结果显示,专业大户和合作社负责人分别将"农业信息和技术服务"列为第③和第④位的政策需求,并且特别强调在农业科技推广和疾病防疫技术等方面缺乏足够的扶持政策。而且,提出这方面政策需求的经营主体主要集中在对生产技术要求较高的水产养殖业和对疾病防疫要求较高的畜牧产业。例如,松阳县的一位养猪专业大户反映,他所在乡镇现在只有一位已经临近退休年龄的老畜牧兽医员,生猪疾病防疫工作存在很大的困难。而由于该镇的养猪大户较多,一旦发生疫情,后果不堪设想。因此,建议在养殖规模较大的片区建立疫病信息观察点,定期向上级防疫部门提供信息,以便及时派遣专业技术人员开展疾病防疫工作。

此外,目前的畜牧区还存在一些倒卖死猪、病猪的交易黑市,这些流入市场的坏猪肉很容易引发更多的传染病,并危害到居民的身体健康和生命安全。对此,养殖大户们还建议上级畜牧防疫部门建立定期低价收购死畜、病畜的制度,并就地集中消毒焚烧,力争将疫病的传播控制在最小的范围内。

(四) 关于土地流转服务方面的政策需求

调查结果显示,三类经营主体分别将"土地流转服务"列为第⑥、第⑥和第⑧位的政策需求,而且特别强调了地方政府和村集体组织在土地流转过程中的中介服务、组织协调、纠纷处理等作用。尽管从总体上来看,我省农村的土地流转规模越来越大、范围越来越广、形式越来越多样,但是土地流转的交易成本有时还显得过高,土地收益纠纷仍普遍存在。例如,嘉善县杨庙镇欣杨村的粮食种植大户都普遍反映,目前他们还只能挨家挨户地与散户签订短期的土地流转合同,有些地方甚至还要每年一签,谈判成本非常高。这种现象的出现与当地土地流转市场价格不断波动有一定关系,但也从一个侧面反映了各类农业经营主体对于相关部门为他们提供土地流转服务的紧迫需求。我们认为,由地方政府牵头组建土地流转中介服务组织,可以在一定程度上解决这类问题。

(五) 关于农业保险方面的政策需求

调查结果显示,三类主体分别将"农业保险"列为第⑦、第⑦和第⑤位的政策需求。农业保险方面的政策需求主要集中在自然风险较大的粮食作物、投资周期较长的香榧等特种经济作物以及疫病风险较大的畜、禽、水产品等行业,而目前的相关政策只规定了种猪和作物果实可以作为参与农业保险的对象并获取政府的相关配套补助资金。对于企业化运作的保险公司来说,农产品保险的回报率太低,甚至存在巨大的亏损风险,所以他们通常都缺乏为农产品提供保险服务的内在动力。我们认为,至少对于粮食、猪肉等重要农畜产品来说,政府应当采取措施为它们参与农业保险时提供必要的扶持政策。

(六) 其他方面的政策需求

上述五个方面的内容是各类新型农业经营主体比较集中反映的政策需求,除此之外,我们还了解到了一些零散的政策需求,主要是:(1)农机设备目录更新的政策需求。目前政府提供的可以给予补贴的农机设备购置目录,还无法满足一些在特殊土地类型,尤其是山区丘陵地带的农户购买需求。(2)农业用电价格优惠政策需求。在一些农业开发项目中,还普遍存在按工业用电价格收取农业用电费用的情况。(3)农产品税收优惠的政策需求。在与超市或工商企业签订购销合同时,农产品的税收优惠范围及具体额度还不够明确,相关政策执行上也存在很大难度。(4)农资价格、品牌、质量等监督的政策需求。农资价格波动较大、农资品牌鱼目混珠、农资质量参差不齐等现象,也在一定程度上影响了正常的农业生产秩序,需要相关部门进行有效的监管。(5)关于特种农产品的专项扶持政策需求。例如中药材,因其特殊的药物用途和生长环境,一些地区的农户在申请组建中药材合作社以及后续的发展过程中都遇到了很大的困难。由于工商登记、药品监管、环境保护等相关部门在对中药材这类特殊农产品的认识方面缺乏必要的沟通和协调,农户生产此类农产品的成本很高,生产积极性受到了严重挫伤。因此,这类经营主体对于特种农产品的专项扶持政策需求比较强烈。

四、基本结论与建议

首先,我省新型农业经营主体已经并且还将继续为我省农业结构的优化、现代农业的发展、农村经济社会的繁荣、农民收入的提高作出重要贡献,但相关制度与政策的不完善和不到位,对他们的进一步发展产生了不利影响,着力解决这些问题是我省现代农业发展的关键。

其次,传统的农业用地政策已经无法适应现代农业的发展。要将农产品加工、农产品仓储、合作社办公等用地纳入农业用地范畴,予以支持。

再次,调查表明,三类新型农业经营主体的具体身份来源主要涉及五大类,即"投资农业的企业家"、"返乡创业的农民工"、"基层创业的大学生"、"农村种养能人"、"农村干部带头人"。尽管他们都有条件成为新型农业经营主体,但他们的个体特征、创业背景以及优势劣势却不尽相同。因此,在对新型农业经营主体的培育中,应根据"分类指导"的原则,为上述五类群体提供与其相适应的创业条件,并且为他们提供针对性的扶持政策。

1. 从长远发展角度看,要扶持"年富力强"的经营主体

"返乡农民工"和"大学生"是"年富力强"的农村创业者群体的代表。尽管他们在社会实践经验、资金实力等方面存在明显的不足,但是他们大都具有较高的文化水平和较强的学习能力,是未来现代农业发展的希望。这类主体的成长,可以在一定程度上改变农业经营主体的年龄结构和知识结构,为农业的可持续发展奠定人才基础。最关键的是,他们都还很年轻,再过若干年,当那些年长的经营者不再从事农业时候,他们就会成为新型农业经营主体的"主力军"。因此,从长远发展的角度出发,政府需要重点扶持这两类"年富力强"的经营主体,要研究农业进入机制,为他们进入农业提供便利,鼓励他们组建合作社或注册成立公司,并为他们提供一些物质条件方面的补贴和帮助,使他们能够在广大农村地区生根发芽,成为发展现代农业的"主力军"。

2. 从经济效益角度来看,要扶持"强效辐射"的经营主体

由于在生产资本、管理经验等方面的优势,"企业家"是最有经济带动效应和辐射作用的经营主体。通常情况下,他们投资或开发的项目规模比较大、科技含量比较高、经济效益比较好,因而对周边农户或相关产业农户的带动效应比较大。因此,从现实的经济效益角度出发,政府应当大力扶持这类经营主体,为他们提供水、电、路等基础设施方面的便利,营造良好的投资环境,引导他们成为具有示范带动作用的农业龙头企业。当然,由于农业投资项目涉及面比较广,与资源环境要素联系紧密,政府应及时地掌握他们的运行情况,在扶持的同时,要防止破坏生态环境、盲目开发自然资源和损害农户利益等事件的发生。

3. 从社会效益角度来看,要扶持"土生土长"的经营主体

农村种养能人和农村干部带头人一般是来自于传统农户,大多是"土生土长"的新型农业经营主体,他们的转型与发展对于现代农业的发展和农村社区的和谐稳定具有十分重要的意义。通常情况下,他们的经营规模和组织规模不是很大,但是他们的出现,既可以在一定程度上改变农村的落后面貌、增加当地农民的收入,又可以维系一大批农业经营者的热情。因此,从社会效益的角度考虑,政府应当特别关注这类"土生土长"的新型农业经营主体的发展,鼓励他们发展成为具有特色专业大户,或组建能够吸纳分散小户的合作社,并为他们提供包括信贷、技术、保险、土地等方面的政策扶持。

2 典型案例篇

上 地契案例篇

专业合作社里的"种粮大王"

——鄞州区种粮大户卢方兴

一、基本情况

卢方兴,男,中共党员,宁波市鄞州区姜山镇蔡郎桥村种粮大户,现年54岁。1998年春,卢方兴从原籍临海市岙底卢村携全家到姜山镇蔡郎桥村务农种粮。多年来,他以市场为导向,不断扩大种粮规模,积极发展优质粮食生产,其2008年的土地经营面积为610亩。卢方兴2006年起担任宁波市种粮大户协会会长一职,还担任了鄞州区农机协会副会长和姜山镇粮油协会副会长职务。卢方兴从2006年起,联合60余户种粮大户,先后在姜山镇上游村和蔡郎桥村成立了水稻生产全程机械化合作社和联兴粮油农民专业合作社,并亲自担任联兴粮油农民专业合作社理事长。

二、经营现状及特点

卢方兴从20世纪90年代开始就一直坚持着科学化种粮的道路。多年来,卢方兴自费订阅了多种报纸杂志,认真学习科学种田的理论知识,并积极参加市、区、镇举办的各类农业技术培训班充实提高自己,系统掌握科学种田知识,并结合生产实践,总结出一套行之有效的高产经验。他的粮田因而年年稳产高产,平均亩产比全区平均亩产高出50公斤以上,是全市、全区有名的高产示范户。从20世纪90年代起,卢方兴每年还承担市、区、镇农业生产现场会和多项试验、示范任务,如水稻新品种对比试验、水稻轻型栽培对比试验、配方施肥技术应用、富硒增产剂在水稻生产中应用等试验示范项目,把先进的农机技术运用于生产过程。卢方兴以认真负责和实事求是的态度积极完成各项试验和示范任务,这些数据为市、区、镇指导农业和粮食生产提供了可靠依据。

卢方兴在科学种粮的过程中,还积极推进种粮的机械化。他的田头相继开进全区第一台插秧机、第一台摆秧机……至今,他先后购入 10 多台大型农机具,实现粮食生产从种到收的全程机械化。他所引进的插秧机一天能插 60 亩,而人工插秧最快的话一天也只有一亩;他所引进的联合收割机,一天能割三四十亩;烘谷机,几天时间就能完成 600 多亩稻谷的烘干任务。

正因为有科学种植技术和全程化种粮机械的支撑,卢方兴的种粮面积总体上呈现了不断增长的规模化种植态势。从 1998 年开始他的土地承包面积就没有下过 400 亩,2008 年,其土地承包面积更是达到了 610 亩。这其中的土地基本都是当地许多从事第二、第三产业为主的农民流转给他的。在规模化经营的过程中,卢方兴也长期聘用了 6 名农民工,以解决家庭种粮过程中的劳力不足问题。

卢方兴虽然平时农活较忙,但是他依然在通过合作社扶持其他种粮农户的发展。比如:(1)卢方兴定期召集合作社内的种粮骨干到村里的远程教育播放点搜索下载《新型农民培育工程》等农技专业课件,学习科学种粮知识。(2)在成立水稻生产全程机械化合作社后卢方兴一方面积极为合作社添置各类农业机械化设备,另一方面带领种粮大户通过远程教育网络学习各类机械化种植知识,收看国内外机械化生产的成功经验案例。在他的带领下,合作社多次承担由市、区农机站组织的水稻机械插秧示范现场会。推动全区的水稻生产全程机械化。(3)邀请农广校老师和乡镇干部给广大种粮大户上课,引导农民逐渐树立起现代化农民意识。(4)对于一些缺劳力、缺机力、缺技术、缺秧苗等前来求援的种粮农户,卢方兴都积极主动帮助他们解决具体困难。

三、经营绩效

1998 年,卢方兴在省粮食生产优质高产示范竞赛中,创下平均亩产 1003 公斤的高产纪录。2008 年,他承担省农技推广基金会鄞州执行部的高产晚稻种植试验。经省农业部门实割验收,1.2 亩高产攻关田亩产高达 790 多公斤。至 2006 年已累计向国家投售粮食 350 万公斤。其农业纯收入一直都能保持在至少 15 万元,有些年份甚至超过了 20 万元。

卢方兴从 1994 年以来就经常被评为各种先进,包括市劳动模范、市优秀售粮农户和优秀专业户,省、市优秀售粮农户,省农村科技示范户,还曾被农业部授予"学科学、用科学标兵"、"全国种粮大户"等称号。2009 年被评为全区农业创业创新"十佳"典范。

四、案例点评

卢方兴的成功得益于其对种粮事业的专注,更得益于其科学化、机械化、规模化地进行粮食生产,使其不但能获得持续稳定的收益,而且能经常有新的收获。而他对其他种粮大户的帮助,更加体现其具有较强的社会贡献意识,这也是非常难能可贵的地方。也正因为此,他才能不断获得各种政府部门授予的荣誉称号。

要想复制卢方兴的这种成功,比较现实的一个办法之一就是跟在卢方兴的身边,用卢方兴的身体力行来教会其他人。当然对于更多的人而言,要想学习卢方兴的这种成功,那就是靠两个法宝:"专注＋科学",然后依托机械设备来实现自身的规模化经营。

卢方兴的专注实际上也得益于当地各级政府部门对他工作的持续性肯定和激励,使得卢方兴除了金钱之外能够收获更多的社会声誉价值,而这些荣誉称号在很多时候实际上比那些金钱更加能从内心深处打动人。因此,政府部门在下一步的培育新型农业经营主体的过程中,同样也需要通过各种社会荣誉的授予来激励那些潜在的"卢方兴、张方兴、周方兴⋯⋯"们愿意为农业持续地贡献自己的力量,从而使他们更快更好地成为我国新型农业经营主体中的中坚力量。

当然在这过程中尤其要注意的是对年青一代新型农业经营主体的培育,只有他们才能更好地接过卢方兴们的接力棒,使得我们的现代农业能够更上一个台阶。

"珍稀食用菌循环种植模式"

——松阳县杏鲍菇种植大户叶洪标

一、基本情况

叶洪标,男,53岁,高中文化水平,松阳县新处乡村民,有着27年的食用菌种植及技术管理经验。叶洪标的食用菌种植经历可以追溯到1981年,从1986年开始他自主研发栽培了香菇,并且在此后三年时间里不间断地试验种出了许多新的食用菌品种。从1989年开始,他担任了松阳县食用菌办公室的技术辅导员,直至2001年退居二线。2001年以后,叶洪标决定继续试验种植新品种,并且最终确定大规模种植杏鲍菇。2002年,叶洪标发起成立了松阳县南云山菇专业合作社,专业从事杏鲍菇的生产,并且套种了姬松茸等其他产品。

二、经营现状及特点

叶洪标生产食用菌的主要特点是利用芒干栽培杏鲍菇,并且利用产菇的废菌糠在笋、竹林中套种姬松茸等。2008年,他还自主开发并成功研究出了珍稀菇的循环生产技术,探索出了菌种套种而无污染的生态、环保、循环种植模式。如今,叶洪标通过松阳县南云山菇专业合作社向周边农户推广这种种植模式,具体做法如下:每年4月下旬至5月上旬,在毛笋成林以后开始按毛竹施肥的办法,根据不同的山势、地形,挖深20公分,宽长不限,放入准备好的废菌糠并播种,再覆盖2～5公分土。经过60天左右的自然发菌后,每隔10～15天浇灌水即可。整个过程,农户只需按照叶洪标提供的技术标准进行统一规划、种植、管理即可,具体的生产环节全部由农户自己完成。2009年,叶洪标还在所在乡的东北头山下建立了60亩示范基地,起到了很好的示范和带动作用。

姬松茸含有多种微量元素,具有降血糖、降血栓、抗癌等功效,其中的抗癌有效成分含量可与灵芝相比,药用价值非常高,并且在一些国家被称为"神菇"。目前,叶洪标与日本、韩国等国的几个客户保持着紧密的联系,生产的产品也主要销往这两个国家。一般情况下,他会从合作社社员及周边农户那里收购产品,并且以合作社的名义统一销售给这些客户。2008年,该产品通过了国家的无公害农产品认证,各项技术指标基本上已经达到了国家标准。然而,由于该产品主要销往国外,其重金属含量等指标还与国际标准存在一定差距,而这也是决定他们未来产品销路的重要因素。

三、经营绩效

姬松茸不仅易于栽培,而且产量高。2008年叶洪标共种植45亩林地(实际可利用面积约为15亩),总产量为20吨,产值达到了10.1万元。对一般的农户来说,以2008年试种的产量为例,每亩竹山按可利用面积150~200平方米计算,全年每平方米山地可收获鲜姬松茸12.4市斤,每亩为2000市斤以上,产值可达6000元/亩。而每亩的生产成本约为750元/亩,亩均净收益可达5000元左右。各种附产肥料的循环使用,还可以促进笋竹的增产,实现笋、竹、菇等三产业共利的局面。

此外,近年来由于香菇种植面积的不断扩大,一些产菇区的杂木资源紧缺,生态破坏严重。该大户探索出来的这种循环种植模式可以有效地降低杂木的消耗量,并且充分地利用了废菌糠等附产物,具有很好的生态效益。以松阳县为例,循环生产模式可以减少杂木的消耗量7.5吨/万袋,该县每年生产的香菇为6000万袋,共可减少4.5万吨杂木的消耗。

四、案例点评

总的来说,这种食用菌循环种植模式能够带来很好的经济效益和生态效益,其主要特点是生产技术简单、管理方便、投资较少、用工较省、资源节约等特点,同时还能够带动笋竹等其他产业的发展。此外,该产品的药用价值是其能够产生效益、推大销路的决定因素。

然而,尽管这种食用菌循环种植模式的投入成本较低,但是对于偏远山区的农户来说还是存在一些困难。而且从产品质量要求来看,对产品生产地的周边生态环境要求较高,这是有可能限制该模式普及推广的主要因素。此外,由于产品的特殊性,该模式对于产地的交通道路条件和保鲜冷库设备等也有一定的要求。

"先试吃,后付钱"的营销策略

——常山县天马镇蔬菜大户徐春根

一、基本情况

徐春根,男,48岁,常山县天马镇五联村村民,初中文化水平,同时还是本村的村干部。5年前,徐春根一直在外经营生猪贩销生意,有着丰富的非农就业经历。2006年,徐春根参选村干部并顺利当选,同时在本村开始大规模投资种植西红柿、黄瓜、芹菜、丝瓜等蔬菜,并很快成为当地比较有影响力的蔬菜专业大户。2007年,徐春根还与几位亲戚共同商量,发起成立了常山县山泉蔬菜专业合作社,并担任合作社理事长一职。

二、经营现状及特点

经过3年多时间的发展,徐春根共流转了162亩土地,土地流转的平均年限为5年。他还为周边的蔬菜种植散户提供各项技术服务,服务土地面积达100亩。徐春根通过与姐夫、哥哥、舅子等亲戚合伙投资的方式,解决了最初的生产资金来源问题,投资总额达50万元,其中徐春根自己占了50%以上的股份。2008年,徐春根雇佣了常年劳动力15人,每人平均工资为1100元/月,还雇佣了季节性劳动力约200工,每工工资约为40元。

最初的时候,徐春根引进了一些以色列等国家研制开发的蔬菜新品种,再加上自己也投入了大量的精力专心试验、研究相关生产技术,种出来的蔬菜不仅品质好、口感好,而且卖相也很好。但是,当他们把产品拿到市场上去卖的时候,销售的情况却并不理想,这让他们陷入了很大的困惑。经过商量,他们采取了"先试吃再付钱"的营销策略,免费送菜给一些需求量比较大的企事业单位试吃,并由此逐渐建立起了自己稳定的客户关系网。这种办法虽然有些"土",但是也足以说明他们对自己生产的产品品质的高度信任。此外,他们出售农产品的另一个秘诀就是——"当天的蔬菜当天卖"。徐春根认为,虽然有时候需要将一些当天的蔬菜低价批发掉,但是一旦形成了这种习惯,每天需要新鲜蔬菜的客户就会形成一种固定的观念——"我的蔬菜都是新鲜的",这也是他们现在每天都能够有非常稳定的销售量的重要原因。

此外,他们已经通过合作社为自己的产品注册了"山泉"牌商标,并且每天都固定向衢州某农贸市场及当地的企事业单位供应 1 吨左右的蔬菜。他们生产的蔬菜和生产基地都已经通过了"无公害"认证,生产基地也成为一些科研单位的试验试种点。

三、经营绩效

2008 年,徐春根的年销售额达到了 65 万元,其中大棚蔬菜 40 万元,其他番茄等产品 25 万元,实现的总净利润为 15 万元。不仅如此,徐春根还带动了周边 20 多家农户按照他的技术标准生产同类蔬菜,产生了较好的经济效益和社会效益。

四、案例点评

这位专业大户是从传统的种养农户转型而来的,具有早期小农经济时代散户的典型特征,包括文化水平偏低、年龄偏大、思想淳朴甚至保守等。而当他们经历外出找工、经商以及村干部等非农就业工作后,慢慢地积累了一些社会经验、市场意识及创业资本,并且在适当时机选择了他们原本就非常熟悉的种养殖业,发展成为今天的规模种养大户。非常可贵的是,他对产品的质量及客户关系的维护非常重视,这些做法都不同于一般的专业大户,这也是他之所以能够取得成功的决定因素。

当然,徐春根也同样面临一些不太容易解决的困难和问题。比如,在农贸市场没有一个固定的摊位,导致了一些固定客户的流失;农药质量和价格的不稳定,导致了产品农药残留量不确定;自然灾害带来的经营风险非常大,导致了产品的产量和品质不稳定。笔者认为,要想解决这些问题,这位大户可以考虑与当地其他蔬菜大户合股成立一家更大规模的合作社,发挥先进技术优势,增强自身谈判能力,共同分担经营风险。

"形式多样,内外兼修"的销售模式

——常山县胡柚销售大户樊利卿

一、基本情况

樊利卿,男,47岁,常山县招贤镇樊村村民,中专学历,中共党员。长期以来,他都一直从事常山县的特产——胡柚的生产、加工和销售等,并且还担任过樊村的村干部。2006年,他发起成立了常山县利卿果业专业合作社,并通过合作社带动了广大周边农户联合种植胡柚。同年7月,樊利卿还注册成立了常山县利卿果业公司,并通过这家公司开展了胡柚外贸出口业务。

二、经营现状及特点

经过近10年时间的发展,樊利卿共流转了1000多亩土地,土地流转的平均年限为5年。他还为周边的胡柚生产散户提供各项技术服务,服务土地面积达1000亩。樊利卿通过与亲戚朋友合伙投资的方式,解决了最初的生产资金来源问题。由于受当地金融信贷方面的约束及高利息成本的压力,樊利卿主要也是通过向亲戚朋友甚至周边农户借款的方式,解决在生产经营规模不断扩大的过程中所需的资金困难问题。2008年,樊利卿雇佣了常年劳动力40人,每人平均工资为900元/月,还雇佣了季节性劳动力约80工,每工工资为35~50元。

樊利卿最大的经营特点就是销售渠道比较多样且现代化程度非常高。除了批发市场和各类农产品展销会以外,樊利卿还通过注册网络域名,实现了低成本的网络营销。2008年,樊利卿通过网络销售的胡柚数量为1000多公斤,这一数字虽然还不到总销售量的1%,但是其低成本的优势也让这种销售方式的总体效益非常突出。此外,2008 年樊利卿还向北美、加拿大、俄罗斯等国外地区出售了不少产品,占总销售量的 20％左右。在国内市场方面,主要的产品销售地是北京、山东、贵州等,占总销售量的 80％左右,并且在贵州等地还设有固定的销售点。

三、经营效益

2008 年,樊利卿共销售了 5000 吨,其中国内市场销售 4000 吨左右,国外市场销售 1000 吨左右,总产值达到了 200 万元,实现净利润 50 万元。从大户周边农户的发展情况来看,在这个销售大户的带动和影响下,许多农户的生产积极性得到了很大的提升。据了解,樊利卿还在胡柚市场不景气的时候主动帮助散户销售产品,甚至有时候亏本也要把散户生产的胡柚收购过来。

目前,樊利卿的生产基地已经荣获了国家优质农产品"源产地保护"、"无公害基地"和"绿色农产品"等荣誉称号,生产的农产品也注册了相关的产品商标,这也极大地提升了该产品的知名度。

四、案例点评

综上所述,尽管在金融信贷等方面还是存在很多的发展约束,但是该销售大户还是凭借自己的智慧和努力走出了一条不同寻常的创业之路。他不仅为自己及当地胡柚种植户带来了一定的经济收益,而且还通过带动周边农户,进一步提升了当地胡柚产业的发展,具有非常重要的社会效益。

"可靠质量打造名优品牌"的生产营销模式

——余杭区径山镇养鸡大户史正祥

一、基本情况

杭州市余杭区径山镇双溪村村民史正祥是当地小有名气的养鸡专业大户。原本做木工的他从 1985 年开始搞养殖,当时饲养了 800 羽白鸡,经济效益还不错,每只可得净利 2.5 元。尝到了甜头的史正祥第二年租下了坑西村村小校舍以及里洪村农户的房子扩大养殖规模,同时还请来浙江省农科院张存老师指导专业技术。全年共饲养了 20000 羽,实现收入 5 万余元。随着生产经验的不断积累以及与其他养殖户、孵化厂家之间的联系日益密切,史正祥从 1987 年开始除了继续养鸡外,还向养殖户提供苗鸡与饲料,当年就销售了 30 万只苗鸡和 300 吨饲料。除此之外,热心的史正祥还常常帮助养殖户解决疫病预防、产品销售等难题,赢得了广大养殖户的信任与称赞。2001年,在区委区政府的鼓励与扶持下,史正祥成立了余杭径山史氏生态养殖场。2005 年成立了杭州史氏生态养殖有限公司,同年联合 10 家养殖大户组建成立杭州余杭昌城禽业合作社。

二、经营现状及特点

从最初的单干到如今的组织大家伙一起干,史正祥已经越来越习惯将自己的养殖场、公司和合作社视为一个整体。他不仅运用先进的生产技术、营销理念和管理方式来组织自己的生产活动,更将这一整套模式在合作社的社员中进行推广执行,帮助社员共同致富。短短一年时间,合作社社员由成立时的 10 人发展到 65 人,建立养殖基地 320 亩,合作社存栏有 18 万羽,年出栏达到 70 万羽。此外,合作社还建有大型放牧场、标准生产区、污水处理池、饲料车间、哺化车间等硬件设施来确保饲养的本鸡达到质量标准的要求。更为重要的是,史正祥还通过和桐乡实用技术研究所签订合作协议,在桐乡注册成立余杭昌诚禽业合作社桐乡分社,并顺利发展社员55人,使得合作社社员总数达到了120人。

身兼杭州史氏生态养殖有限公司总经理和余杭昌城禽业合作社理事长的史正祥,凭借其24年所积累下来的养殖技术、市场关系与管理经验,逐步摸索并建立起一套成熟有效的生产营销模式。该模式的成功运用离不开以下两方面的举措,体现了合作社重质量重品牌的经营特点。

第一,坚持"五统一"严把质量关。史正祥深刻理解安全可靠的质量是农产品的生命。在创业之初,他就注重学习安全生产、科学养殖的相关技术,在实践中不断尝试和摸索,他生产的本鸡、鸡蛋质量过硬,受到市场和广大消费者的欢迎。合作社成立之后,史正祥把重视质量的这一理念融入合作社的经营中,对有机本鸡饲养的每一个环节都认真把关。一方面,建立并执行"五统一"制度,包括:统一建设标准化示范基地,开发、引进、试验和推广新品种、新技术、新设备、新成果;统一制定并组织社员实施产品质量标准,组织开展生产经营中的技术指导、咨询、培训和交流等活动,向社员提供生产技术和经营、信息等资料;统一组织采购,提供社员需要的饲料、苗鸡、生产原料及农业投入品,开展社员需要的运输等服务;统一组织销售社员的产品;统一申报、认证、认定无公害农产品基地,无公害农产品。另一方面,以高标准来规范产品质量。生产过程中严格按中华人民共和国农业部颁布的 NY5034—2001 无公害食品(鸡蛋)和 NY5038—2001 无公害肉鸡管理准则以及杭州市农业规范标准(DB/T094.1. 094.2—2006)等标准进行生产。同时,制定全程饲养记录表,下发给每个社员,要求社员按生产规程标准化生产,社内覆盖面达到 95% 以上。

第二,通过多途径创建大品牌。有了好的质量还需要有好的营销方式才能让市场和消费者了解并选择自己的产品,而在这一过程中品牌建设就显得尤为重要,它是让消费者从众多同类产品中识别、购买并忠诚于自身产品的法宝。因而,史正祥带领着合作社的全体社员为打造自有品牌做了大量工作。一来,合作社于 2006 年申请注册"径山双溪"和"双溪胜景"两个商标,建设了径山南坞有机土鸡示范基地和双溪坑西杭州市农业标准规范养殖基地。所销售的产品均通过杭州市质量监督局检测,符合杭州市农业标准。产品由杭州市质量技术监督局检测评定,销售时统一包装,统一标注防伪标志。其次,为提高合作社生态本鸡品牌知名度、让消费者真正吃上放心鸡,2005 年 6 月,合作社在临平中山菜场、丘山菜场设立销售"双溪"生态本鸡、鲜蛋摊位,打开了销售渠道,增加了经济效益。再次,注重品牌宣传效应,逐步加大"径山双溪"、"双溪胜景"等本鸡品牌的宣传力度。多次在浙江7台新农村栏目、1818黄金眼、余杭电视台、桐乡电视台、《今日早报》、《余杭城乡导报》上进行宣传报道,同时在省道旁径山镇双溪村、径山镇径山村南坞基地、安吉天荒坪、安吉市场、临平各销售店、桐乡秬桐街道设立大幅宣传版画并通过余杭农网、桐乡农网、杭州龙网及宣传画册宣传企业产品,使"径山双溪"、"双溪胜景"等本鸡品牌家喻户晓。

三、经营绩效

余杭昌诚禽业合作社成立后,史正祥每天要花大量的时间处理合作社的相关工作。他并没有利用自己在合作社里的地位牟取私利,而是全心全意扑在合作社的发展大业上。此时的史正祥,已经不单单是一位养鸡技术出色、经验丰富的专业大户,他已然成为一名优秀的现代农业管理人员。

合作社截止到 2008 年底实现销售额 503 万元,利润总额 17.5 万元。合作社的出资金额由原来的 5.5 万元增加到现在的 50 万元。发展壮大后的合作社在 2006 年被评为余杭区级以及杭州市级示范性农民专业合作社。2007年,被评为杭州市《食品(农产品)安全与标准化技术服务平台》示范企业。2008 年,获优质农产品迎新春大联展银奖。合作社还与杭州绿丰家禽有限公司等 10 家单位签订了长期供货合同。2009 年销售额将达到 800 万元,力争创利 20 万元。

四、案例点评

从 800 羽白鸡开始的养殖之路曲折而艰辛,史正祥凭借其坚忍不拔的毅力与热情助人的品格一路披荆斩棘走来。发展过程中,他的身边聚集了越来越多的同伴,有各地的养殖户,有外地的商贩、公司,还有政府相关部门的工作人员。原本各自为战的人们因为史正祥而彼此联结,同心协力闯市场、谋发展。作为一个养鸡专业大户,史正祥早早就创出了名堂。富裕起来的他选择响应当地政府的建议,成立合作社带领其他的养殖户一起发家致富。这份责任感难能可贵。与此同时,史正祥坚信质量与品牌的重要性,长期不懈地抓质量、树品牌,既显示出他在现代农业经营方面的先进认识,又显示其踏实坚毅的领导风格。

面对未来的发展,史正祥想得更多的还是合作社如何能做大做强,社员如何能获得更多的利益。下一步史正祥打算建立第三个有机本鸡养殖基地——良马坂基地，预计投入大约为51万元。而最让他为难的是鸡舍的改建问题，目前他与其他养殖户大都使用临时简易用房作为鸡舍，硬件设施仍然比较差，不利于保持和提高产品质量。同样的困难也出现在合作社的办公用房以及功能用房的配置问题上。例如孵化室的建设要求比较高，目前合作社的临时性用房无法满足需要。这一问题的彻底解决取决于国家相关政策的允许程度，但短期内建设用地的审批仍然是摆在史正祥和合作社社员面前的一大难题。

"引进良种＋科学管理"的生猪养殖模式
——三门县生猪养殖大户梅式军

一、基本情况

在从事生猪养殖之前,三门县亭旁镇农民梅式军在大理石厂做过工人,和同乡合伙做过木材生意。2002 年凭着一股"天不怕、地不怕"的劲头,他通过信用社和私人渠道贷款 20 多万元,盖起了猪舍,并从县种畜场购进母猪 4 头,肉猪 30 余头,创办了三门绿健牲畜养殖场,搞起了生猪养殖。刚开始时,由于缺乏必要的养殖技术与生产经验,投入的资金和时间并没有换来相应的收获,猪没怎么长大还病死了好几头。面对打击,梅式军没有放弃,他冷静地分析了市场行情,认为要养好猪,关键在于要引进良种,并且要做好防疫、管理工作。于是,他重整旗鼓到嘉兴、上海、杭州等地,引进良种生猪,搞试验养殖。经过几年的发展,正当养殖场逐渐上了轨道时,2005 年猪肉价格急剧下降再度给梅式军以重创,几乎血本无归。可就在第二年,这个性格坚毅的农民又抓住猪肉价格回升的契机,非但没有退出生猪养殖领域,反而加大投入开始了第三次创业。这一次,他吸取了上次失败的教训,决定加快循环养殖。科学技术是第一生产力,为了选准品种,他再次到外地考察,并从杭州购回了台湾系"杜洛克"公猪和新丹系"长大"母猪,开始生产"杜长大"三元杂交猪。

二、经营现状及特点

三门绿健牲畜养殖场历经 7 年坎坷,由当初的 40 头生猪发展到现在存栏良种生猪 300 多头,其中包括母猪 40 头,公猪 2 头。年出商品猪 1000 余头，产值高达 200 余万元。现在活动场地为 4000 多平方米、猪舍 3280 平方米的大型生猪养殖基地。场内还包括绿化 1200 平方米、大型蓄水池，蓄水量 160 立方米。现正在筹建 80 立方米的沼气池，建成之后对畜牧粪便进行有效的处理。既为村民提供了沼气服务，更改善了周边环境。

回顾梅式军的创业历程，充满了大起大落的传奇色彩。几次创业，几次失败，但都没有让这位勤劳勇敢的农民放弃希望，他不断从失败中总结经验教训，一次又一次重新出发，直到取得今天的成功。富裕起来的梅式军，没有因此而满足，而是从自己一个人干变为带领大家一起干。他东奔西走，帮助其他养殖户解决销售问题、技术问题，还组织几位大户成立了三门县生猪养殖技术协会，有力地促进了当地生猪养殖产业的组织化和规模化程度。在生产实践中，梅式军逐渐归纳出生猪养殖的两个关键做法，他努力向其他养殖户推广这一套做法，让大家都能通过生猪养殖发家致富。

第一，要养良种猪。目前三门县生猪养殖中，大约只有 20％ 的生猪为良种猪。良种猪有品种精、生长快、瘦肉多、抗病力强、肥猪价格高等特点，例如，良种生猪的生长周期仅为 6 个月，但一般品种的生猪生长周期却要 1 年时间，这期间不要说花的时间，光是养殖费用也差了很多。随着生活水平的提高，越来越多的消费者重视饮食健康，对瘦肉的需求也越来越大。良种猪不仅在生产环节节约成本，而且市场需求量大使得该品种的生猪销售几乎没有任何问题。为此，他打算积极申请相关部门支持，通过由会员自筹资金，自觉自发自愿建设一个生猪良种场，对外统一销售价格，对内优先供应会员，在优良的品种、合理的配合饲料、严格的管理、积极的预防这四点上做足文章，以"依托大市场，质量打硬战，规格上档次，共同求发展"的思路拓宽销售渠道，逐步提高养殖技能和对市场的应变能力，以点带面辐射全县。

第二，要科学管理。众所周知，生猪养殖的风险很大，随时都面临着爆发疫病的威胁，因而生产过程中的日常管理就变得尤为重要。梅式军当初在引进三元杂交猪时，看中的是该良种猪的生长快、抗病力强等特点，同时他也认识到饲养该良种猪对技术上的要求也是比较高的。为了掌握现代科技养殖本领，他购买了《兽医学》、《养猪学》、《规模化猪场管理》、《科学饲养配方》等书籍，长年订阅《畜牧与兽医》等科技杂志，运用现代科技理论与实践相结合，掌握了猪的配种，病症预防，配方饲料等技术，用科学的方式对生猪养殖的全过程进行管理。但当时大多数养殖户防疫意识差、防疫工作薄弱，成为三门县生猪养殖业中的一大硬伤。2007 年，针对广大农户防疫意识不强的特点，梅式军立即协同几家主要生猪养殖大户，在县兽医员的帮助下，仅用了一天时间就一次性全部打完疫苗，有力地提高了生猪防疫效果。

为了进一步提高农户的生猪养殖能力,梅式军和几位协会负责人又自筹资金专门邀请了美国辉瑞学院和南京农函大的生猪养殖专家为198户会员举办管理讲座,并多次邀请市、县相关专家到亭旁、六敖等地开展讲座,推广科学养殖和管理。

三、经营绩效

2008年,梅式军组建的三门绿健牲畜养殖场在经历6年的成长阶段后由当初的40头生猪,发展到现在存栏良种生猪的300多头,年出肥猪1000余头,产值达200余万元,每年的净收益达到50万元。生猪供不应求,养殖基地已初具规模。同时,通过创办三门县生猪养殖技术协会,带动了六敖、沙柳、花桥、小雄、泗淋等地的养猪大户共198户,在一定程度上提高了三门县当地的良种猪饲养规模化和标准化水平。

四、案例点评

在梅式军的心中始终有一个梦想,那就是要让三门人都吃上本地的放心猪肉。为了实现这个梦想,他从40头生猪开始创业,屡屡遭受挫折仍坚持不解,凭借一股子韧劲发展至今,取得了为人所称道的成绩。更为难能可贵的是在他的发展蓝图里,除了自家的养殖场,还装着198户三门县各地的养猪大户。不管是生产技术、经营诀窍、管理方法,他都倾囊相授。看到越来越多的养殖户开始饲养良种猪,效益上去了,收入增加了,梅式军比自己挣了大钱还要满足。喜欢学习的他还将自己的养殖情况写成日志,发布到自己的博客中,还专门开设"养殖技术"、"市场信息"等栏目,让大家可以随意浏览。

面对今后的发展,梅式军看到三门县生猪养殖比较分散,不利于统一管理的情况,设想着能否由政府帮助解决用地问题,将主要的养殖大户集中起来,建设一个年出栏万头以上的养殖小区。这样一来,无论是在疫病防治方面,还是在环境保护方面都会有不错的效果。

村组织领导下的竹笋产业化发展模式

——嵊州市崇仁镇坑口村竹笋基地

一、基本情况

坑口村位于嵊州市崇仁镇的西部,由坑口、里王和外王三个自然村合并组成,全村现有 258 户,773 人。坑口村原本以盛产柿子而闻名,但是依靠柿子无法使全村顺利摆脱"番薯玉米当饭吃"的贫困面貌,于是坑口村的村民从 20 世纪 90 年代初开始尝试引种安吉雷竹新品种。原村支书吴孟庆是第一个"吃螃蟹"的人。之后,吴善尧、张小朋等头脑比较活络的村民也相继跟进。1993 年,省林科院专家和嵊州市的竹笋技术专家在该村推广砻糠覆盖技术,更推动了那些率先种植雷竹者的良好收益获得,也使得村民们纷纷效仿。

从 2001 年开始,坑口村的雷笋种植得以步入快车道,随后几年时间里,坑口村一直在努力推广实施无公害竹笋操作规程和无公害生产新技术,以达到管理规范、生产标准化的无公害竹笋生产。现有竹笋面积 2000 多亩,并已向邻村承包竹园近 300 亩,以达到规模生产经营。另外,该村从总面积中建立了示范基地 1100 亩,成为有机竹笋中心示范基地。

二、经营现状及特点

为确保坑口村竹笋产业的顺利发展,坑口村成立了集"行政领导、规划实施、科技管理"为一体的领导小组,以党支部书记为组长,村委成员、大户代表等 5 人为组员的领导小组,分工落实目标任务。同时为了更好落实生产工作,坑口村先后成立了竹笋专业合作社和古镇专业合作社,引导全村的竹笋生产户加入合作社组织,通过合作社的组织平台来进行针对农户的生产技术培训,引导农户按照雷笋的无公害生产操作规程进行生产,并且通过合作社来实施雷笋的市场营销等活动。过去几年时间里,为了更好地推动竹笋基地的发展,坑口村在建立示范基地过程中已投资 599.6 万元。打通修筑林间机耕道路 25 公里,建造抗旱灌溉水渠 10 公里,抗旱饮水渠道 1 公里。并根据各户抗旱需要添置抗旱机械 200 多台。

为做好竹笋的生产工作,坑口村在嵊州市有关部门的指导下,结合竹笋生产的各个时期,大力开展科技培训和现场咨询工作。近几年来,每年要举办培训班 5 次以上,参加培训人员达 280 多人次。组织村里面的种植大户等外出安吉等地参观取经,并与浙江林学院竹类研究所签订协议书,协助搞好新科技园区的建设规划。特别是每年在竹笋生产的关键生产技术环节邀请市里面的竹笋技术专家到农户生产现场进行实地指导,及时帮助他们解决生产中遇到的实际问题。在这过程中,也造就了一批农村科技骨干队伍,成为创新技术、倡导科技、递增效益的生力军,至今全村经嵊州市人民政府评定发证的专业技术人员有 28 人,科技示范户 30 多户。

为了更好地在市场上打响坑口村竹笋的产品知名度,坑口村以嵊州市金土地农产品有限公司的名义申报认证了“国家无公害农产品”,通过了“森林食品”基地的认证和“浙江绿色农产品”认证,注册了“剡溪”牌商标。坑口村还在全村电话机上设置兴林富民彩铃,介绍推介坑口村的省级兴林富民示范村、国家级无公害农产品、省级森林食品、国家级竹笋基地等,有效提升了剡溪竹笋的产品档次和知名度,推动了其市场开拓。

2005 年,为了开拓新的市场,坑口村还探索了“小阳笋”的生产,让雷竹林在 8 月份也能出笋。到了 2007 年,全村 70% 的农户已经能摸索生产小阳笋,2006 年小阳笋的亩产量已达到了 150 公斤,亩产值达 1500 元,就此一项就使得全村竹农的总收入增加了 20 多万元。现在坑口村已经在上海、杭州、宁波等周边的大城市打开了销售,赢得了广大客商的信任,收到了较好效果,产品经常处于供不应求的状态。

三、经营效益及成果

据不完全统计,在刚刚过去的一个竹笋生产年度里,该村的竹笋总产量达 208.5 万公斤,总产值达 1010 万元,户均收入 39147 元,人均收益为 13065 元,全村竹笋收入在 10 万元以上的有 5 户,5 万元以上的有 40 户。全村大量的农户从竹笋产业中受益。

在过去的几年时间里,坑口村由于在竹笋产业中的优秀表现,先后获得了一系列认证和表彰等,包括:2001 年被评为县级先进党支部;2003 年被嵊州市评为效益农业特色村；2005 年被命名为嵊州市级文明村；2006 年被评为绍兴市科普示范基地、浙江省首批"兴林富民示范村"、浙江省森林食品基地、国家"无公害"农产品。"剡溪"牌雷笋被评为 2006 年浙江省农业博览会优质奖；2007 年被嵊州市委评为先进党组织；2008 年被绍兴市政府评为"十佳兴林富民示范村"。

此外，竹笋产业的发展也带动了坑口村的社会、人居环境改善。全村 80％的农户建起了"新三楼"，并且很多人购置了新家具。同样重要的是，这几年全村社会风气良好，村民和睦相处，干群关系和谐，近 10 年来无违规刑事案件发生，村民形成了安居乐业的良好氛围。

四、案例点评

与其他农业经营主体多为合作社或者农业企业不同，坑口村的发展思路更鲜明的体现为"村两委（村党支部＋村委会）＋企业（合作社）＋基地＋农户"模式。虽然可能有些社会人士会怀疑村两委在其中真正职能的发挥绩效情况，但是从坑口村过去几年所获得的一系列社会荣誉来看，它的实际绩效是无法被忽视的；毕竟市场的需求是无法被轻易仿造的，消费者的需求是最好的检验产业生命力的手段。坑口村用自己这几年竹笋产业的旺盛市场需求和生产面积拓展向他人揭示了自己的生命力。

由此也说明了村两委（村党支部＋村委会）虽然本身不能从事生产经营活动，但他们完全可以利用好合作社或者企业的组织平台来实践"一村一品"的产业化道路，而且浙江正在推动变革的村合作社也是具备激活自己生产经营活动的空间的。

特别需要指出的是，当下正在火热发展的合作社组织要想获得成功发展，最为关键的乃是其要有菩萨心肠、商人头脑的合作社企业家，而这也正是当前为大多数合作社组织所缺乏的。村两委的干部由于他们在村组织中所担任的职务，客观上要求其具有为村民致富起领路人作用的道德素质和客观经营能力，而这恰好与专业合作社领导人的要求相吻合。因此，他们存在着进行结合发展的可能，构建起"村两委（村党支部＋村委会）＋企业（合作社）＋基地＋农户"的产业模式。

虽然在市场经济中农业企业、农民专业合作社、专业大户扮演着主要的新型农业经营主体角色，但正所谓条条道路通罗马，我们也要给像坑口村这类发展模式提供充分的发展空间，要相信我们许多的基层村干部是具备担当此类模式领头人的可能的。

"科技领先 示范带动"的
公司农户联结共荣模式

——长兴县雉城会友种蜂养殖场

一、基本情况

从一个火车站的搬运工、农村的泥工成为科技示范的养蜂能手,沈卫平与蜜蜂结缘已经 11 年了。有着 7 年走南闯北养蜂经历的沈卫平,对蜜蜂有着难以割舍的情缘,在他看来,蜜蜂是世界上最可爱最勤劳的小生灵。靠着养殖蜜蜂沈卫平富裕了起来,但他并没有忘记家乡的父老乡亲,2006 年在雉城镇曹家桥村自己的家中成立了会友种蜂养殖场,为本县的养蜂户提供种蜂。

二、经营现状及特点

通过近 3 年时间的发展,蜂场已经形成了一定的规模。目前蜂场有专业养蜂人员 8 人,聘请畜牧技术人员朱煜成为技术指导,浙江省江山种蜂场场长育皇专家朱亦夫为技术顾问,投入 515 万元资金开展生产。蜂场拥有种蜂 300 箱,生产蜂 1000 箱,办公室、仓库、消毒室、育种房等设施一应俱全。

会友种蜂养殖场主要从事的是种蜂的引进、繁育与推广工作。2006 年 12 月,蜂场被上级主管部门认定为二级种蜂场。一直以来,沈卫平和蜂场的工作人员始终坚持着两件事情:科技养蜂和共同致富,这也是他们能取得成功的重要秘诀。

沈卫平及其创业伙伴们在经营中不仅以诚实取信,还具有一种较强的技术创新精神。近年来,他在加强与江西农业大学、浙江大学等科研院的联系和合作的同时,依托江山市一级种蜂养殖场等企业的带动,产品质量迅速提升。通过运用对比,杂交蜂皇品种优良,繁育的蜂群在采集力、抗病力、产卵力、产浆量等方面有较大的提高,尤其是采集的王浆和花粉产量大大增加。近年来,蜂场积极开展科技攻关活动,市级项目《蜜蜂种蜂人工授精培育研究开发》于 2008 年 12 月结题;《蜜蜂种蜂培育研究与开发》的县级种子种苗从 2007 年 4 月开始实施,通过一年的实验、示范取得了较好的经济和社会效益,2008 年 9 月经县级有关专家实地验收通过。依托科技,产品质量不断得到提高,沈卫平培育的种蜂及蜂产品销售范围遍及湖北、安徽、江苏等十几个省市。其自行开创的新型繁殖技术——蜂群冷繁殖,利用蜜蜂天然的自然规律,通过 3 年的实践经验,在 2008 年雪灾期间优势得到凸显,蜂群成活率比普通繁殖技术培育的成活率提高了 20%,并且降低了养殖成本。

蜂场在各级技术部门的支持和指导下,通过自身的努力和市场的机遇,取得了显著的效益。不仅增加了收入,也在一定程度上提高了长兴蜂业在全省的知名度。但沈卫平深知只有一家做大做强是不够的,只有长兴县大多数蜂农都取得成功,才能从真正意义上振兴长兴蜂业。在蜂场的示范下,目前已经带动了雉城、虹星桥、和平等镇 10 多个村的 220 户农户发展饲养商品蜂 2 万多箱,平均每户有 90 多箱的规模。为了解决他们的技术困难,沈卫平和蜂场的技术人员把所掌握的饲养技术毫无保留地传授给农户。此外,每年专程到江山邀请养蜂专家到现场进行辅导,尽心尽力帮助农户提高饲养技术。同时,为了保证他们能安心生产,蜂场千方百计帮助他们代销蜂产品,一般每年的带销量达到 500 余吨,销售额可达 560 万元。在生产过程中一部分蜂农由于各种限制往往出现资金紧张的问题,蜂场都会主动垫付一些生产资金,帮助他们渡过难关。当前,蜂场通过联系蜂产品加工企业及销售网点,为长兴广大蜂农架起了通往市场的桥梁,较好地解决了产品的销售问题。

三、经营绩效

2008 年元月,我国南方遭遇了百年不遇的特大雨雪冰冻天气,蜂场在当地政府部门的支持下攻克难关,仍然创下了不错的生产和销售成绩。全年产销售种蜂 2600 只,产值 70 万元;王浆 12 吨,产值 138 万元;蜂蜜 115 吨,产值 140 万元;花粉 118 吨,产值 55 万元;蜂胶 2.5 吨,产值 125 万元;蜂蜡、浆虫及其他收入共计 32 万元。2008 年共生产各类蜂产品 250 吨,总产值达 560 万元,净利润 66 万元。2009 年 3 月沈卫平被县委县政府授予"长兴县十佳农产品经纪人"荣誉称号。

四、案例点评

蜂产品是长兴县特色农产品之一。沈卫平以其在生产技术上的领先地位和乐于助人的品质在广大蜂农中有着很好的口碑,是大家所公认的"蜂王"。沈卫平和会友种蜂养殖场的成功说明了科技的重要性以及联合的必要性。

我国的农业目前仍然处于相对弱势的地位。要改变这种不利的处境,依靠科技几乎是唯一的选择。不论是粮食、水果、蔬菜,抑或是蜂产品,科技可以帮助农户提高生产力和产品质量,从而实现收入的增加。蜂场与农户目前依靠提供技术和资金以及代销产品等服务联结在一起,这种联合使得生产相较于单单一家而言更具规模性,这样一来产品具有更强的市场竞争力和更低的生产成本。沈卫平下一步的打算是通过筹建合作社使得这种联结更加的规范与合法,从而确保双方的利益,并且争取更多力量的支持。

以标准化生产为前提的品牌和市场开拓

——鄞州区绿洲果业专业合作社

一、基本情况

绿洲果业专业合作社地处宁波市最大的翠冠梨生产专业村——宁波市鄞州区五乡镇钟家沙村,合作社于 2005 年 12 月开始筹建,并于 2006 年 6 月在宁波市工商行政管理局鄞州分局注册登记。合作社的出资总额为 32 万元,现拥有 102 名社员,股东社员也是 102 名,带动农户数 1000 多户。合作社经营土地面积 4000 多亩,服务土地面积 5000 多亩。

二、经营现状及特点

合作社在成立之后,严格按照《浙江省农民专业合作社条例》进行运作,成立了由 3 人组成的理事会和 3 人组成的监事会,明确了理事长与监事长以及其他理、监事会成员的职责。合作社还建立了现金管理、财务开支审批制度等各项涉及合作社财务的管理制度,并将各种管理制度上墙公示,接受社员监督。合作社主要围绕着以下几个方面展开工作。

(一) 技术和生产资料服务

在种植技术服务方面,合作社不断加强社员水果种植的技能培训工作,根据社员实际生产过程中碰到的问题,合作社设立技术服务咨询部,方便社员在电话上进行咨询,同时组织社员参加省、市、区等各级专业培训班,同时还组织社员外出参观考察,让社员通过实地观摩、学习,了解掌握新品种、新技术的主要性能和技术要领,促使社员的科技素质明显提高。

在物资供应服务方面,合作社根据社员种植情况和季节性生产需求,与市、区农用物资供应部门建立了稳定的业务关系,及时组织货源,保证社员和农民生产的资料供应。通过集中采购生产物资,明显降低了社员使用物资的生产成本。

(二) 标准化示范和质量控制

在标准化示范方面,为进一步提高社员所生产果品的外观和内在品质,合作社建立了500亩标准化示范基地,根据不同生产季节组织社员参加现场会,进行现场经验交流,使社员明白梨生产过程中诸多环节如配药施肥、病虫害防治、节水灌溉、果实套袋,采后商品处理等方面都要严格按照标准执行,并通过比较、对比使广大社员亲身感受到标准化生产带来一系列好处。

在产品质量控制方面,合作社通过统一翠冠梨生产技术操作标准、统一采购化肥农药、统一防病措施和施肥方法、统一供袋和采收标准等措施,通过严格执行《中华人民共和国农业行业标准》中的《无公害食品——梨生产技术规程》进行生产,从而确保了翠冠梨的品质,也确保了果品的安全性。

在产品安全性落实方面,合作社还建立了产品的追溯制度:包括(1)为社员提供各类符合要求的农药和化肥;(2)建立田间管理档案,详细记录化肥种类和施肥次数、农药种类及喷药时间、农药施用倍数等;(3)禁止使用各种剧毒、高毒、高残留、高污染农药,禁止使用各种增色剂等一切激素;(4)对合作社统一销售的果品进行质量检验,达不到无公害果品要求的坚决不收购,合格产品标明生产的农户,贴上无公害标识。

(三) 品牌和市场开拓

1. 在产品包装和品牌开拓方面,合作社按照统一的收购标准直接收购社员所标准化生产的产品,按果品的不同质量等级分别进行收购,并按照5千克、7.5千克、10千克、15千克四种重量规格的形式进行装箱,并以合作社名义运往相应的市场进行统一销售。为打响合作社的产品,更好地解决销售问题,合作社还注册了"翠姑娘"品牌,这些都有效地提高了翠冠梨市场竞争力,促进合作社和社员增收。

2. 在市场开拓方面,合作社通过政府部门的帮助,与浙南农副产品批发市场、福州果品批发市场、上海华中果品交易中心等部门建立了较好的合作关系,利用它们的销售渠道,有效地解决了合作社产品的销售问题。

（四）规模化与专业化引导

在规模化经营方面,由于合作社的有效运营,使得合作社的社员得以被有效地组织在一起,进行标准化生产和组团销售,因而降低了单枪匹马闯市场的风险,很好体现了规模化经营的效益。而且,合作社在前几年尝到了合作社规模化经营的甜头后,开始进一步开拓所生产产品的数量和品种。在合作社理事长钟辉的带动下,合作社又引进了"甬优一号"葡萄,并且其种植面积已达到 1000 多亩,成为合作社继翠冠梨后,又一主导水果品种。合作社也希望能将翠冠梨的经营经验成功复制到葡萄的生产当中,实现更好的规模经营效益。

在专业化经营方面,合作社通过前几年的良好运作,正在形成自己的专业化销售、技术服务等队伍,比如目前合作社已拥有高级技师 1 名、技师 3 名、农民技术员 25 名。合作社也已形成较为成熟的合作社管理团队。合作社相对小农户的专业化经营优势正在明显体现出来。

三、经营绩效

2007 年,合作社实现销售产值达 800 多万元,102 户社员种植的水果 95％以上由合作社统包统销,解决了农民社员"卖难"问题。据统计,当年由于合作社的统一销售,合作社平均每亩的梨可增收 500 元以上。合作社 2008 年的销售数量达 200 吨,销售额 850 多万元,净收益为 70 多万元。

不仅如此,合作社的 3015 亩翠冠梨产地产品通过了国家级"无公害"认证(2008 年)。最近两年,合作社先后获得鄞州区示范性农民专业合作社、宁波市示范性农村专业合作组织和浙江省示范性农民专业合作社等荣誉称号;钟辉等种植大户也被鄞州区科技局评为"鄞州区级示范户"。

四、案例点评

传统的单个农民其所面临的最大问题往往就是产品的质量参差不齐,而且产品的品质总体档次不够,导致其只能获得农产品的一般销售价格;同时由于其个人的能力所限,导致其产品的销售半径有限,从而导致其过于依赖本地销售市场,从而更加容易受市场价格波动影响。而且在最近几年农资价格不断涨价的大背景下,传统小农的利润空间越来越受到成本挤压。

而宁波市鄞州绿洲果业专业合作社,一方面通过新技术的学习和标准化的生产操作和农资的集体采购,既提升了产品的品质又确保了这种高品质产品的稳定性,而且对农资的集体采购也有效地降低了社员的生产成本。另一方面,合作社通过统一包装和统一品牌,开拓外地组团销售,则既提高了产品的销售价格,也确保了销量的稳定并有可能在以后进一步扩大,从而确保了合作社社员有着稳定且相对小农更高的收益。

而这一切效益改进的来源正得益于合作社组织功能的发挥,毫不夸张地说,宁波市鄞州绿洲果业专业合作社是带领小农户进入大市场的典型范例,虽然不显山露水,却为一方农民在实实在在地贡献自己的组织平台力量。当然绿洲果业专业合作社组织绩效的体现,除了当地农业部门和乡镇政府部门的支持之外,很关键的一点在于其有个相当不错的合作社核心管理团队,特别是其中很有能力的理事长钟辉。他属于较为典型的农业领域的企业家能人。

而要想在其他领域成功复制这个合作社模式,就得想办法首先找到一个具有"菩萨心肠、商人头脑"的合作社能人,通过他来组建运营合作社;重点围绕一个具有产业基础和市场前景的农产品展开标准化生产,抓好各个环节的技术服务,并按照社员的各自特点进行专业化分工;建立产品品牌和着重加强下游的销售市场开拓。

专业化服务于水稻的现代化生产

——鄞州区创宁粮机专业合作社

一、基本情况

创宁粮机合作社的前身是三利农机合作社。三利农机合作社于 2005 年由鄞州姜山镇 12 户农机户联合成立,主要经营农田机耕、农作物收割、农田排灌。2007 年,姜山镇又成立了粮食生产全程合作社。2008 年,两个合作社合并更名为创宁粮机合作社,合作社办公地点设在山西村。2009 年,合作社又相继建成建筑面积 800 多平方米的办公综合楼和占地面积达 2300 平方米的工厂化育秧中心。

当前,合作社共有社员 158 人,股东社员 158 人,带动非社员数 300 余人。合作社所拥有的固定资产已由成立之初的 88.5 万元增加到目前的 685.2 万元,机械拥有量也由 14 台猛增到 552 台套;这其中,2008 年新购入了大型农耕拖拉机、栽植机械、联合收割机等 166 台套,创宁粮机合作社目前是全区规模最大的农机专业合作社。

二、经营现状及特点

(一) 合作社内部管理

1. 建立作业小组。创宁粮机合作社成立后,为方便日常作业管理,根据合作社实际情况和特点,建立了耕作、育秧、栽植、收获等小组,由精通农机和农技的社员担当小组长,负责相关的作业内容。

2. 分解作业任务。合作社根据各位社员的承包面积,把作业服务内容分解到各作业小组中,使各作业小组作业活动既有计划,又做到相互配合。

（二）培训和生产资料服务

1. 组织培训及现场会。合作社对部分操作不熟练的人员、还未掌握的技术，邀请科技人员进行培训。同时，由镇政府牵头，合作社组织，分点分片举办了多次小型的现场会，如机械栽植的操作技术、育秧技术、联合收割机的操作及其维修技术等，对社员进行培训，使社员快速而有效地掌握了各类相应的技术。

2. 统一采购机械。当合作社预见到社员可能会有采购农机器具的意愿时，合作社会主动对农户的机械需求情况进行调查，然后在确定农户的农机需求数量之后，由合作社统一安排外出进行采购。这种统一采购较好地帮助社员节省了精力和财力，而且也使得合作社的机械分布及配置状况得到了改善。

（三）信息传递与共享

成立合作社后，对许多信息传递的速度明显加快。比如面向农机户的政策宣传，由原来挨家挨户低效率的宣传改为现在只需要通报给合作社主要负责人便可，合作社负责人随后便会主动地利用组织网络向社员进行宣传。而且合作社的存在也使得社员之间产生了很好的信息与技术等的共享效果。比如合作社内的许多大户需要开沟机，而合作社内的陈国华修理工能够制造，因此通过陈国华合作社社员目前已经获得了价格较为低廉的120多套开沟机，合作社很好地起到了这种平台与中介作用。

（四）粮食生产与服务

合作社利用自己所拥有的粮食全程化机械设备，一方面努力根据上级的要求，对周边粮农的水稻田实行统一作业，并且对困难户、重点区域的作业，由合作社挑选优秀的机手进行作业，合作社在2008年服务了20000亩左右的水稻田；另一方面，合作社社员也利用自己所拥有的生产机械优势承包、经营了12832亩土地进行水稻生产，并且其2008年自营水稻总产值达到了700多万元，为合作社在农技服务收入之外开辟了一个相当不错的相关业务收入，也提高了社员收益。

三、经营绩效

由于合作社优势的充分发挥，许多农户纷纷要求加入，积极性空前高涨。合作社也因此由原来的四个村为中心的服务范围,向周边乡村发展,形成从东南向西北发展的良好发展形势。

虽然合作社从事水稻生产的时间并不长,但是合作社通过自己的努力,也成功获得了水稻无公害基地的认证。此外,合作社也于近两年先后获得了"鄞州区示范性农民专业合作社"、"宁波市示范性农村专业合作组织"等荣誉称号。

四、案例点评

显然,要想实现进一步的发展壮大,该合作社目前还面临以下两大难题:(1)合作社的凝聚力有待加强。合作社迅速发展后新入社员的素质参差不齐现象开始突出,各点、各组之间发展的不平衡性已经有所体现,对合作社的进一步发展可能会带来不良的影响,特别对合作社的日常管理带来了一定压力。(2)农机库房缺乏。由于当前众所周知的国家对土地指标的严格控制,导致农机合作社无法解决农机具的车库、机房问题,这使得众多农机具只能露天停放,严重影响了农机具的日常保养,加速了其折旧。

服务类合作社实际上是诸多农业合作社中最具有社会效益的类型,它们往往发挥着不可或缺地对各类生产型农户的专业服务作用。而对于粮机服务合作社而言,由于水稻生产对于国家的重大战略意义,使得其社会效益更加显著。而鄞州区虽然属于经济发达地区,但正是由于像创宁粮机专业合作社这样的服务合作社的存在,使得当地仍然有大量的农户在种植亩均收益相对较低的水稻,这正体现了服务类合作社的存在价值。

而更加值得肯定的是,创宁粮机专业合作社除了从事全程机械服务之外,其社员也在积极从事粮食生产,这种相关多元化经营的思路一方面使得合作社的机械利用率有可能进一步提高,当然更为重要的是这种多元化经营实际上可以确保当地粮食生产面积的稳定甚至是扩大,因为这些社员的种植必然会比其他的农户更加稳定,因为他们有着种粮机械上的服务优势,从新制度经济学的视角,可以视为这些农户比其他人拥有更强的资产专用性,这使得他们更加有可能长期地从事粮食生产,甚至只要条件允许,他们至少会稳定粮食种植的面积,而这正是我们政府部门所愿意看到的。

应该肯定当地政府部门为创宁粮机专业合作社所提供的各种优惠政策与措施,也应该肯定国家这几年对于农业机械的大量补贴。但是需要指出的是,正如前文中所反映的那样,当前合作社诸多机械的室内停放成了一个大问题,在国家严格控制土地指标的情况下,这类现象已经成为当前农业生产中的一个普遍问题。如何处理好土地控制和有条件地使用,从而更好发挥出设施农业、效益农业的作用,成为下一步农业部门和整个政府部门需要重点考虑的一个难点问题。这个问题虽然艰难但却是无法回避的,需要我们用更大的智慧来灵活处理之。

统一协作,构建合作服务平台
——嵊州市三界永明农机专业合作社

一、基本情况

针对单机独户作业信息不灵、沟通少及配件难、修理难、效益低、成本高等一系列问题和制约因素,2004 年 8 月,在绍兴、嵊州两级农机管理总站的帮助指导下,嵊州市三界永明农机专业合作社成立。它是嵊州市首家农机专业合作社,目前合作社有 106 位社员,拥有大中型耕作机械 20 台,全喂入收割机 38 台,半喂入收割机 71 台,高速插秧机 10 台,植保机械 17 台,工厂化育秧流水线 1 条,粮食烘干机械 1 台,配件及修理设备 58 万元,维修、办公场地 3000 平方米,专用停机库 5300 平方米。

二、经营现状及特点

(一) 合作社内部管理

合作社成立后,首先着实落实的就是依照合作社的章程以及理、监事会及其成员的分工安排,使得大家都能各司其职,并且依照章程来办事。合作社还努力做到对重要事项有资料备案,以使得诸重要事项事后可查,便于社员掌握了解合作社的情况。另外合作社在过去几年时间里,每年都会制定工作计划,在年终进行工作总结,并通过社员大会请社员进行工作评议。以上这些看似平凡的事,却也确保了合作社能够有序、规范运行,为合作社业务的发展壮大打下了坚实的组织基础。

（二）统一服务与信息共享

永明农机专业合作社为社员机械提供的统一服务主要体现在以下四个方面：

（1）对作业机械实行统一检修和维修、季后保养。为确保农业机械的安全作业，合作社对本社的机械运营制订了一系列的规章制度，特别是对跨区作业成绩的收割机都作了社员间一帮一的认真检修保养；对参加跨区作业的社员机手及其所持有的证件也进行严格的检查，以避免出现各种事故。

（2）对合作社机械提供统一供应配件并建立维修中心。为了确保配件质量和统一型号，同时也为了减少中间环节，使得需要进行维修和替换的社员机械配件成本更优惠，合作社采取了统一向农机生产厂家订购配件的方式。同时，为更好地为社员服务，合作社还组建了1个综合区域维修中心，中心建筑面积达3000平方米，集农机维修、售后服务、配件集散、二手农机交易、技术培训于一体，目前已投入使用。

（3）在作业季节合作社对社员的农机作业实行统一调度。这样操作减少了社员经营活动的盲目性，也有利于作业机具的安全运输。特别是在跨区作业时，有利于减少社员的盲目运输成本，增加作业面积和提高社员收益。

（4）合作社按照市场需求制订统一的收费价格。从而避免了社员之间的抬价和压价，因而减少了社员间矛盾的发生，也使得社员有了稳定的收益。

（5）通过合作社平台为社员提供各种共享信息。在过去几年时间里，永明农机专业合作社很好地发挥了信息平台的作用，为社员提供了作业地点、时间、作业面积和价格等方面的市场信息，使得社员能够从容安排自己的业务，不用再盲目地到处拉业务，跑信息。

（三）组织培训和参加现场会

为了稳定合作社农业机械的服务质量，并进一步提升社员农业机械服务水平，打响农机服务品牌。在过去的几年时间里，合作社一直在努力加强技术培训，并强化社员的操作规程意识。仅2007年，参加培训达518人次。而且合作社还利用参加省农业厅举办"洋马杯"浙江农业吉尼斯机械化插秧擂台赛的有利时机，邀请洋马公司的技术人员现场指导插秧及现场传授洋马农机产品拆卸、保养技术，进而通过培训进一步提高了社员、机手的技术素质和操作水平。合作社的机械手也有幸在首届"洋马杯"浙江农业吉尼斯机械化插秧苗擂台赛中荣获第二名。

（四）介入粮食生产经营

合作社积极响应政府号召,利用自身在农机方面的优势进入粮食生产领域,通过与三界镇三联村签订土地流转协议,建立了早、晚稻双季机械化高产粮食示范方,共有水田 1250 亩,从而拓展了自己的产业链,成为一家集粮食规模经营和农机社会化服务于一体的新型农民专业合作社。社员也因此在增效增收上尝到了甜头。

三、经营绩效

由于永明农机专业合作社这几年在农业机械业务上的开拓创新,使得其发展到目前可以进行机耕、机播、机插、机收、植保、烘干粮食等全程的农机化服务,其 2007 年机耕面积达 5000 多亩,机插面积达 1500 亩。也因此,其先后被评为嵊州市十佳农村专业技术协会,浙江省优秀粮食生产服务组织、浙江省示范性农民专业合作社等多种荣誉称号。永明农机合作社较好地解决了政府部门"包"不了、集体"统"不了、单家独户"办"不了的矛盾,实现了农机作业与大市场的对接,提高了农机经营者抗御市场的能力,也增加了他们的收入。

四、案例点评

永明农机专业合作社是我省服务合作社的又一发展典范。它的发展壮大得益于它利用好了合作社的组织平台来协调社员的行动。并且正如经典意义上的合作社,不但在统一采购设备资料上充分发挥了它的价格改进优势,而且同样具有鲜明意义的是它发挥了在主营业务上的定价能力。这种对于市场价格的控制水平,实际上正是合作社发展壮大的一个很好体现。

另外,更加值得关注的是,永明农机专业合作社也进入了下游的粮食生产领域,这是非常值得研究的一个现象。因为我们国家一直想学美国农业生产以规模化、机械化为特征的现代化道路,但由于我国的现实国情,使得这种现代化道路一直不为人所认同。但是通过类似永明农机专业合作社这样的农业组织化平台,却曲折实现了粮食生产的规模化、机械化之路,它可能是一条值得推广的发展之路。因为这可以在坚持家庭基本经营制度的基础上,让一部分小农户从农业生产中解放出来专心从事非农生产,也可以进一步提高农业机械的利用率,让这些农业机械手更加专注于农业生产服务领域,从一个小农变成一位职业化的现代农民。

109

大户领导型合作社的产业化带动模式
——嵊州市鹿山街道江夏茭白产销专合作社

一、基本情况

鹿山街道江夏、金鸡山一带家家户户有利用低洼田种植茭白的产业传统,这一直是当地农民收入的重要来源之一。但近年来随着城乡改革不断深入,市场化程度不断提高,分散经营的千家万户面对复杂多变的市场形势,难以招架,生产的随意性较大,产品质量逐年下降,缺乏对外竞争力等问题逐步暴露出来,这也严重制约了茭农生产收入的进一步提高。

江夏村农民汪江宁既是种植大户,又是贩销大户,其足迹遍及全省茭白产地。当他在外地市场看到农民组织起来进行合作生产的好处时,积极主动联合种植、贩销大户,带动一些农户,在鹿山街道办事处的帮助指导下,于2004年发起成立了以大户为龙头,种植农民自愿参加为基础的茭白产销专业合作社。

二、经营现状及特点

(一)组织形式

江夏茭白产销专业合作社以"民办、民营、民受益"原则为办社宗旨,以"三不变"为前提(即:承包关系不变,生产经营自主权不变,经济分户独立核算不变),建立社员代表大会,民主推选产生理、监事会,通过了合作社章程,建立财务管理制度,积极为社员开展产前、产中、产后服务。合作社成立以来,全面实施茭白标准化生产,并且实行统一收购、统一包装、统一销售,并在杭州、苏州开设嵊州茭白专销点,以扩大茭白产品销售渠道,维护茭农整体利益,增加茭农收入。

（二）生产方式

1. 统一生产模式。为提高产前、产中、产后等系列化服务水平，生产出"无公害"农产品，增强市场竞争力，江夏茭白产销专业合作社把统一基地生产模式，抓好产前、产中的茭白质量作为拓展销售市场重中之重工作。合作社在市农科所帮助下，建立无公害茭白质量控制措施，全面推广应用"嵊州玉茭""无公害"标准化技术，统一应用"浙茭"系列优质品种，向农户提供优质良种种苗，改单季茭为双季茭，形成连片规模生产基地。统一指导农户应用大棚、中棚等设施栽培技术，按标准化生产要求编写无公害生产模式图分发给种植农户，指导他们按模式图开展生产科学管理。统一向农资部门购进符合无公害农产品绿色食品生产需要的低残留农药，按进价供给茭农科学使用，茭白基地全面推广应用生物防治技术"性诱制"灭虫，减少农药使用。指导农民增施有机肥，减少化肥用量。为树立样板，使茭农能够看、容易学、会应用，合作社建成了茭白新品种示范基地，带动广大茭农科学种植优质新品种，提高茭白质量和产量。

2. 统一质量标准。针对一家一户小生产难以把握好茭白产品的质量，难以推广应用茭白先进适用技术的现实，为提高茭农应用"嵊州玉茭地方标准"生产技术的自觉性，合作社请市农业局、农科所、鹿山街道的农技人员到基地开展科技入户活动，为茭农面对面提供技术指导，搞示范，开展技术培训，指导实施科学管理的服务。近年来，每年举办多种形式培训活动，印发技术资料 1000 多份。在合作社内部，积极开展技术交流和生产优质高产茭白经验交流及市场信息反馈活动。通过社员带动、示范，影响周围群众，使广大茭农认识到要想拓展销售市场，必须生产符合"无公害"质量标准和绿色食品质量标准的优质茭白产品，才能增强市场竞争力。合作社不定期请市有关部门到基地检测产品质量，落实专人帮助指导应用标准化技术，促使基地茭农认真执行"嵊州玉茭地方标准"规范生产管理技术，落实了生产大户建立田间生产档案，建立落实产品质量追溯制度，生产出市场需求无公害茭白产品和绿色食品。

（三）产品销售

在产品销售方面，合作社把凝聚广大农民，确保茭白价格稳定、效益提升作为主要努力目标，并以"质优、诚信"为原则来开拓产品市场。

1. 重视保鲜设施建设。江夏茭白产销合作社为缓和茭白产销旺季压力，平衡市场供给，向省农科院学习了保鲜技术，经过多次试验，终于掌握了一套完整、可靠而稳定的茭白保鲜技术。在茭白产出旺季，租用浙东批发市场冷库，收购大量茭白进行保鲜。目前，已投资100万元建成2000立方冷库三座，年保鲜茭白达200多万公斤，保证茭白效益提升。

2. 重视品牌战略。统一使用"江夏"牌商标，不断改进包装，适应市场需求。对内重视产品质量，有专人负责产品质量，以优质优价收购农户茭白产品，对符合无公害的茭白产品，合作社以高于同类产品本地市场价的10%收购，参加合作社的社员茭白产品优先收购，统一组织销售。切实带动农民增收，促进茭白产业可持续发展，目前，"江夏"牌茭白已得到杭州、苏州等市场认可为"放心产品"，茭白产品进入三江超市销售，茭白销售形势很好。

3. 重视大市场联销。由于江夏茭白质量好，而且理事长汪江宁经商诚信度高，因而深得大市场的信任，许多客商主动和江夏茭白产销专业合作社建立联销网络。目前有苏州、杭州等地市场和江夏茭白产销专业合作社建立联销关系，合作社负责产地收购、发货，大市场负责销售，分工协作，销售渠道畅通。每天收购数万公斤茭白运送到外地大市场，解决了茭白销售渠道流通问题，为茭农和贩销户带来了丰厚回报。

三、经营绩效

合作社成立之初，参加农户20户，种植基地1000亩；目前合作社的入股资金则为50万元，连接农民121户，辐射带动近千户，基地3000亩，并且江夏茭白产销专业合作社已在丽水缙云县建立生产基地100亩。2008年合作社的贩销茭白量已达530多万公斤。据2008年合作社茭农收入的统计，平均每亩收入5000多元，高的达10000元，比周边农户每亩增收1000元以上。

由于合作社在这几年的良好发展态势，2003年"江夏"牌茭白获绍兴市级、浙江省无公害农产品称号，生产基地获浙江省无公害农产品基地。2004年"江夏"牌茭白又荣获农业部无公害农产品的称号。2006年通过农业部、省农业厅的复评。2007年"江夏"牌茭白获农业部绿色食品的认证，2006年、2007年"江夏"牌茭白产品被省农博会评为金奖。2004年至2008年，理事长汪江宁多次被嵊州市人民政府评为"十佳贩销大户"、"绍兴市优秀贩销大户"和"浙江省科技示范户"。

四、案例点评

这是一个典型的大户领导型的农民专业合作社发展模式，这个合作社由于有一个既有能力又有奉献精神的合作社企业家领导，所以显得非常有生命力。也由于茭白在当地有着相当不错的产业基础，广大农民有着种植茭白的传统，更使得合作社的组织带动作用非常鲜明。

"产业基础＋合作社组织平台＋合作社企业家能人领导"是对这类模式的最为简洁的概括。

也正因为这个合作社所体现出来的对农户的带动作用，所以有必要附带性地提一下当下可能部分政府部门以及合作社和社员正在困惑的关于合作社利润的二次返利问题。

对于二次返利，虽然是当前我国合作社法所强调的一个重要方面，但对于我国的许多合作社而言，在实际操作过程中，可能并不容易做到，更多合作社是在与社员的交易过程中通过优于市场价的形式直接进行价格改进了，这实际上也是一种中国化了的二次返利，甚至哪怕没有此类中国化了的价格改进，只要那些合作社实现了像本案例中茭白合作社所体现出的明显的对于农民的带动作用的话，也不影响我们对这于此类合作社的组织绩效的认同。因为，毕竟对于我国而言，最为重要的问题就在于帮助、带动小农户解决进入大市场的问题，发展合作社只是实现此类目标的组织工具，只要有利于此类问题的解决，哪怕让合作社领头者因为没有二次返利而多获点利也是大致能够为大家所接受的。当然关于二次返利的问题是在由本案例所衍生出来的，并不代表本案例中的合作社存在此类缺陷。

以合作社为基础的一村一品产业化模式
——浦江县蒋才文葡萄专业合作社

一、基本情况

蒋才文村地处浙江省浦江县东部,黄宅镇北部,浦阳江南岸,官岩山脚下,依山傍水,山清水秀,交通便利。全村现有农户 148 户,劳动力 309 人。蒋才文村是浦江最早试种葡萄的村。早在 1985 年蒋根荣(金华市劳模、职称农民艺师)蒋景浦(职称农民技师)二人试种葡萄 5 亩取得初步效益后,村民们便开始积极响应,由常规水稻生产改种为葡萄生产,1990 年全村 220 亩耕地都种植了葡萄。

为保护蒋才文村葡农利益,不受不法分子的破坏保证生产安全,早在 1996 年,葡农们就自发成立了自我保险的基金会组织,使得葡农们即使遭受损失也能维护自身利益。后又根据葡农的要求,于 2001 年申请成立了浦江县黄宅蒋才文葡萄服务部,为葡农提供"产前、产中、产后"服务。2005 年在基金会的基础上,又成立了"蒋才文葡萄协会",通过开展科技交流、咨询和研讨等活动,外出参观取经,积极引进新产品和新技术,提高产业的层次和科技含量,产品收益不断提高。2007 年在服务部、协会的基础上成立了产供销一体化的"浦江县蒋才文葡萄合作社",由蒋根荣担任会长,拥有社员 118 户。蒋才文葡萄合作社在立足技术、售销服务的同时,扩大葡萄设施栽培面积,建立了"龙头企业+基地+农户"的格局,使蒋才文的葡萄产业走上了更加良性发展的轨道。

经过 20 多年快速发展,蒋才文村葡萄专业合作社已种植面积 1025 亩,辐射面积上万亩。其中核心基地 380 亩全部采用大棚设施种植。

114

二、经营现状

（一）组织形式

合作社在通过海选产生领导班子的基础上，加强理事长对于合作社的领头羊作用。合作社的理事会、监事会一月召开一次会议，共同商议合作社事务。而且，合作社在发展过程中也形成了一批高素质、懂技术的人才队伍。合作社现在共有农艺师 1 名，农民技师 6 名，助理技师 75 名。这些技术人员互相学习，不断总结种植经验，有超前的农业生产安全意识、标准化管理意识。

另外，合作社有健全的财务制度。合作社至少每年召开二次社员大会，同时向社员汇报工作、财务情况、组织清账，并及时对财务进行公布，使社员满意、放心。

（二）生产方式

1. 加强对社员的技术培训。利用专业合作社的组织平台，采取走出去、请进来的方法，每年组织两次到外地先进葡萄产区考察；在葡萄生长的几个重要环节，请有关专家进行技术指导、培训，以黑板报等形式传技术、转观念，使社员树立标准化生产、品牌和市场意识。

2. 大力推广大棚设施栽培。虽然大棚栽培在浦江推广的时间并不长，但是在蒋才文村核心基地上的 380 亩葡萄已经全部采用大棚设施种植，形成了一套比较成熟的技术。通过设施大棚栽培，可大大减少农药使用次数，不但节约了农药成本且能生产无公害、绿色葡萄，农药使用量只有露地的十分之一，单此成本每亩可以节约 1000 多元。

3. 科学用水、用药与施肥。另外在推广运用大棚设施栽培的同时，合作社还统一建设了滴灌设施，结合施肥、用药、滴灌用水，做到节约用水，科学用肥、用药。合作社社员严格遵守绿色葡萄的生产标准进行施肥用药，杜绝使用违禁农药和催熟剂、着色剂等激素类药品，并且通过施用有机肥，使得鲜果糖度普遍增加，提高了葡萄品质，也推动了葡萄的价格上涨。

（三）产品销售

在葡萄标准化生产以及采摘以后的后续环节方面，合作社充分推行了在统一包装的基础上按照同一品牌进行统一销售、促使全村葡萄销售的有序进行,也因此得到了消费者的普遍认可。虽然合作社的葡萄具有得天独厚的地理优势、自然生长、充分成熟、上色好、果形漂亮、环保等品质,合作社依然十分重视品牌建设,在 2001 年注册了"江南第一家"商标品牌,2003 年通过了省级无公害葡萄基地验收,2006 年"江南第一家"葡萄通过中国绿色食品发展中心绿色食品 A 级认定,许可使用绿色食品标志。2003 年、2004 年获浙江省农业博览会优质奖,2005 年、2006 年获浙江省精品水果展示会金奖,从而促使葡萄销售良好经济效益和社会效益的实现。

三、经营绩效

蒋才文村通过发展葡萄产业取得了良好的经营绩效,包括:

1. 农民获得良好经济效益。2006 年全村人均收入为 12000 元,而这其中葡萄收入人均达 9650 元。2007 年,全村的农业总收入达到 300 余万元。20 年来葡萄收入已成为蒋才文村农民增收的主要经济来源之一。

2. 蒋才文村获得诸多荣誉。得益于葡萄产业的发展,该村这几年来获得了诸多荣誉。这其中光省级荣誉就有:2005 年 12 月浙江省科普示范村,2006 年 1 月浙江省文明村、浙江省全面小康建设示范村,2006 年 12 月浙江省绿化示范村。还有一系列的市级荣誉,包括:2004 年金华市四星级民主法制村,2005 年 1 月金华市文明村、金华市全面小康建设示范村,2006 年 1 月金华市卫生村,2006 年 5 月金华市绿化示范村,2006 年 6 月金华市先进基层党组织。

3. 葡萄品牌进一步出名。"江南第一家"葡萄 2007 年评为浙江省名品正牌农产品、金华名牌、金华著名商标,2008 年评为浙江省特色优势农产品生产基地、浙江名牌,蒋才文合作社也于 2008 年获得省级示范性农民专业合作社荣誉称号。

四、案例点评

又一个一村一品发展的典范村,不过与嵊州坑口村的情况稍有不同的是,蒋才文村的专业合作社作用发挥得更为明显一点,也因此更加具有市场经济的气息。

对已经习惯于单打独斗,甚至经常相互恶性竞争的我国农民和农业而言,蒋文才葡萄产业的发展历程值得我们好好学习,它用它的发展历程说明了,我们的农民群体还是可以进行有效合作的。

　　这其中可能最为关键的还是得有一个具有奉献精神的能人来起到领头作用,并且同样关键的是新事物在发展初始阶段的良好发展态势,只有这样,才有可能使得农民积极主动地参与到新作物的应用与推广活动中,并且在诸多农民获得持续性盈利的情况下,才更加愿意听从领头人的意见,也才有可能让农民愿意进一步去规范他们自身的生产行为。

　　要想复制推广这种基础的农业产业化模式,是有一定难度的,但是它与嵊州坑口村一样,都是在我国特殊的农业社区环境中值得进行总结和应用推广的。

"服务+销售"的专业合作社之路
——浦江县杏军肉鸡专业合作社

一、基本情况

张杏军从1990年开始饲养蛋鸡,在养蛋鸡规模逐渐扩大之后,在当时浦江肉鸡饲养基本处于亏本的状态下选择转养肉鸡。他在饲养肉鸡过程中不断地学习养殖技术。2003年,张杏军在肉鸡萧条中生存了下来,但他和周边一些养肉鸡的农户一样都碰到了销路不好的问题。于是他发起建立了"杏军肉鸡专业合作社",并于2003年3月7日在工商登记注册,注册资金9.5万元。2007年9月,依据《中华人民共和国农民专业合作社法》要求,进行重新登记。合作社采取股份制形式,每股资金5000元,由专业户自愿参股。合作社为社员实行供苗、防疫、配料、销售一条龙服务。开始时,张杏军是一家一家地跑养鸡户,劝其加入合作社,后来养鸡户主动要求加入。如今已有社员112户,饲养基地20个,鸡棚60个,占地面积36000平方米。

二、经营现状及特点

(一)组织形式

1. 建章立制,实行民主管理。合作社自成立始,就依照《中华人民共和国农民专业合作社法》和《浙江省农民专业合作社条例》规定,由全体社员协商共同制定合作社章程。《章程》对本合作社的业务范围、会员种类、组织机构、社员代表大会制度、理事会制度和负责人产生及罢免、财务管理及分配等做了明确的规定。经批准的社员必须遵守本合作社的章程。

最近几年,合作社的社员大会、理事会和监事会都会不定期地召开,讨论养殖技术培训,以及对合作社的一些重要事务进行定夺。

2. 规范财务管理,接受监事会监督。合作社从成立起就根据本社实际情况建立会计制度,并指定会计主管人员,建立会计档案。在国家合作社财务会计制度出台之后,更是进一步按照有关要求,进行统一登记、核算。并请监事会按照对合作社的经济活动进行审计、监督。合作社为所有社员设立成员账户,根据社员的饲养量分别进行核算,对补助资金的使用及盈余的分配方案提交社员大会通过。

3. 完善合作社其他各项专业制度。过去几年时间里,合作社先后制定了产品广告、发布、市场开拓等制度。建立了培育社员学文化、学技术、学政策、学法律、了解信息的制度规定。同时,也增设了社员教育基地,配备了电脑、各种专业报刊、杂志以供社员更好学习。

(二)生产方式

1. 肉鸡规范化饲养。这是养好肉鸡的关键,也是今后肉鸡的发展方向。2007 年,合作社建立了一套从订购苗鸡到成鸡销售各环节专人负责的制度,统一生产技术和产品标准。社员根据合作社制定的《规范化肉鸡饲养管理规程》进行饲养管理。并建立完善的档案系统,确保产品有处可查。使社员的肉鸡养殖向规范化发展,提高肉鸡的生产性能。

2. 积极邀请专家培训讲课。合作社积极联系农业院校和其他科研院所的老师为养鸡专业户讲课,每年培训 2~3 次,最近几年都有好几百人次获得了相关培训,有效促进了专业户饲养水平的提高。

3. 聘请兽医师对社员的肉鸡疾病控制方面进行全程指导、跟踪。无公害肉鸡饲养规定了很多兽药作为禁止使用的药物,如氯霉素、痢特灵等,合作社严格按照《无公害食品肉鸡饲养兽药使用准则》的要求使用药物预防,确保肉鸡产品的安全。统一制定适合本地的肉鸡免疫程序,特别是近几年禽流感的影响,社员加强了禽流感疫苗的注射免疫,禽流感疫苗的免疫达到了 100%。

4. 对养鸡用饲料进行统一采购或指导采购。特别是对大宗原料如玉米、豆粕的采购上,帮助专业户化验玉米中水分、蛋白含量及是否霉变,豆粕化验其蛋白含量及脲酶活性确定其生熟度等,并统一调控饲料配方,确保饲料质量安全,营养全价平衡。

(三)产品销售

目前社员的成鸡 100% 以上由合作社统一销售,成鸡主要销往宁波、嘉兴、绍兴,以及浦江本地等地区,并且在各地区市场上有相当稳定的销量。

自 2006 年度开始,合作社就为各社员申请了农民信箱,通过手机注册的方式,及时地把养殖信息反馈给肉鸡养殖专业户。同时,合作社的负责人张杏军每天上班第一件事就是和各地的经销商沟通信息,包括金华、义乌、宁波等周边各县市的信息,了解更多的市场行情和趋势,将综合信息分析整理后,传递给各养鸡户。确定本县范围内的市场行情,相互协调销售。

正是依靠这种优势,合作社的肉鸡价格平均每公斤高出市场价格 0.2元,全年专业户增加收益达 30 多万元。合作社 2008 年的销售额达 1300 多万元。

三、经营绩效

合作社在过去几年里取得了较好的发展,其中在 2005 年 5 月,被浙江省农业厅认定为浙江省"无公害"农产品基地。2005 年和 2007 年连续两年被评为金华市示范性农民专业合作社,2007 年 1 月农业部认定为国家级"无公害"农产品基地,2008 年获得省级示范性农民专业合作社荣誉称号。与此同时,合作社在 2003 年注册的"杏军"商标,目前也已经得到了市场的广泛认可。

四、案例点评

杏军肉鸡专业合作社虽然并不属于最顶尖合作社的行列,但是它却扎扎实实地在其所在地区和行业中发挥着应有的作用,在技术培训和各种信息获得,以及市场开拓等方面发挥着应有的作用,而且其虽然规模一般,但是相对运营比较规范,而且合作社理事长也是一个具有相当奉献精神的人。因此这个合作社在其平凡的岗位上发挥着其应有的作用,也因为其平凡,相应也能够为其他合作社所学习。

专业化与职业化的精神与素质实际上正是我们国家的经济发展所欠缺的基本要义。希望杏军肉鸡能在接下来几年中坚定地走好自己的路。

以村落传统手工艺为基础的
合作社产业化发展模式
——潘周家手工面专业合作社

一、基本情况

潘周家村全村 1400 多人,有着做手工面的传统习惯。1999 年秋,周金华在去县城看望一位患病的老领导的过程中萌生了做手工面进行销售的想法。2000 年 11 月,周金华注册成立了浦江县潘周家手工面厂,并组织党员积极参加手工面生产加工,再由党员帮助和带领其他村民从事手工面加工,形成了以党员为核心的传、帮、带群体,带动了手工面产业的快速发展。

随后,为了确保村民的切身利益,规范手工面加工行业,做精做强村里的手工面产业,村党支部经研究决定把分散经营的加工户组织起来成立浦江县潘周家手工面专业合作社,共有 53 户社员,带动非社员农户 180 户。在成立合作社的同时,2001 年潘周家村也成功注册了"潘周家"和"一根面"商标。

二、经营现状及特点

(一)组织形式

潘周家手工面专业合作社的组织形式相对简单。在按照农民专业合作社建立章程,设立组织机构的基础上。其组织结构的主要任务就是在理事长周金华的领导下,不定期地召开理、监事会,讨论一些合作社的生产、发展事宜,并协调处理一些合作社的内部矛盾,由于合作社的社员同属一村人,平时关系较好,再加上大家对周金华都比较服气,所以合作社管理方面的问题不大。

（二）生产方式

在合作社组织生产经营的 6 个月时间里，合作社要求其社员成员干活时都要统一工艺，统一着装、戴帽，合作社的投入品如面粉等则由合作社亲自安排人员统一采购，然后再分发给合作社的村民。另外，合作社在发展过程中坚持科技创新之路。2005 年 5 月，潘周家手工面专业合作社向浦江县科技局申请立项"手工面周年生产技术研究与开发项目"，经过 2 年多的努力，2007 年 10 月通过省专家组的评审，加工技术达到省内领先，并可以促进合作社生产周期的延长。

（三）产品销售

社员生产出来的面条，合作社以 3.2 元至 3.7 元一斤进行收购，经过合作社的包装，5 斤一箱的手工面，市场上销售价达 35 元。合作社的产品有 70％左右在专卖连锁店等进行直接零售销售，30％以礼品形式出售给一些政府部门和企业集团客户。手工面如今已成了潘周家村乃至周邻几个村的重要创收途径。现在合作社有加工基地 11 个，年产量 300 余吨，年产值在 350 万元以上。农户年均增收 6000 余元。

三、经营绩效

目前"潘周家"牌手工面已获浦江县名牌产品称号、2003 年华东农交会优质奖、2004 年浙江国际农业博览会优质奖、2005 年金华市优质农产品金奖、2004 年浙江国际农业博览会优质奖、2006 年浙江国际农业博览会优质奖，并曾经在中央电视台致富经栏目、浙江电视台公共新农村频道的乡村纪实栏目获得专题报道，还曾获得钱江晚报等平面媒体的报道。因此，合作社有着相当不错的发展现状。

四、案例点评

这又是一个以产业为基础的一村一品产业类型，再结合关键能人的带动。与其他一村一品产业类型不同的是这个合作社的发展靠的是村民社员的传统手艺。不过正如手工面合作社理事长所说，这个合作社发展也面临着几个问题：（1）手工面加工不易，产量不高，一对壮劳力，一天也只能成面 50 余斤，而且生产时间短，市场供应时断时续，目前只作为礼品销售，进不了大超市,做不大市场。(2)手工作坊加工,质量和卫生没有统一标准,现在效仿的村越来越多,甚至义乌、兰溪一些村也开始做手工面了,怕因此砸了潘周家的招牌,坏了一个产业。(3)青年都往外跑,做面手艺有失传的可能。当然,如何让这传统手艺食品跟上国家的生产标准,也是一个非常值得探索的问题。

因此,对于这个合作社而言,虽然现在已经取得了一定的成效,但是其经济效益的潜力和标准化生产和产品的档次都还有待进一步提升。而这个模式本身对于一些具有传统产业基础的农村社区尤其是偏远农村社区而言,确实是一个值得学习的方向。

"能人带动，团队协作"的合作联营模式
——松阳县东田板栗专业合作社

一、基本情况

松阳县东田板栗专业合作社位于素有浙南桃花源之称的松阳县象溪镇境内，山清水秀，远离污染源，是生产优质农林产品的天然净土。2004 年 8 月，象溪镇雅候村村民陈其勇等 7 人发起成立了这家合作社，专业从事板栗的生产、加工和销售，并附带生产茶叶、水果和香菇等农产品。合作社的注册资金 500 万元，股东数 7 名，社员数 109 名，由陈其勇担任理事长一职。陈其勇具有高中文化水平，并且有过多年的外出经商经历，2003 年回乡后开始寻找创业的点子，并最终选择了在当地极具特色的板栗作为创业产业。

二、经营现状及特点

合作社现有理事会成员 7 名，监事会成员 3 名，各类技术人员 3 名。2008 年，合作社共召开了 2 次理事会、3 次监事会和 2 次社员（代表大会），主要讨论合作社未来长远的发展目标及营销战略等问题。目前，该合作社还没有设立任何职能部门，基本上还是以理事会和监事会的核心成员为主要的决策者，指导并管理广大社员进行生产。在融资渠道方面，由于目前的金融信贷成本过高，该合作社主要还是通过核心成员筹款等方式解决生产资金困难问题。

在具体的产品生产方面，该合作社要求所有社员按照统一的技术标准进行生产，并由相关技术人员进行指导、监督和管理。合作社生产的板栗最大的特点是营养丰富，该产品含有丰富的蛋白质、脂肪、淀粉以及多种维生素，还含有胡萝卜素、硫胺素、核黄素和抗坏血酸等，既可鲜食、炒食，也可制

成多种精美食品。

合作社负责人陈其勇认为良好的销售网络是他们能够发展到现有规模的最重要原因。2003年之前，陈其勇本人曾在杭州、温州等地经商，有着非常丰富的市场经验和经营头脑，并积累了一定的销售渠道信息。2004年选择板栗作为创业产业之后，他利用之前获得的一些市场信息，开拓了一部分销售市场。除此之外，他还通过"农民信箱"和一年一度的省农博会发布产品信息或展销产品，并由此建立了更加广阔的销售网络。2008年，该合作社生产的农产品有一半以上是通过各类批发市场销售的，40%左右销往了各类龙头企业用于原料加工，还有一部分则通过超市或企事业单位订购的方式销售。如今，合作社注册的"东田"牌商标，已经成为浙江省内知名度较高的板栗品牌。

三、经营绩效

2008年，合作社的总经营土地面积达1000亩，生产板栗100万斤，销售额达350万元，生产茶叶5万斤，销售额达400万元，生产香菇50万斤，销售额达150元。除此之外，合作社还带动了周边的许多农户生产板栗等农产品，并为其提供各类技术服务，服务土地面积达到了3万多亩，是合作社自身经营土地面积的30多倍。可以说，该合作社不仅为本社社员创造了非常好的经济效益，也带动并服务了周边的农户，同时产生了良好的社会效益。2005年，合作社的板栗生产基地通过了国家"无公害农产品基地"认证，同时荣获了"浙江省无公害绿色农产品基地"称号。如今，该合作社已经被松阳县人民政府命名为"示范性农民专业合作社"。

四、案例点评

如前文所述，该合作社是一个比较典型的由离城返乡创业人员发起成立的农民专业合作社，其主要特点是核心成员之间的团队合作性和默契程度比较高、市场销售信息来源比较广泛、示范带动效应比较强等。

当然，合作社也面临许多发展中的困难，比如合作社办公及配套设施用地紧缺、冷库建造用地指标难以解决、用水用电用工成本过高等。另外，由于目前的金融信贷成本过高，包括贷款利息过高、贷款手续太繁等，在合作社资金运转出现困难的时候，只有通过合作社核心成员筹款的方式解决这个问题。

稳定的产品销售是这家合作社的优势所在,但是从长远发展来看,该合作社也存在产品销售渠道过于单一的潜在隐患。目前主要通过"批发市场"和"加工企业订购"两种途径销售,而一旦市场需求行情发生变化,下游生产企业的订单数量必然减少,从而影响整个合作社的发展。今后可以考虑通过产品包装设计、品牌推广等产品营销策略,通过网络、超市等渠道扩大销售网络,将"东田"牌板栗推向更加广阔、稳定的城市消费市场。

"合作社＋基地＋农户"的产供销研
一体化经营服务模式
——松阳县早生鹊山鸡养殖专业合作社

一、基本情况

　　松阳县早生鹊山鸡养殖专业合作社成立于 2003 年 7 月,注册资金 12 万元,现有社员 207 个,专业从事绿色野山蛋鸡的养殖、加工、销售和研发。自 2000 年 3 月开始,该合作社的负责人余早生对野山蛋鸡品种进行了近一年时间的市场调研和技术考察,基本上掌握了该野山蛋鸡的杂交培育技术。2002 年底,该野山蛋鸡品种研制成功,并在松阳县古市镇某山林地带正式投入生产。除了发起成立该合作社外,担任合作社理事长的余早生还于 2005 年注册成立了松阳县早上好鹊山鸡养殖有限公司,并担任董事长一职。

二、经营现状及特点

(一)组织形式

　　该合作社现有发起股东 7 名,理事会成员 7 名,监事会成员 3 名,会计人员 1 名。另外,该合作社的各片区还配备了技术人员 7 名,其中具有高级职称的 2 名,具有中级职称的 2 名,具有初级职称的 3 名。该合作社现在已经拥有功能完善的职能部门和配套设施,不仅下设了行政办公室、生产技术部、市场营销部、财务部、基地开发部、仓储中心、研发中心等相关职能部门,还建立了种鸡场、孵化厂、中草药饲料加工厂等相关配套生产设施和工厂。截至 2009 年 5 月底,该合作社已经在松阳县的古市镇、西屏镇、赤寿乡等平原和新处乡、四都乡、三都乡、安民乡、大东坝镇等山区的林木草地山田建立了

16个纯自然生态养殖基地,并通过这些基地带动周边的农户定点养殖野山鸡。

(二)生产方式

在具体的生产经营方面,该合作社已经基本上做到了统一提供鸡苗、统一供应饲料、统一防疫技术、统一添加中草药添加剂。在各个生产基地上,所有技术人员和管理人员都实行定位定岗、分片负责、质量把关、饲料管理以及技术培训等专人负责制,严格按照《鹊山鸡标准化生产养殖技术规程》的规定,在产前、产中、产后等环节为社员和养殖农户提供全方位的技术服务,指导并管理责任养鸡户进行标准化生产。2008年,该合作社为广大养鸡户提供了1500人次的各类技术培训。

此外,该合作社还紧紧依托浙江大学动物科学院科研技术力量,组建成立了生态养殖研究所,掌握了一整套中草药防疫、中草药饲料配方等养殖技术,并通过这项独特的技术配方增强了鹊山蛋的抗病能力和驯化管理程度。目前,该中草药科学生态养殖模式已经在各个生产基地进行全面推广,并且形成了"科技部门+研究所+农技员"的科技服务体系,建立起了育种孵化、蛋鸡养殖、产品检测、质量跟踪等一体化的科技创新生产体系。合作社制订的"鹊山蛋鸡生态养殖标准"已经通过相关部门的质量技术鉴定,达到了无公害、绿色、有机农产品的标准。

(三)销售渠道

合作社以生产技术和产品质量为依托,通过"合作社+基地+农户"的生产经营模式,打造了统一的"早上好"鹊山鸡蛋品牌。合作社建立了完备的销售激励机制,通过组织精干的营销队伍,在上海、杭州、温州、金华等大中型城市建立了强大的销售网络,并与大量的超市、企事业单位签订了供销协议,基本上实行了以网络批发直销和中小城市超市窗口零售为主的销售方式。此外,合作社的产品还实行统一的市场价格,并且在产品包装设计、营销策划、广告宣传、市场开拓、售后服务等方面已经形成了一体化的营销创新体系。如今,合作社注册的商标"早上好"已经成为丽水市著名商标。

三、经营绩效

2008年,合作社及其周边责任养鸡户养殖的野山蛋鸡达15万羽,实现年产值1650万元。合作社与所有养殖户签订购销合同,每枚商品蛋的最低保护价为0.5元,全面实现上门收购。当市场价格高于保护价时以市场价收购,当市场价格低于保护时以保护价收购,从而最大限度地保障了养殖户的利益,有效地减少了生产者的市场风险。此外,合作社还实行年终可分配利润二次返利和按股金分红的收益分配制度,2008年合作社向社员返利24万元,返利部分的户均增收为3500元。此外,该合作社还特别注重对社员及周边农户的帮扶救助,发展了一大批经济困难的养殖户,并无偿为困难养殖户提供鸡苗8万羽,补助资金达到了12万元。这种做法实现了"以产带扶"的扶贫目标,将传统的资金扶持方式改变为"资金＋产业"的双重扶贫方式,让广大贫困农民走出了一条新的脱贫致富之路。

如今,该合作社不仅已经成为省级优秀示范性农民专业合作社(2008年)和省十佳畜牧专业合作社(2006年),而且生产的产品还荣获了浙江省农业博览会金奖(2005年和2006年)。此外,该合作社的负责人余早生还荣获了"浙江省百名科技自主创新青年标兵"、"浙江省农业专家实用人才"等个人荣誉称号。

四、案例点评

正如前文所述,该合作社基本上已经实行了企业化的现代经营管理模式,在生产、管理、研发等重要环节中严格按照统一的标准执行,并且有非常明确的产品营销定位及统一的价格。除此之外,该合作社还非常关注贫困散户的困难,并为他们提供一定的资金和技术扶持。可以说,该合作社目前的发展模式既取得了很好的经济效益,又带来了良好的社会效益。

然而,该合作社可能也会有一些潜在的问题或困难值得关注。例如,如何处理好与基地或其周边农户的关系,尤其是在土地流转、使用等过程中可能产生的土地利益纠纷问题。此外,合作社还应进一步加强对"早上好"品牌的宣传和管理,避免其他养鸡户甚至合作社内部的社员违规使用该品牌和商标,进而损害该品牌的知名度和顾客认可度。

据了解,该合作社计划在未来的五年时间内将生产基地数量发展到30个,养鸡户2000户,总生产规模达到50万羽,年产值达1亿元。笔者认为,在实现这些目标过程中切勿操之过急,应当根据农户的反映和市场的需求不断地调整每一年的计划和目标。事实上,在规模越来越大的时候,应当更加注重合作社赖以生存的技术、管理、研发等方面的优势,保证能够在每一个新发展的基地实现标准化的生产、管理和销售。若能做到这些,该合作社未来的发展前景不可估量,但是若在技术管理、品牌营销、农户利益分配等方面出现闪失,也可能会给合作社带来巨大的困难和难以挽回的损失。

"村镇干部牵头办社"的合作联营模式
——苍南县玉苍杨梅专业合作社

一、基本情况

苍南县玉苍杨梅专业合作社地处国家森林公园、省级风景名胜区玉苍山半山腰的桥墩镇石龙村,该村由于长期受山区交通不便、信息不灵、封山育林等因素的影响,全村的经济和社会发展极其缓慢。2003年,该村的农民人均收入只有1837元,远远低于当时的全省平均水平(5309元)。与此同时,全村三分之二的农民都外出打工,整个村庄日渐萧条,社会经济发展的速度极其缓慢。在桥墩镇党委和政府的关心下,该镇林技员温怀意同志进驻石龙村,并兼任该村的党支部书记,负责带领当地农民脱贫致富。2003年6月,在温怀意同志的指导和帮助下,相关部门的农业、林业技术人员和当地农民共同出资,由退伍回乡农民洪永友发起成立了该合作社。

二、经营现状及特点

该合作社生产的杨梅主要有东魁(大杨梅)和黑炭(小杨梅)两大类5个品种。经过近6年时间的发展,合作社现有发起股东15人,入股社员112人,其中大多是龙石村村民,也有一部分农业、林业部门的专业技术人员。合作社有理事会成员10名,监事会成员8名,2008年,合作社共召开了10次理事会,6次监事会以及4次社员(代表)大会,主要讨论产品销售方面的事项。合作社的经营土地面积为2200亩,服务土地面积为1000亩,此外,该合作社还带动了周边各村农户535户种植杨梅,发展杨梅种植总面积6000多亩。合作社计划在今后3年内将杨梅种植面积扩大到3200亩,带动周边各村农户种植杨梅的面积扩大到11000亩。

合作社采用股份合作形式,分片包干管理,统一供应肥料,统一生产质量卫生标准,统一采用黑光灯诱杀害虫,统一产品商标品牌,统一收购社员产品到水果专业批发市场销售或统一联系销售商直接到合作社所在地收购社员产品。此外,合作社还与玉苍山风景区合作开发休闲观光农业,打响了当地杨梅的知名度,为该地山区农民的脱贫致富和长期发展打下了良好的基础。在利润分配方面,合作社按股金及社员提供的产品产量、交易额等综合指标,将利润返还给每一位入股社员。

三、经营绩效

2008 年,合作社共生产杨梅 250 吨,产值达 200 万元,实现净利润 80 万元。从合作社及其周边农户的总体情况来看,自合作社成立以来,当地杨梅的产量和产值都逐年增加。2004 年的产量为 170 吨,产值达 70 万元;2005年的产量为 280 吨,产值达 185 万元;2008 年的产量为 480 吨,产值达 350万元。如今,当地的大部分杨梅树都已经进入盛产期,产量还会继续逐年增加。预计 3 年以后,年产量可达 700 吨,年产值达到 500 万元以上。2008年,在合作社的示范带动作用影响下,石龙村农民人均收入达到了 4817 元,比 2003 年增加 2980 元,增长 162％,其中仅杨梅一项对人均收入增长的贡献就达到了 1300 元,占总增加额的 40％以上。

不仅如此,合作社积极地向相关部门争取到了一些用于改善当地农村基础设施的扶持项目。例如,2006 年合作社获得了农业部的一个扶持项目,投资了 130 万元建成了一条长达 3.5 公里的连接生产基地与玉苍山风景区公路的水泥路,还投资 20 万元建造了一座杨梅保鲜冷库和办公大楼。如今,合作社的理事会成员们还在考虑开办一些用于休闲观光农业的农家乐,希望能够使合作社的杨梅生产基地及其周边配套旅游设施能够成为玉苍山风景区的又一新景点,从而为广大社员及当地农民带来更多的经济收入。

目前,该合作社已经连续四年(2005—2008 年)荣获"苍南县优秀农业专业合作组织"称号,合作社的生产基地也荣获"浙江省森林食品基地"称号(2005 年)和"无公害农产品基地"(2006 年)。2006 年,合作社还成功申请"狮隐"牌杨梅商标。目前,合作社生产的杨梅已经加工成杨梅罐头、杨梅酒等产品,远销全国各地市场。

四、案例点评

综上所述,该合作社不仅为广大社员带来了较好的经济收益,而且还通过带动周边农户,进一步提升了当地杨梅产业的发展,具有非常重要的社会效益。不仅如此,合作社的健康发展,还将对当地山区土地资源的合理利用、生态环境的保护、观光生态农业的开发以及国内外销售市场的拓展等起到一定的正面作用。

同时,作为该合作社的发起人及股东之一,村镇干部或农技员带着政府交代任务和自己的专业技术,带领当地农民完成了在外人看来不可能的"脱贫致富"梦想。这种帮扶联营的道路在一定程度上改变了偏远山区农村的发展面貌,也使那些蹲守在农村无法外出的农民看到了新的希望。

"政府搭台,青年创业,农户联营"
——苍南县联合樱桃谷肉鸭养殖专业合作社

一、基本情况

2006 年 7 月,苍南县的 3 家禽业养殖公司、8 家禽业专业合作社、17 个养殖场和 117 户养殖户共同发起成立了一个合作联合体——苍南县联合樱桃谷肉鸭养殖专业合作社(前身为苍南县联合家禽产销合作社),注册资本为 10 万元,主要从事樱桃谷肉鸭的生产、加工和销售等。

二、经营现状及特点

合作社现有股东 15 人,社员 272 户,带动非社员 450 户。全体合作社社员选举产生了理事会成员 7 名,监事会成员 3 名。2008 年,合作社共召开了 10 次理事会,2 次监事会以及 2 次社员(代表)大会。截至 2009 年 5 月底,该合作社已经在苍南县的灵溪等 13 个乡镇建立了 27 个生产基地,实现了"产供销"一体化的经营模式。2009 年,合作社计划在进一步扩大老基地面积的基础上,还要在当地的主要道路沿线村镇发展更多的养殖基地并吸纳社员,争取将标准养殖基地数量增加到 28 个,全县养殖基地数量增加到 55 个,社员数增加到 500 户。

自合作社成立以来,共吸纳了包括理事长林延虎在内的 6 位大学生,组成了一支文化层次较高、市场意识较强、充满激情活力的年轻团队。这支大学生团队不仅进行了非常细致的市场需求调研,而且还深入到养殖户的家里了解他们的现状,最终探索出了"公司＋基地＋农户"的联营模式。

合作社经营的肉鸭品种,具有"养殖周期短、经济效益高、前期投资少、技术风险小、带动能力强"等特点,特别适合于山区农民养殖。为了能够带动更多的山区、半山区农民养殖该品种的肉鸭,合作社制定了一系列扶持方案,并通过基地联结的操作模式与养殖户签订常年定价养殖合同。在具体的操作环节中,合作社已经基本上做到了"五个统一",即统一引进和发放鸭苗、统一配送饮料、统一技术指导、统一回收成品鸭和统一结算资金。不仅如此,合作社还在费用垫付、疫病防控、收购价格、利润结算等方面为广大农户提供了尽可能多的方便和优惠。

为了能够进一步提高养殖利润,合作社已经与多家科研单位合作,并借鉴河南、山东等地的肉鸭养殖经验,在反复的试养实验中总结分析,形成了一整套适合当地实际情况的养殖技术模式。通过试验,现在养殖每只肉鸭可获得利润已经从过去的 2.5 元提高到 2.8 元,单单这项技术就能够为养殖户增加合计为 60 多万元的收入。

在疾病防疫方面,合作社要求所有养殖基地明确防疫重点、严格执行动物产品的报检备案制度,做到入栏、防疫、建档、检测同步进行,确保了 100% 的产品免疫率。同时,各生产基地还全面实行了封闭饲养,减少了家禽与人、家野禽的接触,从而降低了疫情风险。

此外,合作社还建成了面积达 15 亩、日产百吨饲料的加工厂及 500 万羽的屠宰流水线,并通过了县招商办、发改局、经济贸易局等部门的审核,这对今后合作社长远发展过程中的饲料供应、屠宰需求等方面提供了重要的保障。目前,该合作社已经被评选为温州市示范性合作社和温州市先进农民专业合作组织,产品销售网络遍布全国各地。

三、经营绩效

2008 年,合作社共出栏樱桃谷肉鸭 78 万羽,总产值 2418 万元,养殖户获得的直接利润达 273 万元。由地经济效益较好,苍南县政府还于 2008 年 8 月 15 日专门召开了"全县樱桃谷肉鸭产业发展工作会议",并制定了合作社未来三年的发展规划。计划到 2009 年底,合作社实现年出栏肉鸭 200 万羽,产值达 4200 万元,养殖户直接利润达到 450 万元。而到 2010 年,合作社计划实现年出栏肉鸭 500 万羽,产值达到 1.8 亿元,养殖户直接利润达到 1750 万元!

四、案例点评

该合作社的团队成员水平高、产品投资成本低、养殖技术风险小等特点,是其能够取得成功的关键因素。作为当地特色畜牧业的重要组成部分,樱桃谷肉鸭已经成为一个迅速成长的阳光产业。尤其是该产业在广大农民群众中的带动示范作用,已经使这家合作社成为当地农民发展致富的希望。

如今,大学生就业难成为全社会上下都普遍关心的问题。而这家合作社的大学生团队选择了回到基层创业,并且凭借自己的智慧和活力,运用自己学到的知识和技能,在农村基层走出了一条令其他同辈们羡慕的创业之路。他们的成功,不仅解决了自己的就业问题,而且还为更多的大学生来到基层创业提供了好的榜样。他们的成功,不仅体现出了时代赋予他们的一种责任,而且为解决当前大学生就业难的问题提供了一种新的解决思路。

"能人牵头，政府扶持，农户配合"
——苍南县恒丰蔬菜专业合作社

一、基本情况

苍南县恒丰蔬菜专业合作社位于省级农业开发区——苍南县马站农业综合开发区，由当地的蔬菜营销大户、种植大户、农业技术人员及普通农户于 2003 年发起成立，社员出资总额达 100 万元，是一家从事蘑菇、蚕豆、玉米、马铃薯等农产品销售及生产技术研究的农民专业合作组织。2006 年，根据省里的有关文件精神，合作社顺利变更为法人企业。2008 年，根据国家的合作社法及省里的有关文件，合作社再次变更为农民专业合作社法人企业。合作社的负责人施成论是马站镇霞峰村的村民，今年 40 岁，中共党员，大专文化水平，并且拥有非常丰富的外出经商和担任村干部的经历。

二、经营现状及特点

合作社现有股东 12 人，社员 268 人，其中理事会成员 3 名，监事会成员 5 名，监事会成员大部分都是从事蔬菜种植的农户。2008 年，合作社共召开了 12 次理事会、6 次监事会和 6 次社员（代表）大会。合作社经营土地面积 630 亩，服务土地面积 5438 亩，带动非社员农户 3918 个。合作社拥有省级无公害蔬菜基地 1 个，省级无公害粮油基地 1 个，蔬菜、蘑菇收购点 8 个，蔬菜保鲜库 1 座，农产品加工车间 2 个，农资、农机、技术服务点各 1 个。

合作社以农民为主体，以服务为宗旨，积极为社员提供产前、产中、产后全方位服务。坚持民办、民管、民受益的原则，走自愿结合、自筹资金、自主经营、自负盈亏、自我制约、自求发展的"六自"道路，积极为社员提供六大服务、优良品种优先提供、种子种苗平价供应、技术服务统一提供、农用物资统一采购,农产品保价收购、统一以"国神丰"品牌销售。通过这些服务措施,合作社有效地促进了社员种植的科学化、专业化、标准化水平,显著地提高了蔬菜的产量和产品的质量,有效地推进了当地农业产业优化升级和生态农业建设。

在新品种的推广方面,合作社安排 650 亩作为新品种试验示范基地,根据市场需求,每年引进十几个新品种,通过小面积对比试种,示范社员选择市场运销对路的优良品种加以推广,为蔬菜品种的更新换代提供样板。例如,2003 年合作社引进日本蚕豆,2006 年进行了大面积地推广,并利用冬闲田每年推广种植 1500 亩,不但使社员每年增收 100 多万元,而且响应农业部门绿色过冬的号召。2004 年合作社引进国外番茄新品种,2007 年推广面积600 亩,大幅度提高种植番茄经济效益,亩产由原来 5000 公斤提高到了 8000至 10000 公斤,使社员增收 300 多万元。此外,合作社还非常注重与农技人员的联系,并通过省、市、县农业信息网,报刊,农民信箱及其他途径,收集技术信息,及时将农业科研部门的蔬菜生产新技术,优先在社员中推广应用,推广了番茄、马铃薯高产栽培技术等,大大提高了产量和经济效益。合作社还聘请省、市科技特派员前来授课,结合科技下乡活动,印发技术资料,向社员提供技术信息,至今合作社已举办新品种、新技术、病虫害防治等方面的培训班 10 期,受训人员达 2300 多人次。

为了提高合作社产品的知名度和竞争力,扩大农产品销售渠道,促进社员品牌意识,合作社于 2005 年向国家商标局注册了"国神丰"商标,并由省农业厅通过了无公害蔬菜基地和无公害粮油基地的认证。合作社在实施品牌战略中积极培育出一批市场营销队伍,先后与常州、苏州、上海、杭州、嘉兴、宁波、义乌、台州、温州等大中城市的蔬菜营销商建立经常性合作关系,蔬菜营销合作人员达 122 人。合作社还在常州、苏州、上海、杭州、宁波设立了"国神丰"优质农产品直销点,农产品不仅进入以上大中城市,而且部分农产品逐步进入大中城市大型超市蔬菜销售专柜,建立了良好的农产品市场营销网络。此外,合作社还积极组织参加农博会和农民信息网箱,打响品牌,扩大产品知名度,提高产品市场竞争力。

三、经营绩效

2008 年,合作社生产蚕豆 100 吨,产值达 45 万元,生产蘑菇 300 吨,产值达 170 万元,生产玉米和马铃薯 200 吨,产值达 25 万元,生产各类农产品的净利润总合为 53 万元。此外,合作社还为社员及周边农户统一销售蚕豆

240 吨,销售额达 96 万,销售蘑菇 900 吨,销售额达 510 万元,销售玉米和马铃薯 300 吨,销售额达 37 万元。合作社为广大农户解决了"销售难"的问题,非常有效地提升了农户的生产积极性。

2003—2007 年,合作社连续五年被苍南县委、县府评为优秀农产品购销大户、优秀农业专业合作组织,2007 年被评为温州市优秀农民专业合作组织、县规范化运作合作社。2008 年被评为浙江省示范性农民专业合作社。

四、案例点评

该合作社是一个典型的龙头带动型农民专业合作组织,合作社负责人的个人能力、地方政府的大力支持以及周边农户的积极参与是其获得成功的关键因素。合作社在组织规范化、生产标准化、经营品牌化、产业规模化等方面所取得的成绩,都是上述这"三驾马车"能力配合的结果,这也促使了它在经过 6 年多时间的发展后进入了一个良性循环的提升阶段。

当然,由于该合作社地处台风等自然灾害频发的苍南县,合作社将在未来很长一段时间内都面临如何抵御自然灾害带来的经营风险问题。受农业保险险种及保险公司相关规定的限制,目前这一问题尚没有一个很好的解决办法。

"统一技术品牌开拓市场，
推动地方特色产业发展"
——常山县大宝山胡柚专业合作社

一、基本情况

　　常山县大宝山胡柚专业合作社的生产示范基地坐落在生态之乡——常山县同弓乡下东山村境内，空气清新、山水相间、环境秀丽，是周末家庭春秋游、农家乐、旅游发展的好去处，也是至今常山县最大的胡柚生产基地。2002年初，为了解决千家万户生产的胡柚品质不统一问题，当地的村民彭国方决定成立一家能够进行统一生产、销售的农民专业合作组织。经过与其他一些种植户的商讨，他们于2002年10月发起成立了这家合作社，并成为常山县最早的一批农民专业合作社之一，股东出资总额为20万。合作社负责人彭国方是主要发起人之一，今年41岁。初中毕业的他16岁的时候就开始在家乡从事水果的批发贩销工作，成立合作社的时候他出资10万元，占股东出资总额的50%，并担任合作社理事长一职。

二、经营现状及特点

　　合作社现有股东168人，社员168人，其中大部分都是种植胡柚的散户。合作社现有理事会成员5名，监事会成员2名，2008年，合作社共召开了3次理事会、3次监事会和1次社员（代表）大会，主要讨论生产标准与产品质量控制等问题。合作社成立之初就流转了200多亩山地，建成了一个科技创新生产基地。到2008年，合作社的经营土地面积已经扩大到1600多亩，服务土地面积为1000多亩，范围涉及周边的4个乡镇、23个行政村。合作社现有固定资产280万元，建有厂房仓库2200平方米，还购置了胡柚分级包装生产线和胡柚采摘保鲜分级机各一条。

在生产技术方面,依托常山县东案乡卢家胡柚科技服务队,加强质量安全生产措施,实行了"一提、二改、三疏、四统一"的管理模式。合作社要求每一位社员都按照一定的技术标准进行生产,基本上实现了统一施肥、统一除虫、统一采摘、统一包装、统一销售,产品生产的统一技术标准率达到了100%。合作社组建的这支胡柚生产科技服务队,专门为社员及周边农户提供统一的技术服务。2008年,这支服务队中的几位高级农艺师和其他技术人员都接受过5次以上的专业技术培训,包括施肥、采摘、保鲜等方面的技术,培训专家均来自省、市、县等各级政府的相关技术部门或科研院所。

在用工成本方面,2008年合作社雇佣了6个固定工人,每人的平均工资为1200元/月,还雇佣了季节性劳动力1000多工,每工的工资为40~50元不等,并且要提供一天三餐和一包香烟。2008年,合作社支出的固定用工工资达8万元,季节性用工工资为10万元,全年的用工成本合计达到了18万元。

在产品销售方面,合作社以基地规模、产品质量为优势,从常山本地入手努力扩大"大宝山常山胡柚"品牌,近两年来产品不仅在本县邻市享有较高知名度,杭州联华超市已签订合同销售两年,取得较好的效益。目前合作社销售的所有产品都以"大苞山"商标为统一的品牌,精包装后的产品销售渠道非常多样。其中,通过批发市场销售的占50%,在各种超市水果专柜销售的占30%,企业事业单位订购的占15%,另外还有5%提供给下游的胡柚罐头加工厂等。目前,该合作社生产的胡柚不仅已经在省内外打响了品牌,而且还有通过农博会和农产品展销会等得到了出口订单,产品远销欧盟的多个国家。

三、经营绩效

2008年,合作社共生产胡柚100万公斤,亩产2500公斤左右,总产值达到了600万元,实现净利润30万元。不仅如此,从社员及其周边农户的收入增长情况来看,合作社起到了非常好的示范带动作用,在创造良好的经济效益的同时也带来了一定的社会效益。

如今,合作社的示范基地已经成为常山县胡柚的出口基地、衢州市常山胡柚品质提升工程竞赛示范点,并且通过申报和多项考核验收被批准为国家绿色农产品基地。近年来,合作社还荣获了"常山县示范性农民专业合作社"、"衢州市农业龙头企业"等荣誉称号。2008年,合作社负责人彭国方也因为经营成果显著而荣获了"常山县劳动模范"和"常山县十佳楷模"等个人荣誉称号。

四、案例点评

胡柚是常山县的一个特色产业,大宝山胡柚专业合作社的成功发展对于提升常山胡柚产业、增加常山农民收入和促进常山农业发展等方面都具有非常重要的战略意义。从这个角度来讲,无论是地方政府还是广大农户都会给予这家合作社以大力的支持,包括土地流转服务、农业科技项目扶持、农业基础设施建设、产品销售渠道拓展等方面,笔者认为,这也是该合作社能够取得成功的几个关键因素。除此之外,该合作社负责人多年的水果贩销经历对于合作社产品的销售和品牌的推广也带来了很大的帮助。

但是,必须指出的是,胡柚毕竟是一个需求市场极其不稳定的农产品,其价格变化特点与柑橘类产品非常相似。然而,胡柚与柑橘类产品在品感、冷热性以及食用季节等方面还是存在一定差异的。因此,这家合作社有必要进一步加强对胡柚产品和品牌的宣传,努力改变消费者对胡柚的印象及食用习惯,只有这样才能够在未来的市场竞争中占得一席之地。

"统一供苗——分户养殖——统一销售"模式

——常山县腾翔山鸡专业养殖合作社

一、基本情况

汪雨华,男,常山县球川镇村民,今年35岁,中专学历。1994年中专毕业后的他独自一人前往杭州,在一家机床厂打了两年多的工。此后的十余年时间里,他又和几个工友辗转于山东、广东等地,从事过模具加工、家电销售等工作,但经济收入和发展前景都不是很理想。2005年初,汪雨华带着打工积攒下来的几万块钱回到老家常山,开始了自己的农村创业之路。通过上网查询、与当地朋友商量、向当地政府相关部门咨询等多个途径的了解,他最终确定了养殖山鸡的创业点子。2006年底,汪雨华和几位朋友发起成立了常山县腾翔山鸡专业养殖合作社,并担任理事长一职。

二、经营现状及特点

合作社有发起股东11人,合作社社员157人,其中大多是当地的养鸡户,也有少部分没有养鸡经验的返乡农民工。合作社的注册资本为50万元,其中理事长汪雨华占90％左右。合作社现有理事会成员7名,监事会成员2名,2008年,合作社共召开了2次理事会,2次监事会以及2次社员(代表)大会,主要讨论养鸡产业的专业知识和技能培训方面的问题。合作社还带动了许多周边农户养殖山鸡,但具体数字难以统计,估计约为300户。此外,根据当地农业局的要求,合作社还计划于2009年底之前为周边的每个乡镇的100个农户提供山鸡养殖培训,并借此进一步扩大养殖规模。

经历过一段充满艰辛而富有激情的返乡创业历程之后,汪雨华领导下的合作社也已经慢慢走上了正轨。该合作社以华腾养殖场为基地,与广大农户签订种苗和成品鸡的购销合同,并基本上实现了"统一供苗——分户养殖——统一销售"的经营模式。具体来说,该合作社生产的所有山鸡都是严格按照统一的技术标准生产的,其中85%是通过合作社进行统一销售的,销售的主要渠道如下:餐饮饭店占50%,政府部门、企事业单位订购的占30%,专卖店零售直销的占20%。

在劳动雇工方面,2008年合作社雇佣了13个常年劳动力,每人的平均工资为800元/月左右。由于山鸡养殖的特殊性,合作社雇佣的季节性劳动力主要在每年的7—12月,2008年合计雇佣了临时性工人600工,每工工资约为25元。

三、经营绩效

2008年,合作社提供苗鸡8万只,销售额达50万元,从农户订购的成品鸡3万只,销售额达180万元左右,从其他途径收购并销售的成品鸡1万多只,销售额达70万元左右,合计的销售总额达到了300多万,并实现净利润100万元以上,经济效益非常可观。

不仅如此,合作社积极响应当地农业局及乡镇政府的号召,为广大社员及周边农户开展了一系列的技术知识培训,并开始引导越来越多的贫困农民尤其是山区移民养殖山鸡。因此,合作社不仅创造了一定的经济效益,而且还带来了很好的社会效益。

如今,合作社已经申请了"康喜寿"牌的商标,由于市场反响和地方带动效应较好,2007年中央电视台和浙江电视台也对该合作社生产的野山鸡进行了专题报道和宣传,这对合作社的产品销售也起到了一种非常好的宣传推广作用,并大大地提升了该品牌的业内知名度。同年,合作社还荣获了"浙江省林业示范专业合作社"、"浙江省级科技示范户"以及"常山县示范性龙头企业"等荣誉称号。

四、案例点评

在当前经济不景气的情况下,城市农民工的就业形势也越来越不乐观。农民工一旦失业在城市打工的机会,或者认为找不到自己在城市里的"位置"时,他们的去向已经成为各级政府都必须关心的命题。在今后的一段时期内,离城返乡的农民工数量不会在短时间内减少,而这一部分人很可能凭借自己在市场意识、学习能力、奋斗精神等方面的优势,成为我省新型农业经营主体的重要组成部分。

该合作社的负责人汪雨华离开城市返回家乡之后，凭借自己多年来在城市打工积攒下来的社会经验和创业资本，为自己在家乡打下了一片属于自己的天地。离开城市返回农村，这看上去像是一种"倒退"的选择，可是在这些创业成功的青年身上却体现出了一种"以退为进"的智慧。

"合作生产,统一销售,品牌联营"模式
——余杭区鸬鸟果农专业合作社

一、基本情况

余杭区鸬鸟果农专业合作社成立于 2003 年 7 月,由当地的 41 名梨农联合发起,主要进行蜜梨的统一生产、加工和销售等经营活动。合作社的原始注册资金为 10.5 万元,在理事会的统一协调下,这 41 名合作社社员梨农将各自的土地进行连片规划,形成了 3000 多亩的蜜梨生产基地。2007 年 4 月,合作社通过社员的民主选举产生了第二届理事会和监事会,并通过了符合《农民专业合作社法》的新章程,明确了理事长、执行监事及社员的职责和权益,并重新变更取得了新的农民专业合作社法人营业执照。

二、经营现状及特点

通过新一届理事会成员的民主选举大会,合作社还吸纳了一批新社员和新股东,目前总社员数和股东数均为 107 人,总股金额增加到了 20 万元。随着社员数的增加,合作社的蜜梨生产基地面积也增加到了 8000 多亩。此外,合作社还带动了周边的非社员 2000 多户,服务土地面积达到了 15000 多亩。

2008 年合作社共召开了 4 次理事会、4 次监事会和 2 次社员(代表)大会。合作社还聘请了专职会计和出纳各一名,严格按照《会计核算办法》建立合作社的经营账簿,基本上做到了会计核算准确、财务报表报送及时。与此同时,合作社不在银行开设了结算账户,并在办公场所附近设立了季度财务公开栏,严格执行了章程规定的现金管理及开支审批等财务管理制度。

合作社目前已经形成了完善的生产体系,并制定了一系列的统一生产

标准。合作社还与余杭区鸬鸟三水果业有限公司(以下简称三水果业)进行合作,统一使用并管理注册商标"天堂鸟",实现了对社员生产的60%以上的产品实行"一集中三统一"。合作社将社员的精品蜜梨集中到合作社的包装场地,由三水果业管理实行统一标准、统一机器分级、统一装箱包装。这样做的目的主要是为了杜绝社员零散销售可以出现的"以次充好,缺斤少两"等现象,从而进一步提升"天堂鸟"牌蜜梨的质量。2008年,"天堂鸟"商标及其产品荣获了"杭州市著名商标"、"杭州市名牌产品"和"浙江省著名商标"等称号。

近年来,合作社不仅邀请了许多果业生产专家为广大社员进行统一的技术培训,提高了社员生产的果品品质,而且还建成了250平方米的办公及管理用房、600平方米的停车场及水果购销大棚、540立方米的标准冷库以及2台称量式自动果品分级机。

三、经营绩效

2008年,合作社共生产蜜梨7500吨,产值达2500万元,实现净利润1800万元。从合作社及其周边农户的总体情况来看,自合作社成立以来,当地的蜜梨产量、产值及种梨农户数量都在逐年增加。合作社的成功发展,不仅对周边的2000多个梨农起到了很好的示范带动作用,而且还在很大程度上提升了当地水果产业的发展。

除此之外,合作社还在蜜梨生产基地里套种竹笋和套养山鸡,其中种植竹笋150吨,产值达300万元,实现净利润200万元,养殖山鸡10万只,产值达1000万元,实现净利润700万元。

合作社已于2003年通过了"省级无公害基地"认证,并分别于2006年和2008年通过了300亩和500亩的"有机农产品基地"认证。此外,合作社还在过去的3年时间里获得了"杭州市十佳农民专业合作社"、"杭州市示范合作社"、"杭州市规范合作社"以及"浙江省示范合作社"等荣誉称号,并且在浙江省早熟梨评比活动和农博会上荣获4个金奖和2个优质奖。

四、案例点评

蜜梨是余杭区鸬鸟镇的特色产业,种植蜜梨对于当地的广大农民来说也是一项重要的收入来源。该合作社通过统一生产、销售蜜梨,不仅为广大社员带来了较好的经济收益,而且还通过带动周边农户进一步提升了当地蜜梨产业的发展,产生了非常好的社会效益。更为重要的是,该合作社还通过打造统一产品品牌并精心经营,为当地该产业的长远发展奠定了非常重要的产品信誉基础。笔者认为,这种"合作生产,统一销售,品牌联营"的模式,是农民专业合作社发挥其组织优势的典型案例,在"鲜活农产品"的生产销售领域具有很好的推广价值。

"能人带动,合作联营"

——余杭区笠翁笋业专业合作社

一、基本情况

余兆根,男,52 岁,余杭区径山镇麻车头村村民,高中学历。从 1995 年开始,他就自学竹笋的种植技术,并经过五年多时间的实践探索之后,形成了一整套成熟的竹笋生产技术体系。2000 年,余兆根开始着重关注竹笋的质量安全问题,并且于当年探索出了不使用农药情况下的竹笋生产技术。2004 年,他开始计划组建一个笋农合作组织,目的是为了提高当地笋业的市场竞争力及笋农的谈判能力。2007 年 6 月,余兆根动员了当地的 63 个种笋农户,联合发起成立了余杭区笠翁笋业专业合作社,原始注册资金为 20 万元。余光根担任该合作社的理事长一职。

二、经营现状

目前,合作社的社员数为 63 人,股东数也为 63 人,经营土地面积为 1243 亩。此外,合作社还带动了周边的非社员笋农 1000 多户,并为他们提供相关技术服务和销售服务,服务土地总面积达到了 6000 多亩。

2008 年,合作社共召开了 3 次理事会、2 次监事会和 5 次社员(代表)大会。合作社还经常组织召开一些非正式的交流会,主要讨论合作社的销售价格、渠道及长远发展战略等问题。除此之外,在重大问题讨论及表决等方面,合作社还形成了一些不成文的"人性化"管理制度,即允许一些核心成员根据实际情况灵活安排时间与理事会成员进行单独交流和讨论。

目前,合作社已经形成了非常完善的生产技术体系,合作社范围内的所有笋农都必须按照统一的技术标准完成每一个生产环节,基本上已经实现了统一施肥、统一管理、统一采摘、统一包装。合作社还与区竹业协会合作,成功地研究出了"早竹林更新改造综合技术",包括"测土施肥"、"合理施用生石灰"、"错季栽培的肥水管理"等培育优质早竹笋的各项技术操作办法。这项早竹笋新型栽培模式是针对目前早竹笋园低产低效而研发形成的一套综合技术措施,通过在合作社基地的探索与应用,成效十分明显,这一新型模式的推广,将极大地发掘早竹笋业巨大的产业潜能。这一模式,还可以同时改善早竹产地环境保护、土壤富营养化治理、地力恢复等现象。

三、经营效益

2008 年,合作社共生产竹笋 250 万斤,产值达 800 万元,并实现了净利润 370 万元。其中,以合作社统一品牌"山野村夫"销售的竹笋礼品装价格为 100 元/盒,竹笋的平均价格为 25 元/斤左右,占总销售量的 20%,其余 80% 的产品是通过农贸市场进行统一批发、零售的。从合作社及其周边农户的总体情况来看,自合作社成立以来,当地的竹笋产量、产值及种笋农户数量都在逐年增加。合作社的成功发展,不仅对周边的 1000 多个笋农起到了很好的示范带动作用,而且还在很大程度上提升了当地竹笋产业的发展。

如今,合作社不仅已经注册了"山野村夫"竹笋商标,并且已经成为省内著名的竹笋品牌,而且合作社的生产基地也已经成为"浙江省无公害蔬菜产地"(2008 年),并荣获了"余杭区示范性农民专业合作社"等荣誉称号。此外,由于合作社发展状况比较好,合作社的理事长余兆根也荣获了"全国绿色小康户"、"浙江省兴林富民科技示范户"和"余杭区十佳农村实用人才"等个人荣誉称号。

四、案例点评

竹笋是余杭区径山镇的特色产业之一,种植竹笋对于当地的广大农民来说是一项比较重要的经济收入。该合作社通过统一生产、销售蜜梨,不仅为广大社员带来了较好的经济收益,而且还通过带动周边农户进一步提升了当地竹笋产业的发展,产生了非常好的社会效益。更为重要的是,该合作社的负责人以技术研发和品牌营销为前导,将当地的笋农组织起来,为当地笋业的长远发展奠定了非常重要的技术和产品信誉基础。笔者认为,该合作社的经营模式与一般联合经营的农民专业合作组织还是存在一些差异的,因为带头人在合作社发展过程中体现的作用尤其明显。这是"能人带头型合作社"经营模式发挥其组织优势的典型案例之一,在"特色鲜活农产品"的生产销售领域具有很好的推广价值。

"挥洒青春 播种希望"的
大学生自主创业模式
——嘉善县蒲公英蔬菜专业合作社

一、基本情况

2009年3月,由9名当地青年大学生和1名退伍军人共同发起的蒲公英蔬菜专业合作社在嘉善县干窑镇干窑村正式成立,初始注册资本20万元。这是嘉兴市首家由大学生自主创办的专业合作社,全省同类型的大学生创业基地目前也只有三家。在这9名大学生中,有8位是女生,年龄最大的是27岁,最小的才23岁。他们分别毕业于浙江工业大学、浙江海洋学院、湖州师范学院等省内知名院校,所学专业既有计算机科学与技术、财务管理,也有市场营销和国际贸易,可谓各不相同。1985年出生、毕业于浙江海洋学院计算机科学与技术专业的李婷婷担任了合作社的理事长。

毕业后,李婷婷等9名大学生先是回到了家乡成为当地的大学生村官。在工作和学习中,通过观察与了解,他们深刻认识到农村农业发展的滞后与低效,渐渐产生了发挥自己所学,投身农业生产的想法。一群有着相仿经历的同龄人就这样因为一个共同的梦想而走到了一起,开始了他们的创业之旅。这一想法也得到了干窑镇有关领导的肯定与支持,经过一番详细的市场调查与论证,李婷婷和伙伴们从嘉兴市农科所引进奥运种子,开始种植奥运蔬菜。

二、经营现状及特点

蒲公英蔬菜合作社成立时间不长,但已呈现出良好的发展前景。随着优质品种的引进与种植效益的初显,合作社吸引了越来越多的企业、农户加人进来。注册资本由创建初期的 20 万元增加到现在的 50 万元,共拥有股东 12 位,社员 11 位。通过与农户合作,第一期共承包土地 86 亩,建有 12 个标准化蔬菜大棚。经过栽培试验,9 个种类、16 个奥运蔬菜品种已经在当地育种成功。

作为一个刚刚成立不久的合作社,在生产、营销、管理等许多运营环节尚处于试水期。尽管存在各种各样的难题,但蒲公英蔬菜合作社有其明显的优势与强项,并在生产经营过程中发挥了重要的作用。

第一,发挥所学,为农所用。一方面,作为接受过高等教育的大学生虽然不如经验丰富的农民那么了解农事,但他们却有着较为先进的经营理念与管理知识。相较于普通农户而言,他们具有更加长远而现代的发展眼光与战略规划,因而从一开始的起点就比较高。加上每位大学生在校所学的专业知识各不相同,很好地满足了合作社发展过程中的各方面需要。学习财务专业的负责合作社的财务管理工作,学习计算机专业的负责合作社网站制作与销售信息的网络发布,学习营销专业的则负责生产资料采购与市场开拓。大家各有所长,团结协作,使得合作社主要的日常工作都能得到很好的完成。另一方面,合作社的 10 位"创始人"中除了负责生产技术的退伍军人懂种植外,其余 9 人都没有与农业生产打过多少交道。为了弥补这一不足,大家向书本学、向专家学、向农户学,并在实践中不断积累农业生产方面的知识。学习能力原本就比较强的大学生们很快便掌握了相关的生产技术。年龄最小、1986 年出生的秦燕,毕业于浙江育英职业技术学院物业管理专业,原本分不清大麦和韭菜的她现在已是种植和管理的行家里手。现在日常管理中,大伙共分成 5 组,周一到周五,每组轮流到基地劳动,周六则全体行动,大家干起农活来一点也不输给有经验的农民。

第二,多种途径,开辟市场。合作社目前种植的奥运蔬菜大都是一些比较新的品种,例如"红生一号"生菜,颜色呈紫红色,非常漂亮。有了这些好看又好吃的产品,营销便成了关键。为了能让合作社的奥运蔬菜被市场所接受,大家群策群力,运用多种途径进行营销。首先,合作社向工商局申请注册了"蒲公英"商标,所有合作社生产的蔬菜都可以贴上该商标。这不仅提高了合作社产品在市场上的辨识程度,也使得合作社对外营销时有了统一的形象,同时也增加了产品的品牌价值。其次,擅长营销的同学通过和酒店、农产品销售中心接洽,让合作社的蔬菜直接上了酒店的饭桌和农产品销售中心的展台。再次,合作社还通过建设网站,尝试运用电子商务来实现农产品的销售。多种渠道,多方位出击,为奥运蔬菜进军市场开了个好头。

三、经营绩效

2009年5月,合作社的首批产品黄瓜和西瓜正式上市,无公害的奥运蔬菜得到了大家的喜爱。仅仅一个月,合作社的毛收入已经超过了5万元。下一步,李婷婷等合计着要挑选优质品种进一步扩大生产规模,时机成熟时还要搞休闲观光农业和农家乐,走多种经营的发展道路。

四、案例点评

蒲公英蔬菜合作社虽然成立未满一年,但却已经呈现出一派欣欣向荣的景象。蔬菜大棚里月月都有新奇的奥运蔬菜产出,市场的反应也很不错,合作社迎来了开门红。合作社的良好发展不仅让当初创办它的大学生们放了心,也让社员们尝到了现代高效农业的甜头,并产生了积极的辐射带动效应。周边的农户看到合作社的产品质量好、价格高,纷纷前来取经。

当然,我们也应看到合作社的发展除了几位大学生与全体社员的努力外,也离不开当地政府的大力支持。这既凝聚了合作社社员们的劳动与汗水,同时也包含了镇党委政府以及上级多个部门的资金扶持与帮助的结果。为给大学生们打造施展才华的舞台,干窑镇里从各方面给予了指导与全程服务。县、镇团委及妇联积极为合作社社员提供创业培训机会,提高合作社创业能力,在小额贷款与贴息的政策上予以倾斜;镇农技站就农业技术、引进种苗、培育种植、农药喷洒、除病虫害给予手把手的指导;基地同时得到了县司法局、国税局、粮食局、气象局、工商局、嘉善报社、招管委的资金扶持以及县团委和残联的大力帮助。

当下,受到全球金融危机的影响,大学生就业形势颇为严峻。到农业领域进行创业不失为一个以创业带动就业的方式,广大的农村为大学生提供了施展才华的广阔舞台,而大学生所学的专业知识与先进技术也成为其创业的有利条件。他们往往比普通农户更能把握市场行情与机会,从而获得更多的利益。他们的成功又将进一步带动周边农户引进新技术、采用新方法来进行农业生产,从而推动整个农业现代化的实现进程。与此同时,我们也需要认识到大学生在农业领域进行创业也有其软肋。大多数专业的大学生对农业专业技术了解得不多,尤其是相对比较前沿的就更加知之甚少。一方面,政府农技部门应做好技术指导工作;另一方面,我们应鼓励那些农业技术专业的大学生投身到发展农业的大军中来。

"农民专业合作社＋农户"的
标准化生产模式
——嘉善县惠民蜜梨专业合作社[①]

一、基本情况

嘉善县惠民镇原有蜜梨面积 1100 亩,其中投产面积 300 亩,总产量 500 吨,产值为 150 万元。那时,生产的蜜梨既没有包装,也没有品牌,农户间无序竞争的情况时常发生,严重影响了农民的收入。为此,在镇党委、政府的关心重视下,在县农经局、科技局等部门的大力帮助下,于 1999 年 8 月 10 日成立了嘉善县惠民蜜梨专业合作社。该合作社以市场化运作为基础,以镇农技站为依托,由重点村及蜜梨种植大户共同参股组成。合作社的理事长由原先在镇农技站工作的戴新华担任。他对蜜梨种植有着浓厚的兴趣,多年来一直潜心研究蜜梨的生产技术与销售方式,立志发展全镇的蜜梨产业,是广大梨农心目中众望所归的"领头羊"。

二、经营现状及特点

合作社自成立以来,坚持以发展蜜梨产业为宗旨,以增加农民收入为目的,以制定标准、建立标准化示范基地、注册商标、打响品牌为重点组织开展蜜梨生产与销售活动。目前,合作社已有社员 108 户,入社股金 13 万元,社员种植蜜梨面积 3860 亩,占全镇蜜梨总面积的 48.2%,带动农户 856 户。

[①] 本案例在撰写过程中参考了浙江省农业厅何乐琴于 2008 年 5 月在《农业质量标准》杂志上发表的《合作社是农业标准化推广的主力军——浙江省嘉善县惠民蜜梨专业合作社调查》一文,特此说明。

几年来,合作社的服务蜜梨面积已近万亩,直接和间接销售蜜梨1200多万公斤,实现销售额累计达3000多万元。

产品能否得到消费者的认可,其质量是关键;而确保产品质量,尤其是在大规模生产的条件下,实行标准化生产便成了必由之路。这一步做到位了,后续的产品营销与品牌建设也就有了坚实的基础。惠民蜜梨专业合作社在经营过程中狠抓质量关,多途径、全方位地推行标准化生产,形成了很多具有借鉴意义的做法。

第一,重视标准的制定与简化。由于惠民镇自然条件优越,水网密集、土壤肥沃,而且排灌设施齐全,有机质来源广泛,很适合蜜梨的生产。这一得天独厚的优势既要好好开发利用,也需要加以保护。传统的蜜梨品种与生产方式偏重施化肥以及化学防治病虫害,不仅不利于产品质量的提升,同时对当地的水土也造成了一定的破坏。为此,合作社根据当地的生产实际,结合科技星火项目的实施,在开展科学试验的基础上,引种了以"翠冠"为主的优质蜜梨品种,并因地制宜地制定了涉及蜜梨产前、产中、产后的《翠冠梨》系列地方标准、《惠绿牌蜜梨绿色食品操作规程》,使梨业生产有标可依。与此同时,合作社人性化地考虑到了广大农户的需求,将复杂的标准化技术简化为浅显易懂、便于操作的"七化"进行推广。"七化"也就是造型科学化、施肥合理化、病虫防治无害化、人工授粉必须化、疏果套袋标准化、分批采收达标化、田间管理经常化。

第二,积极发挥示范带动作用。俗话说,榜样的力量是无穷的。有了蜜梨生产标准之后,如何才能让全镇900多户梨农按照标准进行生产是关键。为了让梨农亲眼见到标准化生产的优势与好处,合作社专门在大通、曙光、张汇、惠通等4个主产村建立起4个蜜梨示范基地,做到村村有示范基地和示范户。标准化好不好,看看示范基地就知道;标准化怎么干,问问示范户就明白。通过做给农民看,带着农民干,使梨农学有样板、干有目标,推动了蜜梨标准化生产走进千家万户。

第三,落实档案记录与追溯工作。合作社还通过记录田间生产情况与建立追溯制度来进一步激发梨农实施标准化生产的积极性。一方面,合作社采取了档案记载与收购价挂钩的做法。在收购蜜梨时,要求梨农提供田间档案记载表,并随机对蜜梨进行抽样检测,经检查田间档案记载和蜜梨检测合格后,按照蜜梨的品质进行分等分级,以高于市场价20%左右的价格收购。另一方面,实施农户条形码追溯制。每户向合作社出售的梨,都配有一个条形码,万一品质出现问题,可追溯到相应的农户。利益激励与风险机制提高了农户的生产热情,同时也确保了蜜梨的质量,为打开市场、建设品牌打下了良好的基础。

第四，扎实做好全程服务工作。凡是单个农户做不到或做起来有困难的事情，例如技术培训、病虫害测报、注册商标、建设品牌等工作，都由合作社来统一服务和完成。为了不断推广和更新标准化蜜梨生产技术，合作社与浙江省农科院建立了长期合作关系，聘请省农科院专家为技术顾问，邀请市、县的技术专家举办技术讲座和现场指导。几年来，合作社共印发资料9000多份，举办技术培训班53次，现场会35次，及时地向梨农们推广新品种、新技术、新机械和新设施。产品上市前，合作社还统一进行产品质量快速抽验，以确保蜜梨品质。为了增加产品的品牌效益，合作社为蜜梨注册了"惠绿"商标，并以此为契机，积极创建名优品牌。坚持统一商标、统一包装、统一销售，辅以冷库贮藏等保鲜技术，"惠绿"蜜梨在省内外的一些大型果品市场中逐步站稳了脚跟，打出了名堂，实现了优质优价。梨农们从实行标准化生产中切切实实地得到了好处。

三、经营绩效

如上所述，合作社以扩大生产组织规模为前提，以推广标准化生产为手段，以实施品牌战略为契机，以增加梨农收入为目标，开展了积极的探索，取得了可喜的成效。截至2008年，合作社的生产规模从1999年的1000亩，发展到今天的3860亩，规模扩大了近3倍；每亩的产量由过去的1500千克提高到2000千克，提高了25%；一、二级果率从原来的67%提高到93%，提高26个百分点；商品果率从原来的80%提高到95%以上，提高15个百分点以上；每亩平均收入从过去的3630元增加到5072元，增加39%。目前，全镇蜜梨种植户共有856户，面积达7000多亩。惠民镇被省林业厅授予"浙江省蜜梨之乡"称号；惠民蜜梨合作社先后获县、市、省级示范性农民专业合作社、国家星火计划农村专业技术示植协会等，"惠绿"牌蜜梨先后获得国家绿色食品、有机产品、浙江名牌农产品、浙江省农博会五次金奖、浙江省精品水果金奖、浙江省优质早熟梨金奖、嘉兴名牌产品、嘉兴市著名商标等荣誉，而合作社带头建设的5000亩蜜梨基地被认定为"浙江省无公害农产品基地"，理事长戴新华也获得"浙江省林业科技示范户"、"县十佳农技工作者"等荣誉。

四、案例点评

经过近10年时间的发展壮大，惠民蜜梨专业合作社已经成为一个经营规范、生产科学、组织有力、效益明显的梨农组织。回顾它的历史,我们可以清楚地看到科学技术在现代农业生产中的重要性。通过坚持标准化的生产,提高蜜梨的质量;坚持品牌化的经营,提升蜜梨的知名度。两方面相辅相成,共同促进惠民镇当地蜜梨产业的成长。

惠民蜜梨专业合作社的创建与发展离不开合作社的理事长戴新华的努力。作为一名农技工作者,戴新华对蜜梨产业有着深厚的感情。他依靠自身的栽培技术,通过向专家请教学习,很快从蜜梨种植中获得了不错的回报。先富裕起来的他不忘带领全镇农户共同致富,他把自己从网上搜集到的有关梨树的栽培、管理和营销等资料,印发给梨农,而且毫无保留地推广自己的种植技术和经验。每年,他还要开展七八次蜜梨技术培训,组织种植户观看远程教育片等。农户对戴新华传授的技术不能及时消化时,会打电话向他请教,戴新华总是不厌其烦地一一讲解。

有了好的带头人,确定了走标准化生产道路这一发展战略,合作社就有了发展的方向和动力,并逐步成长到现在的规模。眼下,合作社又制定了下一步要采取的措施。例如,产品进超市,在大中城市设立直销店、举行推介会,利用多种媒体进行品牌宣传等。相信在政府的大力支持和帮助下,在合作社自身不断努力下,惠民蜜梨产业将迎来更加美好的明天。

"走出去＋引进来"的农产品销售模式

——嘉善县锦雪黄桃合作社

一、基本情况

黄桃和蘑菇是嘉善县姚庄镇的农业特色产业。近些年,随着这两大产业的不断发展,黄桃、蘑菇两大农产品的产量越来越多,且相较于其他农产品而言,它们的贮藏保鲜难度更大。单个农户由于缺乏足够的资金和信息,往往不能把握市场行情,更谈不上通过注册商标、创建品牌来提升产品的附加价值。销售难,成为日益阻碍农户增收的主要问题。为了把农户组织起来,帮助大家将黄桃和蘑菇销售出去,实现增产增收从而促进两大产业的健康稳定发展,2001年由镇农技站牵头成立了嘉善县锦雪黄桃合作社。该合作社主要吸收姚庄镇的黄桃、蘑菇种植农户为社员,为社员提供产前、产中、产后一系列的服务。

二、经营现状及特点

该镇以锦绣黄桃为主的水果种植面积有9000多亩,年产黄桃近万吨,总收入达到4500多万元。蘑菇种植则起步于60年代,发展至今全镇蘑菇种植面积共有1900万平方尺,总产量达到1.4万吨,总收入达亿元。锦雪黄桃合作社现有入社社员113人。

着眼于提升发展黄桃、蘑菇两大产业,锦雪黄桃合作社始终坚持依靠科技进步,优化品种、提高产品质量,强化产后服务,打响"锦雪"品牌。他们的主要做法包括:一是每年聘请专家教授进行技术培训,不断提高种植户的技术操作水平;二是大力引进科技人才,以聘请有关专家为技术顾问的形式来提升姚庄两大产业的发展;三是大力引进新品种和新技术,合作社通过同有关科技部门进行信息、技术、品种等各方面的交流来提升产业的发展;四是通过组建研究所,创办示范园来做好"四新"技术的推广;五是通过标准制定来规范产业的发展。

事实上,由于黄桃、蘑菇生产技术对当地农户来说并不是最为困难的部分,长期经验的积累加上农技部门的支持,使得黄桃、蘑菇生产技术日臻成熟。在产量大幅提升的同时,销售问题日益突出,越来越成为制约产业进一步发展的瓶颈。为了解决这一难题,合作社采取了"走出去,引进来"相结合的营销措施,努力宣传"锦雪"品牌,扩大产品在市场上的知名度和影响力,在很大程度上缓和了产品销售难的问题。

首先,为打响"锦雪"品牌,合作社积极组织参与各类宣传推广活动。每年黄桃上市的时候姚庄镇都会举办黄桃节;2004年、2005年黄桃推介会一直开到了北京,不仅使首都百姓尝到了鲜美可口的黄桃,还成为继西湖龙井茶之后第二个进入北京钓鱼台国宾馆的浙江农产品;2006年,"锦雪"牌黄桃通过在香港举办推介会,又成功打入香港市场;与超市联手,在杭州家友超市、上海麦德龙超市和欧尚超市等省内外知名卖场里销售黄桃,消费者纷纷抢购。与此同时,积极组织参加省市举办的农博会,宣传推介姚庄"锦雪"牌黄桃、蘑菇两大特色产品,并多次获得农博会金银产品奖。为配合产品"走出去"的营销策略,合作社还十分重视产品的包装,专门为产品设计了普通包装、精品包装等不同规格的包装,既满足了不同消费者的需求,又提高了产品的品味和档次,产品因此身价倍增。

其次,为扩大黄桃、蘑菇两大产品的销量,合作社积极引进客商。2003年、2004年,在合作社先后引进山东九发集团和以加工黄桃蜜饯为主的多家食品加工厂的带动下,到姚庄设点收购黄桃、蘑菇的客商多达30多家,既很好地解决了两大产品的销售,又稳定了市场价格。当然,光靠客商设点收购来销售产品,还不能从根本上解决销售问题。2004年初,通过合作社联系引进,一个投资200万元、年加工销售蘑菇5000吨的食品加工企业落户姚庄镇。通过将加工厂商"引进来",延伸了黄桃、蘑菇的产业链条,为该镇的两大特色农业产业的发展提供了有力的保证。

三、经营绩效

合作社通过几年时间的运作,坚定不移地抓质量抓销售,取得了可喜的成果。一是扩大了产业规模。建社后的黄桃种植面积和产量比建社前分别增加了5000亩和5000吨;蘑菇种植面积达到了1900万平方尺,产量达1.4

万吨,分别比建社前增加了1200万平方尺和6500万吨。姚庄镇业已成为浙北地区最大的蘑菇生产基地。二是增加了农民收入,2006年黄桃、蘑菇两大产业总收入达到1.45亿元,比2000年的总收入几乎翻了两番。三是极大地提升了黄桃、蘑菇两大产业。2001年姚庄镇被省农业厅授予"浙江黄桃之乡"称号,2002年姚庄镇被农业部优农协会命名为"中国蘑菇之乡";在2002年和2003年,"锦雪"黄桃和蘑菇先后被农业部认证为全国无公害农产品;2004年"锦雪"黄桃成为嘉善县首个获得中国绿色食品标志的产品;2004年和2005年"锦雪"蘑菇和黄桃分别获得"浙江省名牌产品"称号;2006年"锦雪"牌蘑菇被认定为国家级"绿色食品"和"浙江十大名菇";2007年"锦雪"牌蘑菇被国家质检总局认定为"地址标记保护产品"。

四、案例点评

嘉善县锦雪黄桃合作社的发展,较好地提升了当地农户的组织性与现代性,在确保生产标准化得以基本实现的基础上,重点解决了黄桃、蘑菇两大特色农产品的销售问题。这使我们认识到现代农业不仅仅需要先进的生产技术和现代的组织方式,更需要具有现代的营销理念与推广手段。优质的产品是农民增收、农业发展的前提,而将优质产品成功推向市场的营销战略则是顺利实现优质所带来的效益的关键。

锦雪黄桃合作社在产品销售方面逐步形成了一套有效的做法,通过将产品推介出去和把加工企业引入进来两方面的努力,基本上解决了产品的销售问题。但合作社在未来的发展中仍然面临着许多挑战,主要来自以下两个方面:第一,黄桃、蘑菇的保鲜技术依然不足以长时间贮藏产品。一般来说,黄桃的鲜果上市期大约为一个月,要在短短一个月内将生产的几千吨黄桃销售掉并非易事。在进一步研发成本更低、保鲜时间更久的技术的同时,积极实行订单农业对稳定生产、稳定价格具有重要的意义。第二,销售团队的建设滞后于实际需要。合作社虽然拥有一批具有丰富销售经验的人员,但对于产品销售的实际需要而言,营销队伍的建设仍然有所滞后。通过引进或聘请具有现代营销理念、掌握先进营销方法的人才将直接提高合作社的影响水平,但这在很大程度上受限于合作社的资金实力。

"产销两手抓 两手都要硬"的
创新型经营模式
——三门县沈园西瓜专业合作社

一、基本情况

沈园西瓜专业合作社位于三门县西瓜主产区——沥浦镇，是一家由西瓜生产大户和贩销大户组成的农民合作经济组织。说起沈园西瓜专业合作社，不得不提到一个人，那就是该合作社的理事长沈定祥。1980年，在学了一年的手艺后，迫切希望改善家庭生活条件的沈定祥，决定利用空闲时间与几位要好朋友出门贩销农产品。通过一年的努力，他赚了3000多元，成为村里名副其实的"首富"。从此，沈定祥一门心思走上贩销之路，通过组织团队、巧打时间差、及时把握市场需求等，将"第一桶金"顺利赚到手。在贩销西瓜的过程中，沈定祥发现，种瓜比单纯的卖瓜要赚钱。2001年，他在六敖承包20多亩土地，开始种起西瓜。凭着走南闯北得来的经验，几乎没种过西瓜的他，硬是把西瓜种出来了，第一年就赚了5万元。尝到甜头的他开始想着利用自己的贩销能力让更多的瓜农受益。2005年初，沈定祥联合本村和周边各村103户种植户，按照股份合作制方式，成立我县第一家西瓜专业合作社——"沈园西瓜专业合作社"，同年注册了"沈园"商标。

二、经营现状及特点

合作社实行统一供苗、统一生产标准、统一销售的经营模式，改变了单门独户的小生产方式，在大市场竞争中抢得先机，经营规模日益扩大。目前，合作社共拥有股东135人，社员215人，带动周边农户800多户。合作社还在三门、湖州、宁波、平湖等地拥有省级优势和特色、无公害西瓜生产示范基地 3280 亩,社员西瓜种植面积达到 8400 亩,倘若加上经合作社带动农户的种植面积,西瓜面积达到 20000 多亩。经过几年时间的发展,合作社的致富思路越来越宽,眼下正积极筹建"农家乐"项目,新承包了近 400 亩荒地,栽种了 80 余亩葡萄、200 余亩水蜜桃、油桃及其他果蔬,还承包了 50 余亩鱼塘,以供游客休闲观光。

综观沈园西瓜专业合作社的经营模式,感受最深的便是体现于各个环节中的创新思想与举措。事实上,沈园西瓜专业合作社之所以能在竞争激烈的市场环境中站稳脚跟,恰恰是与其坚持创新的经营理念和模式分不开的。具体来看,沈园的创新主要体现在以下三个方面:

第一,以远教网络为依托,创新学习生产技术。合作社的健康快速发展需要一批素质高、技术好的社员,为了能不断提高广大社员的生产水平,合作社依托三门县远程教育体系,成立了远程教育领导小组,配备了 2 名远教管理员,购置了桌椅,建立了远教播放室,并结合自身的实际情况形成了以结合产业自主学、根据需求点播学和邀请专家辅导学为主要形式的远程技术学习模式。"结合产业自主学"指社里紧密结合种植与销售西瓜、大棚蔬菜、柑橘等的特点,根据产品种植季节安排学习计划。"根据需求点播学"则是合作社先征求群众需求,集中各农户的疑难问题,然后将这些问题反馈给远程教育服务中心,服务中心随即组织相关课件进行播放。"邀请专家辅导学"是指通过远程教育中广受欢迎的方言远教栏目来进行学习。该栏目都是邀请本县乡土专家针对当下农户遇到的各类种养殖问题用方言讲课,便于广大农户理解和运用。合作社利用远教网络这一创新做法,既满足了社员们生产过程中的各类技术需求,又帮助合作社很好地降低了技术培训、信息搜索等成本,可谓事半功倍。

第二,以先进科技为支撑,创新改进栽培技术。西瓜种植很容易得土地传病害,同一块土地种一年后,一般第二年只能用嫁接苗方可种植,否则瓜秧就会感染枯萎病、茎橘病而死亡,为此,西瓜种植往往一年换一个地方,极不方便,影响瓜农种瓜的积极性。合作社引进小葫芦蒲瓜秧上嫁接西瓜秧这一技术,嫁接后,不但可抗枯萎病,还丝毫不影响西瓜的口味,可使西瓜在同一个基地连续种植。不久,合作社投资 50 余万元,建成近 30 亩的钢架单体大棚育苗场,专门培育嫁接苗。嫁接苗一个月"出炉"一次,一年可连续培育 7 个月。2006 年 7 月,沈定祥在海南、山东等地贩销西瓜时,看到当地的一些西瓜种植大户采用钢架连栋大棚技术后,决定引进这一技术,投资 200 多万元对育苗场进行改造。与钢架单体大棚相比,钢架连栋大棚配备了水帘、风机、加温机、滴管和增湿喷雾等控温控湿系统,因此具有更好的保温功能,能常年保持在 10℃ 左右,育苗期大大延长。另外,这种大棚还可躲避台风,提高苗木抗害能力。现在,仅仅依靠销售西瓜嫁接苗一项就可为合作社社员增收 90 余万元。除此之外,沈定祥针对西瓜地里的空隙又动起了脑筋:在西瓜棚里种些蚕豆、黄豆等蔬菜,实行间作套种。农作制度创新后,预计蚕豆亩产量可达 250 公斤,而西瓜在蚕豆生长期间可产四五批,套种后亩产值将达 7500 元,比原来只种西瓜高出 1500 元。

第三,以虚实结合为手段,创新铺设销售网络。产品销售可谓是沈定祥的强项,跑返销出身的他对如何才能做好销售有着自己独特的见解和做法,简单地说也就是"虚实结合"。一方面,合作社派出经验丰富的 13 位销售人员,到上海、江苏、福建等五个省市的 11 个农产品批发市场设立固定销售点。合作社除了支付基本工资外,还给销售人员 7% 的提成,这使他们每年都有 10 万余元的收入,所以大家的积极性也很高。另一方面,合作社还巧打时间差,依据各地西瓜上市时间和存量的不同,利用生产基地和销售网络在各省市之间统一进行调配,从而争取到更高的市场价格和盈余。例如,每年三四月的时候,海南省的瓜最多,合作社就把海南的瓜运到全国各地进行贩卖;八月份以后,广东等地的西瓜越来越少,合作社就把浙江生产的西瓜运到那里去卖。

加上现代网络技术日新月异,通过网络发布产品信息销售农产品早已不是什么新鲜事,沈定祥看到了网络的巨大潜力,便在县远教办创建的新农民博客村网站上建立了自己的博客,随时发布产品信息。这样一来,一些设立固定销售点成本过高的地区的客户便能通过访问博客来了解合作社的生产情况,并进行产品订购,省时又省力。

三、经营绩效

随着生产技术的日益成熟和销售网络的逐步拓展,"沈园"西瓜已经被越来越多的消费者所熟知。一般来说,没有品牌的西瓜每公斤只能卖 2 元钱左右,沈园的一级西瓜却可以每公斤卖到 3.60 元,二级瓜也能每公斤卖到 3元。2007 年,社员户均纯收入达 6 万元以上,当地受益瓜农人均年收入达 6000 元以上,同比 2000 年人均收入增加了 4000 元。2008 年,合作社西瓜产量达到 85000 吨,销售额达到 7600 万元,净收益为 780 万元。现在,"沈园"商标已经通过国家商标总局审查,并已通过绿色认证,为产品打入国际市场做好了准备。而沈园西瓜专业合作社也在 2006 年被评为台州市示范性农民专业合作社,2008 年又被评为省级示范性农民专业合作社。沈定祥则被授予"浙江省优秀农产品返销大户"和"台州市农技标兵"等荣誉称号。

四、案例点评

　　合作社自成立以来,坚持以互利合作、增加社员收入、维护社员利益为宗旨,依据加入自愿、退出自由、民主管理、盈余返还为原则,对内不断完善运行机制,加强产业化服务;对外实施品牌战略,增强竞争能力,拓展产品销售市场,实现了社员增收,促进了产业发展。

　　在做到规范经营合作社的同时,沈定祥带领合作社社员通过实践摸索,形成了一套具有创新意义的经营模式。结合现代科技手段,实现生产、销售、管理等环节的高效运行,既壮大了特色产业,又实现了农民增收。沈园西瓜专业合作社的成功让我们看到了信息时代的市场营销离不开网络,现代农业的建设离不开前沿科技。同时,无论是工业生产还是农业生产,创新是必不可少的理念,必须加以坚持并落实到日常生产管理中去。通过创造性地将各种经营要素和资源进行整合,才能发挥出最大的力量。

纵深推进四化建设 做大做强"丰安模式"

——三门县丰安粮油专业合作社

一、基本情况

三门县沿赤乡丰安粮油专业合作社是我省首家由农业服务站发起、种粮农民自愿组成，集粮食生产、加工、销售为一体的农民专业合作社。成立时间是 2004 年 10 月，2007 年 10 月执行《中华人民共和国农民专业合作社法》，以入社社员股金为注册资金重新进行登记。相较于三门县蔬菜、水果、水产等产业，粮油产业的组织化程度比较低，生产还处于分散状态。基于三门县粮油产业的现况，考虑到粮食生产对社会稳定和经济发展的重要意义，三门县农业部门希望能成立一家粮油专业合作社，以此来组织和带动种粮农户实现规模化、产业化经营，从而提升三门县粮食产业的发展水平，增加农民的收入。这便是创办丰安粮油专业合作社的初衷，沿赤乡农业服务站工作人员马咸友担任了合作社的理事长。

二、经营现状及特点

丰安粮油专业合作社成立时，社员主要是来自沿赤乡的种粮农户，随着合作社不断发展壮大，其他乡镇的种粮农户也纷纷想要加入合作社。截至 2008 年，合作社社员增至 269 户，遍及浬浦、健跳、六敖、沿赤等 4 个乡镇，社员粮田经营面积增加到 6079 亩，合作社的粮食生产总量达 3238 吨，建成的 3 个无公害稻米标准化生产基地辐射三门县 9 个乡镇，共带动粮农 2500 户，跨镇经营战略初步实现。同时，为了提高合作社的服务水平并延长产业链，合作社近年来先后共投资 82 万元，建设集办公用房、加工、服务、收储为一体的经营场所 3200 平方米，引进国内先进的粮食加工流水线一条，形成年精加工稻谷 1500 吨的加工能力。此外,还购置了水稻插秧机、植保机械等一批农机具。

丰安粮油专业合作社自建社以来,围绕"农业增效、农民增收"的使命,充分发挥合作社的功能和作用,突破了当前粮食生产小农经济"瓶颈",使粮食生产在集约化经营、标准化生产、设施化服务、品牌化运营等四个方面有了显著的发展,其成绩得到了省委、省政府的肯定。2005 年,茅临生副省长在台州调研期间,称之为"浙江的丰安模式"。面对上级领导的称赞,马咸友及合作社的全体社员没有骄傲和自满,而是继续稳扎稳打,在已有成绩的基础上不断将四化建设推向深入。

坚持集约经营,省内外同步提升产业规模。合作社始终鼓励社员在"依法、自愿、有偿"的前提下,通过土地流转,将农村外出和从事二、三产业劳动力的承包土地集中起来,进行规模经营。同时,合作社也通过流转村级区块土地建立生产基地。2009 年合作社共流转土地 5231 亩,其中合作社运作的有 356 亩,社员流转经营的有 4875 亩。在此基础上,为进一步拓展生产能力,保障本地区的粮食安全,2009 年合作社走出浙江省,在黑龙江省牡丹江市承包了 3000 亩水田,建立了绿色食品优质稻米生产基地。

依托基地建设,全方位完善标准化生产制度。合作社在粮食生产标准化技术的具体实施过程中,坚持以基地建设为抓手,通过发挥在三门县内建立的三个共计 3072 亩的无公害稻米标准化生产基地和 500 亩的绿色食品生产基地的示范作用,带动合作社社员和其他农户进行标准化生产。首先,合作社在台州市农业局和三门县农业局的技术支持下,引用国家农业行业标准,制定了无公害稻米标准化生产操作规程和绿色食品稻米生产操作规程,还绘制了标准化生产模式图,要求社员严格按照操作规程以及模式图进行生产。此外,为保证标准化生产技术的到位,合作社每年针对各个生产环节举办多期培训并成立了专门的标准化生产实施小组和农产品质量安全监控小组。在管理中引入产品编码制度,建立追溯和自律体系,做好社员生产和使用农用投入品的档案记录,层层确保生产的标准化以及产品质量的安全。

加大设施投入,提高设施化服务能力。粮油作为大宗农产品,受到国家宏观政策的调控,其市场价格的变动空间相对较小。要提高种粮效益,就必须从控制成本入手。加上合作社经营规模日益扩大,依靠传统的生产方式已经不能满足现实生产的需要,急需投入现代化的设施提高生产效率,降低生产成本。为此,合作社主要采取了三方面的措施来进行设施化建设:一是开展社员水稻种植的机育插服务;二是组织植保服务队,购置植保机械,对社员及周边农户提供水稻病虫害"统防统治"服务;三是开展对社员的机耕机割服务。通过实行上述举措,2008 年合作社社员平均亩产 614 公斤,比周边农户的平均亩产高出 62 公斤,而平均每亩成本却比其他农户降低了 191.3 元。增收节支效果明显。

实施品牌战略,努力打响"炫丰"品牌。合作社的主产品是大米,在进入市场前需要通过质量管理体系 QS 的认证。合作社先后注册了"炫丰"品牌、建造标准的食品加工厂房,添置了必要的检测仪器,顺利通过了国家质量管理体系的认证。合作社还积极参加省市举办的各类农博会,并多次在省电视台进行品牌宣传。2008 年,合作社为进一步打造"炫丰"品牌又出新举措。在认真研究市场需求的前提下,合作社对大米实行真空包装,同时选用高山特有生态稻谷开发生态营养糙米,配合真空小包装推向市场,填补了市场上生态糙米的空白。

三、经营绩效

2006 年,合作社统一销售社员产品的经营总额为 66.85 万元,扣除经营支出、管理费用、财务费用后,实现纯利润 8.69 万元。按 30% 提留公积金、公益金、风险基金后,余下的按社员交货额的 70% 和社员股金额的 30% 进行盈利分配。社员每股股金盈利分配 28.9 元,社员交货每 50 公斤稻谷盈利分配 11.2 元,加上交货时合作社按当地市场价兑现 87.3 元,社员交货每 50 公斤稻谷实际分配值为 98.5 元,社员增收明显。2008 年合作社实现纯利润达到 15 万元,通过返利社员得到了更多实实在在的好处。由于合作社在四化建设上所取得的成果以及对粮油产业增效、种粮农户增收所作出的贡献,2006 至 2008 年合作社连续三年被省农业厅评为浙江省粮食生产优秀农民专业合作社,2006 年荣获浙江省示范性农民专业合作社和三门县示范性农民专业合作社称号。

四、案例点评

丰安粮油专业合作社所开创的"丰安模式",早在 2005 年便已在合作社领域内为众多人所知晓。面对各级领导对这一模式的肯定与褒奖,马咸友以及合作社社员没有自满,而是继续发挥优势,把合作社做大做强。一个不断自我超越的组织才是充满活力与生机的。粮食产业在农业中的特殊地位,使得从事粮食生产、销售工作不仅需要面对市场风云变幻的智慧与勇气,同时也需要具有一份强烈的社会责任感。马咸友及其同事,正是凭借着这份对国家、对消费者、对粮农的责任感和使命感，一步步扎实地推进着合作社的各项工作，带领着大家走向成功。

综观合作社的发展轨迹，始终坚持四化建设，打好发展的坚实基础是一以贯之的做法和原则。没有急功近利的冒进，也没有畏首畏尾的退缩。在参与激烈的市场竞争中，合作社在集约化经营、标准化生产、设施化服务、品牌化运营四个方面不断细化，适时适当地采取相应措施纵深推动四化建设。不论是大手笔地在黑龙江承包了 3000 亩土地，还是在加工中严格把关每一个质量环节，都体现了合作社规范经营、稳扎稳打的发展风格与经营特点。"丰安模式"一定能在机会与挑战中持续健康稳定地发展壮大。

"万元茄子"的高效生态农业发展模式

——长兴县雉城彭城蔬菜专业合作社

一、基本情况

雉城彭城蔬菜专业合作社地处太湖西南岸的长兴县雉城镇彭城村,成立于 2002 年 2 月。自成立以来,合作社充分发挥合作组织自我管理、自我服务、自我发展等功能,着眼于农民增收、农业增效,在生产管理、技术指导、质量提高、品牌培育、信息搜集等方面起到了积极作用,受到了广大菜农的欢迎以及上级领导的肯定。提及合作社的创办与发展,就不得不提到彭城村蔬菜种植带头人蒋雪林,现任合作社理事长的他同时还是村会计和农技师。蒋雪林从 20 世纪 90 年代开始种植蔬菜,当时还是小拱棚种植,那时候种植蔬菜面积少、效益低,一亩蔬菜收入近 1000 元。后来,为提高蔬菜种植效益,他积极探索,勇于创新,根据本地的气候条件,以及各种作物所需的温度和气候条件。1995 年终于在实践中寻找到一条三棚四膜的反季节种植蔬菜的新路子,一亩蔬菜收入一下子上升到 5000 多元,规模面积从该村的 300 多亩发展到 1000 多亩。随着彭城村创办蔬菜合作社的条件日渐成熟,蒋雪林也成了广大菜农心目中理所当然的带头人,带领着大家发展高效生态农业。

二、经营现状及特点

经过一段时间的发展,合作社目前拥有社员 115 名,其中包括了 5 名村干部、16 名生产队长、89 名蔬菜种植大户和 5 名营销大户。现服务蔬菜面积 3700 亩,涉及农户 916 户,总人口 2540 人,全村年种植大棚蔬菜 2200 亩,其中大棚茄子 1560 亩,亩产值最高达 13500 元,平均亩产值 8500 元左右,人均收入 9997 元。

回顾合作社六年多来的经营服务情况,所做的工作主要有以下五个方面:

第一,创优生态环境,培育现代蔬菜园区。生产基地生态环境质量的好坏直接影响蔬菜品质的高低,合作社一直以来非常重视无公害蔬菜生产基地的选择和规划,并想方设法创优蔬菜生长的生态环境。通过合理选址、环境评价、控制污染和配套设施建成了 500 亩的全县一流的蔬菜科技示范园区,为无公害蔬菜生产创造了基础条件。

第二,实施标准生产,提升蔬菜品质。尽管雉城镇新塘蔬菜早在 20 世纪 90 年代就已建成为湖州市最大的生产基地,至今已形成万亩生产规模,且大多数按无公害生产方式生产,但是实际经营中仍然缺少统一的生产标准。为了确保无公害蔬菜的标准,提升蔬菜档次、发挥示范作用,合作社在县、镇技术部门的指导下,选择重点蔬菜品种及时制定了"长兴地方茄子生产标准"和一套完善的技术操作规程。此外,为了使制定的生产技术规程落到实处,合作社发挥全体农户的积极作用,动员广大菜农严格执行标准生产,极大地提高了无公害蔬菜生产的规范化程度。2006 年 5 月合作社又向省技术监督局申报了浙江省地方茄子生产标准。

第三,强化技术培训,提高菜农素质。无公害生产要求较高,从业人员必须掌握无公害蔬菜生产技术,才能保证无公害蔬菜的正常生产,为此,合作社着眼技术改进、推广与运用,十分注重技术指导和培训。通过聘请专家顾问开展技术辅导、邀请技术员进行现场示范以及定期举办技术培训等方式提高广大菜农的技术水平,使其较好地掌握了无公害蔬菜的生产技术和理论知识。

第四,构建控制体系,确保质量安全。合作社始终将产品质量安全视为生产管理中的重中之重,为了确保产品达到无公害标准,合作社构建了完整的控制体系。一是全员参与、骨干牵引进行管理监督。农户发挥互相监督、互相促进的作用,开展自我服务、建立生产档案等活动。二是综合服务,源头控制。合作社设立了技术物资服务部,对购买农药、化肥的菜农进行登记备案,严格把好源头关口,便于追溯;严格控制包装袋、包装箱的管理与发放,一旦发现问题,直接追查责任。三是专业评价、抽样检测。委托市农业局、县质监局进行不定期的随机抽样检测,从而杜绝产品质量问题。

第五,建好营销网络,扩大市场占有。无公害蔬菜相较于普通蔬菜而言生产投入多、技术要求高,为了能让广大消费者了解、认可无公害蔬菜,从而实现优质优价,营销网络和营销队伍的建设就显得尤为重要,合作社对此采取了许多行之有效的措施。一是传授营销知识,增强营销户以及农产品经纪人的商品意识和市场竞争意识;二是开辟"绿色通道",充分调动营销户的积极性;三是建立区域市场网,扩大蔬菜产品的市场覆盖率;四是引进销售人才,到村里进行竞价收购;五是利用互联网发布农产品信息,提高产品和品牌的知名度。

三、经营绩效

通过上述五个方面的努力,在蒋雪林的带领下,在政府有关部门的大力支持下,彭城蔬菜合作社发展至今有了长足的进步,取得了不小的成绩。2005 年至 2008 年,经过合作社的宣传和发动,新增大棚面积 317 亩,全村达到 1600 余亩,其中现代化的钢管大棚有 1150 亩。2006 年以来,由于品牌和营销的作用,合作社的拳头产品"新塘一尺红"茄子的批发价由每公斤均价 2.1 元上升到 2.5 元。2008 年虽然遭遇了百年未遇的雨雪冰冻灾害天气,但广大菜农科学抗灾,将损失降到了最低,每亩只比往年减收了 750 元。在合作社的带动下,雉城镇环太湖蔬菜基地从 2001 年的 1000 亩,增加到目前的 1.2 万亩,成为雉城镇乃至长兴县的农业主导特色产业,省市高效生态农业的一大亮点。"新塘一尺红"牌茄子已被列入省级无公害农产品产地、国家级无公害农产品;2005 年被认定为浙江省名牌产品和省著名商标,被浙江省农博会连续 3 年评为金奖产品。除此之外,彭城蔬菜合作社也先后被评为省、市、县先进合作经济组织和示范性合作社。

四、案例点评

从只有 1000 亩蔬菜种植面积到 1.2 万亩蔬菜基地,从亩均仅 1000 元的收入到上万元的产出,彭城蔬菜合作社通过六年时间的发展,交出了一份令人欣喜不已的答卷。在合作社的组织带动下,不单单实现了菜农的增收,更壮大了一方的特色农业产业,并形成了一套成熟完善的现代高效生态农业的生产模式,让茄子这一普通的蔬菜品种焕发出了无限生机和潜力,颇具借鉴意义和推广价值。

从彭城蔬菜合作社的发展过程中,我们看到了合作社在提高农民主体性和现代性方面的重要作用。合作社的建立首先将彭城村的广大菜农组织起来,大家统一学习无公害蔬菜的种植技术和管理方式,统一享受合作社的各项服务,生产的农产品有统一的标准,进行统一的营销活动和品牌建设。在这一过程中,当地的菜农,尤其是合作社的社员不仅提高了自身的综合素质,懂得了更多的现代技术和知识,其经济社会的主体地位也得到了体现。我们还应看到,蒋雪林个人能力在合作社发展中的作用和意义,进一步明确合作社带头人所应具备的素质与条件。

从发展高效生态设施农业中获利丰厚的蒋雪林以及彭城蔬菜合作社的社员们,下一步的计划是不断改造原有竹制大棚,扩大钢管大棚的面积,提高产量。同时也不断研究和借鉴新型的生产方式和产品品种,以期能在不久的将来实现亩产 2 万元的目标。

创新产品拓市场,抓住商机渡难关

——宁波虬龙水产有限公司

一、基本情况

宁波虬龙水产有限公司地处我区东南滨海咸祥镇,创建于 1993 年 10 月,是一家从事海水产品、农产品收购、加工出口企业。公司专营以农渔产品为原料的加工水产食品出口,主要产品有:章鱼烧系列、章鱼丁系列、河豚系列、水产品冻品等系列产品,产品销往日本、韩国等国家,外销率达 98% 以上。公司现有资产总额达 10180 万元,固定资产达 6750 万元,拥有员工 358 人,种植基地面积达 2000 多亩,水产养殖基地面积 3000 多亩,联结带动渔农户 3000 多户。

二、经营现状及特点

(一)产品安全与质量控制

1. 重视原辅料质量安全。虬龙公司的主导产品章鱼烧系列,是一种以章鱼丁为原料,以面粉、奶粉、鸡精、鸡蛋等为辅料,添加卷心菜、葱、生姜等无公害的绿色蔬菜。为确保所有加工的原辅料安全、卫生、放心,虬龙公司建立种植原料基地、禽蛋基地、水产养殖基地,并设立水产品收购点,并对所有的原辅料进行质量跟踪,不定期地抽检和评定,对入厂的产品进行严格的检测,同时索取相关方面的证件,如营业执照、卫生许可证、产品检验证等,以确保原辅料符合质量安全要求。在 2008 年"三聚氰氨"奶粉事件中,虬龙公司生产的章鱼烧产品因放有奶粉而面临出口危机,引起了各级领导的高度重视和关怀,在江苏、福建等同行纷纷检出产品含有三聚氰胺而停产后,虹龙公司积极主动配合检验检疫部门采取应对措施,确保出口产品百分之百合格,从而使虹龙公司在毒奶粉事件中安全渡过难关,继续保持出口稳步增长,并得到了日本客商的好评。

2. 强化管理操作规范。虹龙公司严格按照 HACCP 国际质量管理体系要求建立完善的质量保证体系,各工序严格质量控制,健全和完善检测手段,在加工车间安装监控设施,监控产品加工全过程,并和鄞州检验检疫局联网,实行 24 小时不间断生产监控。同时加大力度配备车间质检人员,加强质量检验工作,并不定期选派人员,到外地学习先进的工艺技术和质量管理办法。

此外,虹龙公司还经常对员工进行食品安全生产、操作规程、岗位职责等方面内容的培训,使得每位员工都能熟悉规章制度,熟练操作工艺,增强安全生产意识,做到各项工作井然有序,从而确保安全生产和产品质量安全的实现。

(二) 生产、管理设备与技术投入

为保持公司的可持续发展,针对现有产品的发展趋势,虹龙公司在过去几年时间里进行了一系列的设备和技术投入。包括:(1) 投入 1000 万元,兴建 3000 吨的储藏冷库并已投入使用;(2) 配置先进的日本原装叉车、X 射线异物检出机及其他先进设备;(3) 引进各类精加工生产流水线,使得产品卫生要求达到国家标准。2008 年 10 月,虹龙公司还投资 350 万元动工扩建新的原料产品检测实验中心,现已竣工使用。

此外,虹龙公司还投入信息化建设,在原有引入 ERP 系统的基础上,2008 年投入 20 万元引入 OA 办公系统。充分利用现代化的管理手段以提高工作效率和企业效益,促进企业规模化建设。以上这一系列设施技术的投入极大地促进了公司的发展壮大。

(三) 产品市场巩固与开拓

1. 开辟东南亚和非洲市场。2008 年初因劳动工资成本的提高、出口退税率的下调、人民币不断升值等一系列不利因素,给许多"微利"竞争的企业造成了重大的负面影响。虹龙公司意识到拓展新的市场已迫在眉睫,它通过各种渠道了解到国内采购价值低廉的冻鲣鱼、青占鱼等冻鱼系列在泰国、印尼等国家销量很大,且加工成本低,于是积极开展对国内原料市场的调查分析,试制加工出口。为确保产品质量和降低原料成本,在广西、福建、舟山等地设立收购点批量收购,并获得了良好效果。在过去一段时间里,东南亚和非洲市场开拓有了新的进展。

2. 稳固日本、韩国等市场。虹龙公司的主导产品章鱼烧系列产品,优于国内同行企业,在日本市场具有很强的竞争力,虽然经历了毒奶粉事件和金融风暴的打击,但是虹龙公司通过自己的产品品质和积极的应对措施,实现了订单有增无减。并且,公司在原有客户基础上,于 2008 年在境外投资 500 万元,与他人合股成立日本新味公司,使其章鱼烧产品通过日本新味公司稳步销往日本,进一步拓宽了市场。

三、经营绩效

2008 年,虹龙公司在面临国际金融危机、毒奶粉事件等诸多不利因素的影响下,水产品出口仍然"逆势而上",出口各类水产品 22900 吨,实现产值 21000 万元,销售额 20500 万元,出口创汇 3000 万美元,分别比上年递增 110%、102%、115%和 113%,四项指标全部翻了一番。

虹龙公司在过去几年时间里先后获得了"出口创汇先进企业"、"出口创汇骨干企业"、"市级农业龙头企业"等荣誉称号。2008 年还被评为省级农业龙头企业,公司发展得到了政府部门和社会各界的广泛肯定。

四、案例点评

在适者生存的市场经济下,企业发展如逆水行舟,不进即退。一个企业要想立于不败之地,就必须不断开拓市场,努力进行自我的产品、技术与管理创新。虹龙公司这几年在不利外部环境中的逆势而上正是得益于其严把产品质量关,并且通过设备、技术与管理革新来促进产品安全目标的实现,而且更为难得的是虹龙公司并没有满足于既定的国外市场,而是通过在他国与他人合股成立新公司,通过对新市场和新产品的开发与探索来促进销售市场的开拓和销售额的提升。另外,地处沿海发达地区,也使得其比其他地区的企业具有更加敏锐而开阔的视野,因而也有了更为开阔的发展空间。而且,该公司的发展肯定也得益于其有着一批有为的企业家能人在发挥核心作用。因此虹龙公司总体而言有着相当不错的发展理念与思路,并且该公司已经把它落实到了具体的行动中,以上这些都是值得其他同类公司学习的。

　　此外,与当前国家正在重点鼓励发展的农民专业合作社相比,虽然有限公司可能在利益分配上并不能使农民获得经营利润的二次分配收益,但是它的持续发展照样能造福一方百姓,比如虬龙公司就联结带动了 3000 多户渔农户,而这是处于发展初期的合作社所无法办到的。而且有限公司也有其经营、管理体制上的效率优势,因此,以虬龙公司为代表的农业企业在政府下一步扶持新型农业经营主体的规划中是仍然值得政府部门鼓励和支持的,当然,对于这类企业,政府部门可以考虑通过制定一些引导性的政策措施,来鼓励其让农民获得稳定的收益,并尽可能多地让利给农民。

科研单位支持下的农业企业家
领导型农业产业化模式

——嵊州市金鼎农业科技开发有限公司

一、基本情况

2005年,在中央提出大力发展现代农业,并出台了一系列发展现代农业优惠扶持政策的背景下。有着多年经商敏感性的茹永江意识到将迎来现代农业发展的又一个春天,便萌生了投资效益农业的念头。并且在与许多朋友和相关专家进行反复交流、讨论的基础上提出了发展精品特色水果开发项目的思路,由企业投资引种、试验、推广精品水果,以精品来抢占市场话语权。

2006年5月,茹永江与朋友合股创办嵊州市金鼎农业科技开发有限公司,随后又成立了嵊州市金鼎农副产品专业合作社。在浦口街道、黄泽镇、谷来镇,通过租赁、流转等形式,承包了1500亩耕地,正式开始他的农业创业之路。

二、经营现状

(一)组织形式

金鼎农业的经营之路实行的是"公司＋科研基地＋合作社＋农户的经营发展模式",在有关科研院所的技术支持之下,在公司下属的科研生产基地,通过合作社组织来使得参加合作社组织的农户实现以樱桃为典型的水果产前统一供种、产中统一技术指导、统一种植、统一施肥和统一除虫等,然后公司计划在产后对水果产品进行统一加工、统一包装和以统一品牌进行统一销售。

（二）生产方式

金鼎农业的发展模式中最为关键的就是新品种在当地的引种成功，和在新品种引种开发过程中获得足够的技术支持。

为了获得这种稳定的技术支持，金鼎农业老总茹永江先后到省农科院、上海农市农科院、南京市农科院等科研单位拜访许多专家教授，与他们交流关于金鼎农业的开发思路，并最终陆续与他们签订技术协议。这使得金鼎农业能够在农业开发过程中由科研单位方及时提供新优品种、技术和市场信息，专家帮助合理安排全年品种布局，同时专家将亲自上门提供全程生产技术服务。

而且在专家帮助指导的过程中，为了学习水果种植管理技术，茹永江还亲自学习从新品种的引进、试种，到修剪、整枝、肥培管理等每一个农业生产环节的技术，还购买大量农业生产技术书籍，并面对面虚心向专家请教。

金鼎农业基地，现有樱桃、桑果、冬枣、杨梅、油桃等 15 个大大小小的精品示范区。在过去三年时间里，在试种经费全部由企业承担的情况下，金鼎农业聘请的 30 多名专家技术顾问，专家采用"一对一"引种生产管理模式，先后引进试种 200 多个名优水果品种。

然后在专家试种精品水果获得成功后，通过市金鼎农副产品专业合作社与周边农民进行广泛合作，在金鼎农业提供全程技术指导培训的前提下，委托周边农民进行新品种的生产。截至 2009 年 5 月，金鼎农业直接流转的土地受益村共 8 个，已累计推出优质水果品种 10 余种，与金鼎农业进行合作的农户共 500 多户，种植面积 1000 多亩，预计 2010 年可望产出果子。

（三）产品销售

公司新推的"红景顶"樱桃在 2009 年"五一"期间开始上市，由于"红景顶"樱桃的上市时间比普通樱桃要迟，品质也优于普通樱桃，因此，尽管市场价高达每公斤 60 元，比普通樱桃高出将近一倍，但前来观光采摘"红景顶"樱桃的市民和游客络绎不绝。据不完全统计，在 2009 年"五一"的短短一星期内，采摘樱桃的游客达 2000 多人次。

最近公司前来观光采摘水果的朋友和游客及订购樱桃种苗的客户也络绎不绝。而基地内的油桃、杏李等精品水果 2009 年也将开始上市。为此金鼎农业将坚持走休闲观光农业的道路，通过让消费者亲近大自然，体验田园生活，利用好假日，在突出"人无我有、人有我优，人优我特"的基础上，让金鼎农业的精品水果获得良好的销售业绩。

三、经营绩效

对于已累计投入超过 600 万元的金鼎农业而言,现在谈经营绩效还为时过早,但是从 2009 年目前的情况来看,金鼎农业还是有着相当不错的发展前景的。

四、案例点评

之所以选择这个经营绩效还有待于时间验证的金鼎农业,是由于其鲜明的科研单位支持下的农业企业家领导型农业产业化模式。茹永江是近年来非常典型的看好农业发展前景,因而投资农业的农村能人代表,也由于其家庭历史背景,使得他有别于其他农业外来投资者——其对农业有着相当大的兴趣,愿意主动学术农业技术知识,并且有着较强的带动周边农户发展的愿望。这就决定了茹永江是愿意长时间呆在农业并且把农业经营好的。而且,更为关键的是茹永江并不蛮干,他对于金鼎农业开发项目有着较为深入的前期准备和思考,更为难得的是他相信科学技术是第一生产力,因而积极联系科研院所专家,与他们进行深入合作,试验农产品新品种,并进而进行外部推广。这就使得金鼎农业的发展过程中有着良好的外部科技保障。

因此,有别于那些农民带动型的农业合作社产业化模式,在我国农业生产者普遍老龄化,农业科技知识掌握不足的背景下,金鼎农业代表了一种更加具有科技含量和效率优势的农业产业化道路,是值得我们对其进行鼓励和支持的,毕竟像茹永江这样对农业和农民满怀热情的年轻能人太少了,当前的中国特色农业现代化道路构建也需要这样的新生代能人和代表发展前沿的现代农业模式。

当然,同样需要关注的是像金鼎这样前期进行了大量投入的农业企业,其实有着相当大的经营风险的,也很容易走向失败,其当前也不可避免地面临着诸多资金、土地等方面的制度限制。因此,特别需要各级政府部门的认真对待和大力支持。这几年虽然很多非农组织和个人看好农业,但是真正愿意大量投入和深入介入的毕竟不多。也希望在茹永江们的带动下,周边的农户能够走一条崭新的充满科技含量的现代农业之路。

"公司+农户"的茶叶产销模式

——松阳县神农农业发展有限公司

一、基本情况

松阳县神农农业发展有限公司成立于 2008 年 5 月,注册资金 100 万元,经营土地面积 300 亩。公司主要从事茶叶的生产、加工和销售等,是当地的茶叶龙头企业。董事长叶伟明是这家公司的法人代表,今年 33 岁,松阳县象溪镇坑里村村民,高中学历,有着多年外出经商的经历。

二、经营现状

(一) 组织形式

目前,公司有财务人员、技术人员、营销人员、采摘人员等 50 人,下设技术部、财务室、办公室等部门,公司还拥有一个 200 多亩的生产基地。技术人员主要负责生产基地内分区片地技术指导和管理,包括茶叶的生产、烘烤、储藏、病虫害防治等。营销人员主要负责产品市场的拓展和客户关系的维护,采摘人员一般不太固定,季节性工人比较多。除此之外,公司还与基地周边的 2000 多户茶农签订了购销合同,定期定点收购茶叶,并通过公司统一上牌销售。

(二) 生产方式

公司采用"公司+农户"的生产模式。由于公司的生产基地已经获得国家的"有机茶"认证,因此其生产技术要求非常高,公司的技术人员要对基地的茶地进行统一规划、管理并指导生产,并且严格按照认证基地的要求指标完成各个生产环节。而在生产基地以外,公司为基地外的农户统一提供肥料和农药等,并定期对他们进行技术指导和培训,从而保证收购茶叶的质量。但是,基地内的"有机茶"和基地外的普通茶的质量还是存在很大差异的,公司也将这两茶区分开来进行采摘、烧烤等后续环节。据公司负责人自己的统计,公司生产的茶叶有超过70%是按照统一的技术标准进行生产的。

(三)销售渠道

目前,公司及周边农户生产的所有茶叶都统一使用"银河"牌商标,但是由于基地内外的两类茶叶在品质上还是存在一些差异,因此在统一品牌的包装上还标出了"有机茶"与"非有机茶"的区别。作为浙江省十大名优茶之一的"银河"牌茶叶的生产者,公司特别注重对茶叶生产环节的质量把关及茶源地的生态环境保护。董事长叶伟明认为:"现在的茶叶竞争越来越激烈,没有质量就没有客户,即使有再多的'认证'或'名头',都会在客户一年又一年的选择中被淘汰出市场。"同时,他也将"对产品的质量、标准控制到位"选项列为公司能够取得成功的最重要因素。

此外,公司也非常注重对市场信息动态的掌握,董事长叶伟明凭借自己多年来外出经商积累下来的企业经营经验和市场嗅觉,基本上都能够在第一时间掌握市场的最新信息。在此基础上,公司还经常在产品广告宣传及产品包装设计方面推陈出新,以满足不同客户的实际需求。目前,公司的茶叶主要通过企事业单位订购、专卖店直销等方式进行销售,销售点遍布全省各大中型城市及上海、江苏等邻近省市。

三、经营绩效

2008 年,公司共生产茶叶 20 吨,产值达到了 350 万元,同时还向周边的茶农收购茶叶 15 万吨,销售额达到了 400 万元,此外,公司还为其他 300 多亩茶地提供了各项技术服务。而在各项生产成本中,采茶工人的用工成本是其中最主要的部分。即使在近年来返乡农民数量越来越多的情况下,每工成本还在 60 元以上。此外,公司向银行贷款的利息也不低,由于银行信贷的手续烦琐、办理成本过高,公司目前只能通过核心股东向亲戚朋友借款的方式解决生产经营过程中的资金困难问题。综合上述的各项收益及成本,2008 年公司的净收益达到了 80 万元。此外,公司不仅解决了当地近 50 人的就业问题及 2000 多工的季节性用工问题,而且还带动了周边 2000 多个农户投入到茶叶的生产,这在一定程度上提高了他们的收入。

四、案例点评

该公司采用的"公司＋农户"的生产模式不仅取得了良好的经济效益，还带来了很好的社会效益。该模式的主要特点是在统一技术标准和要求的前提下，使用公司的"有机茶"认证及"银河"牌商标进行统一销售。公司基地内外生产的各类茶叶品质虽然有些差异，但是总体质量比较高，公司及周边茶农都从中得到了一定的好处。

该公司面临的主要困难和问题是对基地周边茶源地的环境保护问题，因为一旦这个问题处理不好，就有可能影响公司生产的产品在客户心目中的印象，甚至对整个"银河"牌茶叶都是一种打击。现实中，的确已经出现了公司与周边农户之间就土地利用规划等方面的纠纷，而这主要就是因为双方在对周边环境保护问题上没有形成共识。更确切地说，普通茶农并没有意识到茶源地环境对于茶叶品质、销路及品牌的影响，这需要地方政府及公司在广大茶农之间进行适当的宣传教育。此外，由于茶叶的生产环节及茶叶品质的季节性变化幅度比较大，茶叶储藏冷库的建设十分必要。而公司在建设用地、资金、技术等方面都存在困难，一时也无法得到有效的解决。

"干部带头,村民入股,招商引资"

——苍南县华玉山野油茶有限公司

一、基本情况

李悌仲,男,40岁,中共党员,苍南县桥墩镇小源村村支书。2005年之前,李悌仲一直在外经商并创办企业,主要经营食品的加工和销售。2005年,在上级党委政府的推荐下,李悌仲顺利当选为小源村的新一届党支部书记,主要的任务就是带领这个少数民族村尽快脱贫致富。就在李悌仲当选村支书后不久,他就组织当地村民以林地参股等形式发起成立了"苍南县山野油茶专业合作社"。2008年,该合作社主动与中国华州集团进行股份合作,并注册成立了"苍南县华玉山野油茶有限公司"。

二、经营现状及特点

由于合作社成立时的注册资金为400万元,而2008年华州集团入股的资金为100万元,因此,现在这家新成立的公司由原先的合作社和华州集团分别占80%和20%的股份。公司现在员工103人,经营土地面积6000多亩,带动周边农户617户。现有的这6000多亩土地主要由三部分组成:一是在合作社时期通过对小源村及周边油茶林进行整理开发和低产改造所形成的3000多亩连片核心示范基地;二是2006年在核心示范基地周边开发改造荒芜土地所形成的2000多亩油茶园;三是2008年新开发并用于新品种(亚林1号、4号、9号)种植的1000多亩基地。

公司生产的茶油属于绿色保健食用油,具有提高人体免疫力、清热通便、清热化痰、软化细管、调解神经系统、护发养颜、增加人体母乳、减轻肥胖等8种功效。在生产技术方面,公司从2007年开始就积极主动地与浙江省林科院亚热带林业研究所、浙江省农科院亚热带作物研究所开展油茶资源开发科技合作,培训管理和技术人员 700 多人次,在广大社员和农户中全面推广标准化油茶栽培管理新技术。公司还从湖南、广西、江西等地引进新品种,并建成了 30 亩的苗圃基地。此外,公司还新建了一家通过国家食品安全认证的榨油厂,年加工能力为 250 吨茶油,可消化 1000 吨油茶籽。目前,公司按照统一技术标准生产的茶油比例达到了 80% 以上,产品销售网络已经遍布全国各地。

三、经营绩效

2008 年,通过合作社带动社员和农户的生产方式,公司的油茶籽产量达到了 15 万公斤,油茶油的产量为 4 万公斤,产值达 400 多万,并实现净利润 113.7 万元。在公司的辐射带动作用下,周边的 617 个农户的收入都有了一定的提高,其中核心区的农户增收 2000 多元/户,周边辐射区的农户增收 800 多元/户。

公司及合作社的发展还对当地农村基础设施的改善起到了一定的作用。例如,2005 年合作社成立之初,在对油茶林进行改造开发的过程中,合作社还筹资 20 多万元修建了通往基地的机耕路、生产便道和水田灌溉等基础设施,大大改善当地村民的生产和生活条件。

自 2006 年以来,合作社或公司的生产基地相继通过了国家"有机食品"认证、浙江省"森林食品基地"认证、"无公害基地"认证等。2007 年,合作社还被评定为"温州市示范性专业合作社",并成功申请了"玉苍"牌茶油商标。目前,公司已经通过技术提升和品牌宣传等方式,大幅度地提升了产品的档次和产品的附加值,并且将"玉苍"牌茶油初步打造成为具有地方特点的农产品。

四、案例点评

综上所述,该公司及原先的合作社不仅创造了较好的经济效益,而且还通过带动合作社社员及周边农户,改变了当地曾经一度荒废的油茶产业发展状况和落后的农业基础设施面貌,产生了非常重要的社会效益。据了解,苍南县桥墩镇还保存有具备开发价值的连片油茶林 13000 多亩,今后该公司若能将这些油茶林全部改造开发出来,将给所在村镇带来更多、更加长远的经济和社会效益。

从产业本身的发展趋势来看,作为一种经济价值较高的绿色保健油,茶油综合开发利用的产业链比较长是其核心优势。因此,今后该公司必须将投资的重点进一步延伸到油茶的上、下游产业,例如油茶籽的多元化利用和茶油新品种的研制。只有这样才能充分挖掘该产业的发展潜力,并最终实现产业的综合利用开发。此外,从国家食用油产业的总体发展情况来看,国内茶油产业的振兴和发展对于改变我们国家严重依赖进口食用油的现状具有一定的战略意义。

"企业龙头示范,政府重点扶持"
——余杭区粮油加工有限公司

一、基本情况

余杭区粮油加工有限公司成立于 1993 年,注册资金 500 万元。在过去的 15 年发展时间里,伴随着国家粮油购销体制的变化,公司的经营模式与管理思路也发生了很大的变化。目前,这家公司已经基本上发展成为了一个集"产、加、销、贸、工、农"为一体的农业产业化经营的龙头企业,并且成为当地非常重要的粮油供应中心。

二、经营现状及特点

公司现有企业员工 32 人,占地面积达 11000 余平方米,拥有厂房、仓库设施 7000 余平方米。公司还引进了智能型色选机等精制米加工设备,拥有日加工能力 80 吨的自动生产线。公司以浙江省现代农业示范中心为基础,建立了 20000 多亩的无公害稻米生产基地。公司以浙江省现代农业示范园区中心为基础,在余杭镇建立有 2 万亩优质稻生产基地,其中新建粮食功能区面积为 2185 亩,全年可生产无公害优质粮 1000 余万公斤。

公司下设五个科:① 综合管理科;② 质量检验与市场营销科;③ 综合管理与生产技术科;④ 财务科;⑤ 仓储科。公司被农业部稻米及制品质量监督测试中心列为优质米生产加工定点企业。公司采用了国内最先进的粮食加工设备,并引进了佐竹公司的抛光机及色选机。

2003 年 11 月投资 220 余万元对厂房设备进行改造,引进了日本山川公司原装色选机,日产精米 80 吨。公司坚持以科技为根本,以质量求发展,以服务求信誉,建立健全产品质量管理体系,紧紧依托中国水稻研究所、农业部稻米及制品质量监督检验测试中心、浙江大学等科研院校为技术后盾,开展多方位、多种形式的合作与交流、联合开展以优质稻研究,改良、选育、推广、种植、加工、营销为一体的农业产业化经营体系,确保产品高标准、高质量。公司 2003 年首批领取了"QS"食品生产许可证,并于 2003 年 12 月通过了 ISO9000 认证。"玉鼎"大米于 2003 年 12 月被誉为"绿色大米"。公司建立 20000 亩无公害农产品生产基地,实行订单农业 20000 亩,并在东北黑龙江省鸡东县创建 10 万亩 A 级绿色食品水稻种植基地,其中 15000 亩有机稻米种植基地。该基地位于黑龙江省东南部,县城的南部邻中俄罗斯边境、黄泥河、哈达河发源于原始山林,西河流域为水稻种植提供了天然的水利资源和肥沃的土壤条件。

2008 年,公司围绕杭州市粮食生产功能区建设意见和方案,按照"旱涝保收的稳产区、解决抛荒的带动区、先进科技的应用区、统一服务的先行区和高产高效的示范区"总体要求,重点围绕基础设施标准高、农田复种指数高、社会化服务水平高、科学技术到位率高、土地产出率高的"五高"要求狠抓各项工作的落实。一是完善基础设施,提高了农田综合生产能力。为功能区实行全程机械化一条龙的生产操作奠定了良好的基础。二是狠抓冬种生产,解决农田季节性抛荒。根据当地种植习惯和生产水平,采用了"春粮—水稻"、"油菜—水稻"、"绿肥—水稻"、"水稻—冬蔬菜"等种植模式,出台多种优惠扶持政策,鼓励农民发展大棚设施越冬蔬菜等经济作物,进一步提高土地利用率和产出率,促进农田收益,2008 年余杭镇粮食功能区稻麦复种面积达 100%,实现了绿色过冬。三是推广先进适用技术,提高了粮食生产水平。功能区内良种覆盖率达到 100%,年产优质水稻良种 8 万余公斤,2008 年重点推广了单季晚稻"五改"技术 2080 亩、机械化插秧技术 830 亩、测土配方技术 2185 亩等,全面推行无公害标准化生产技术,示范推广富硒稻米生产技术 0.5 万亩等,机械化作业覆盖率达到 100%。四是统一社会化服务,提升了组织化生产水平。公司在 2005 年组建成立杭州余杭区余杭镇粮油专业合作社,对粮食生产进行产前、产中、产后的全程服务,实行六统一:统一布局、统一品种、统一种植、统一技术标准、统一植保统防统治、统一收购销售,采用公司+基地+农户的产、加、销一条龙的现代化营销模式,粮食生产基地作为公司原粮供给渠道,提高原粮的安全优质程度,提升了产品质量。五是实施高产示范,提升了种粮经济效益。积极开展粮食优质高产创建活动和水稻万村优质高产活动等,建立水稻高产示范方,落实高产示范户 20 户,攻关田 23 亩,2008 年功能区内单季晚稻平均亩产达到 568.1 公斤,同比当地增长达到 7.4%。

在粮食生产功能区建设过程中,余杭粮油加工有限公司积极探索实践新模式和新思路,围绕创新农业生产经营新模式,提高粮食生产规模化、产业化和效益化为目标,重点是实现了几个创新点:一是创新了土地利用机制。针对冬季农田抛荒、土地利用率不高等问题,公司向农户连片流转土地1032亩,签订了长期租赁合同。并将这些土地再承包给种粮大户种植,由公司通过合作社对大户进行统一管理,在品种、技术、质量和收购等方面都实现了统一。二是强化了合作服务机制。加大投入,组建了植保农机专业小组,统一对功能区水稻开展了生产服务,对合作社内大户优惠供应种子和农资,提供全程的机械化生产服务。据统计,功能区内农户亩均生产成本同比其他农户节约124.5元左右,亩均效益同比其他农户增加188.6元。三是创新了生产投入机制。为提高农户水稻种植和冬种生产的积极性,余杭镇政府以及粮油加工有限公司也针对性制定了一些优惠政策,如免费供种、免费机械开沟服务、土地流转补贴、冬种面积补贴、大户补贴等。四是创新了产品销售保障机制。对包括功能区在内的余杭镇无公害稻米生产基地实行订单收购,优质优价,提高种粮效益;注册"玉鼎"牌商标,开发生产"玉鼎"牌大米系列,年加工粮食达45000吨。

三、经营绩效

2008年,公司年产稻米15000吨,产值达4000万元,实现净利润35万元。公司充分发挥了基地龙头示范作用,带动了周边农户3000多人从事稻米的生产或销售。此外,公司还在生产基地内套养了15000头猪,产值达120万元,实现净利润15万元。从数据上看,该公司创造的经济效益并不是特别明显,但是其对当地粮食种植户的示范带动作用与粮食市场的稳定供应起到了非常重要的作用,具有一定的社会效益。

四、案例点评

这家粮油公司以提高粮食综合生产能力为核心,以科技为支撑,以项目实施为抓手,以示范带动为手段,集中力量建立连片千亩以上的基础条件好、生产水平高的粮食核心区,是实现粮食生产现代化目标的先行区和示范区,对于抓好粮食生产、提高粮食单产和效益、稳定粮食生产、保障粮食安全意义重大。

"科技先行,多元经营"的以工哺农发展模式

——嘉兴碧云花园有限公司

一、基本情况

嘉兴碧云花园有限公司创建于 2002 年 6 月,是一家具有国内先进水平的集科研开发、规模生产、应用示范、高效营销和休闲观光于一体的,以高档盆花、切花、园林地被植物和花卉种苗为主的高科技企业。公司的创办人是中日合资嘉兴大阳服饰有限公司总经理潘菊明。

1984 年,潘菊明从部队转业进了大云服装厂工作,从仓库保管员到副厂长,他靠的是稳扎稳打的踏实作风和不懈的努力。集体企业的大云服装厂停产后,他借来 7000 元钱买了 4 台缝纫机,又借了 4 台,靠着 8 台机器 8 个工人成立了自己的服装加工厂——凯乐服装厂。在他的精心经营下,服装厂由小到大、发展迅速。凯乐服装厂透露出的潜力和发展势头被一日资企业看好并决定投资。1994 年,嘉善县第一家中日合资的私营服装企业——嘉善大光服饰有限公司成立。在引进外资合作后,潘菊明除继续做好国内业务,还积极开拓国际市场,使企业不断发展壮大。1998 年,中日合资嘉兴大阳服饰有限公司成立,该公司 2001 年达到产值 400 万美金,创利税 350 万元人民币,成为大云镇轻纺业的支柱企业。在服装产业挣得第一桶金的潘菊明并没有忘记家乡和父老乡亲们。在事业蒸蒸日上的同时,潘菊明看到家乡拥有肥沃富饶的土地,却没有高效益的产出,他开始将目光瞄准新兴科技农业及旅游行业,尝试开拓发展休闲观光农业。在大云镇党委、政府的支持下,结合大云镇的鲜花优势产业,潘菊明便创办了嘉兴碧云花园有限公司。

二、经营现状及特点

经过不断地尝试、不断地摸索,碧云花园经营规模迅速壮大,从开始的占地 80 亩、年产值 5 万元的小农场,发展到现在总占地 2200 亩、年产值 1600 多万元的规模;从单纯的花卉、农产品种植,发展到集花卉、农产品种植、餐饮和葡萄采摘游、草莓采摘游等休闲观光农业于一体的综合性农庄。

嘉兴碧云花园有限公司的建设资金目前主要来自于潘菊明等股东的自有资金,政府部门以项目的方式进行适当的扶持。经过 7 年时间的发展,公司形成了鲜明的经营特点,尤其在科研和经营内容方面形成了一套较为成熟的做法。

第一,重视科技,尤其是重视自身科研能力的培养。公司以浙江大学为技术依托,并与浙江林学院、嘉兴职业技术学院等高等院校为技术合作单位,广纳人才,形成先进科学的管理体系。每年开办花卉培训班 4 期,并负责聘请相关学科专家前来指导,技术示范带动 800 多户。公司建有技术培训多媒体教室,同时可容纳 100 多人培训,分期分批培训农民,为提高农民科技素质和管理水平,为调整农业结构,实现农民增收致富发挥了积极的作用。除了从科研单位聘请专家进行技术指导和帮助外,公司还拥有自己的组培室,负责有关品种的培育和研究工作,为推进公司乃至大云镇的鲜花标准化生产提供有力的支持与保障。每年公司投入科研的资金大约占盈利的 10% 左右,达到 30 万元。

第二,多元化经营,农业生产与休闲观光相辅相成。目前公司园区第一期总占地面积 288 亩,分五大功能区:园林式休闲区、鲜切花生产区、高档盆花区、地被植物区、果蔬苗木区等。拥有普通钢架大棚 150 个,生产面积 80 亩;现代化连栋温室大棚面积 4000 平方米,现代化组培室一套,冷库两座共计 1200 平方米。公司年产鲜切花 500 万枝,高档盆花凤梨春百斛等 50 万盆,为目前浙江省大型冬春鲜切花,高档盆花生产基地。果蔬苗木区包括占地 40 亩的无公害蔬菜生产基地,还有百果园、百竹园、百花园、盆景园,以及垂钓鱼塘等设施。与此同时,公司充分利用设施农业发展休闲观光农业,倡导资源循环利用的环保概念,与鲜花种植、盆花栽培等生产活动有机结合,取得了不错的效益。2009 年,碧云花园葡萄园种植了 150 亩葡萄,以黄蜜、早红无核等品种为主,全部采用有机栽培方式。目前,黄蜜葡萄已经进入成熟期。公司借此机会举办了首届"中国嘉善大云碧云葡萄节",通过举办开幕式暨夏夜纳凉晚会、葡萄节研讨会、快乐家庭葡萄之旅、碧云葡萄采摘游等各项活动让游客充分体验了亲近自然的轻松与快乐。

三、经营绩效

近两年,嘉兴碧云花园有限公司年均产值达 1600 余万元,销售额 1200 万元,利润为 300 万元。在潘菊明和他创办的碧云花园的带动下,大云镇的鲜切花产业得到快速发展,全镇的鲜切花种植面积从 2001 年的 800 亩发展到 2007 年底的 3600 多亩,鲜切花种植已成为大云镇农业的主导产业。2004 年 1 月,国家农业部优质农产品开发服务协会授予大云镇"中国鲜切花之乡"称号。而潘菊明也获得了"嘉兴市农业科技先进工作者"、"嘉善县百姓致富带头人"、"嘉善县劳动模范"等一系列荣誉。

四、案例点评

笔者有幸曾到嘉兴碧云花园有限公司的园区进行参观,景致优美的园区让人很难将其与传统种植业养殖业联系起来。而这种多元化经营模式的成功运用离不开决策者的战略眼光与投资魄力。众所周知,建设科技含量高的农业产业以及可供休闲观光之用的设施先期往往需要很大的资金投入,公司总经理潘菊明将其在服装产业获得的资金投入到农业领域,以满足公司初期的资金需求,实现了以工哺农的战略调整。

在经营公司时,潘菊明也始终将科技放在重要的位置,不仅仅向各级科研单位的专家请教,还建立了自己的科研部门。同时,他还将自己和公司所掌握的先进技术无条件地传授给当地的其他农户,从整体上提高大云镇鲜花产业的水平。有了现代化的生产方式和设施,组织开展休闲观光活动便有了很好的条件。而休闲观光农业的发展不仅为公司带来了经济利益,同时也提高了公司的知名度,让越来越多的人知道并了解这一集生产、科研、销售、观光等功能于一身的现代农业企业。

公司的下一步发展战略需要政府部门的相应支持。例如,需要政府帮助做好土地流转的协调工作;批准一定的用地指标用于建设办公用房和休闲观光接待用房;政府还应加强市场信息的提供服务。此外,作为一个以科研见长的农业企业,引进高素质人才是其促进内部管理和外部成长的有效途径,但高素质人才的雇佣成本往往比较高。

"公司＋基地＋农户"的
产供销一体化经营模式

——三门县健益薯制品有限公司

一、基本情况

三门县健益薯制品有限公司位于浙东革命老区亭旁镇,创建于 2002 年。公司的创办人任春娟是当地小有名气的女强人。一直以来,亭旁镇是三门县著名的农业大镇,有茶叶、杨梅、蜜梨以及红薯粉丝、红薯糟烧等许多名优特产。任春娟在 20 世纪 90 年代,看准了红薯粉丝的市场行情,将亭旁镇的粉丝运往外地销售,逐步积累起一定的经验和资本。在返销红薯粉丝的过程中,任春娟渐渐意识到收购千家万户生产的产品很难保证品质,只有建立稳定的红薯生产基地,实行规模化生产,红薯粉丝的产量和质量才有保证。倘若产品还能像工业品一样拥有自己的品牌,那么收益就能大幅提高。正是基于这一想法,经过反复考察与思量,任春娟在 2002 年筹资 200 余万元购买了土地和生产设备创办了健益薯制品有限公司,走上了现代农业企业的发展道路。

二、经营现状及特点

公司成立之初,建立了 1000 亩的红薯生产基地,联结农户 400 户,初步形成了"公司＋基地＋农户"的经营模式。经过几年时间的发展,到 2008 年公司的红薯生产基地已经扩展到 4500 余亩,联结并带动周边农户 2500 多户,年产红薯粉丝 1000 多吨,其中礼品包装销售的占 20%。目前,公司共有职工 58 人,总资产 650 万元,其中固定资产 550 万元。

健益薯制品有限公司通过基地加农户的方式解决了原料的来源问题,但随着加工规模的扩大,生产工艺以及销售能力方面出现了新的难题。任春娟带领公司员工从失败中吸取经验教训,依靠技术创新和品牌建设迎难而上,不仅克服了技术和销售上的困难,还慢慢形成了自己的经营优势。

依靠技术创新,改进传统生产工艺。公司创办初期,生产的红薯粉丝均采用传统的民间生产工艺,在加工过程中,需要依靠太阳光和自然风进行干燥。若气候突然发生变化,未干的粉丝就会发生变质和霉烂。如果遇到雨季,则生产就无法进行。2003年由于气候等不利因素的影响,加上当时没有冷藏设施,致使公司损失达50多万元。为了解决这一难题,任春娟和相关人员到四川等地考察粉丝生产技术,决定依靠现代技术与传统工艺相结合的方式生产红薯粉丝。于是再次筹资60余万元添置相应的生产设备,并建造了粉丝冷藏库。结合现代科学技术生产出来的红薯粉丝韧度明显增强,加上又有冷藏库,人工支出明显减少,生产成本显著降低。尝到技术创新甜头的任春娟,计划着在近期进一步加大在技术上的投入,购置粉碎、分离、过滤、烘干等一系列生产设备,改造现有的露天晒场为标准的封闭式晒场等,从而使粉丝的生产再也不受气候条件的制约。

依靠品牌建设,提高产品知名度。红薯粉丝是非常普遍的农产品,在亭旁镇当地几乎家家户户都会制作。虽然通过技术创新使得公司的产品质量得到很大的提升,但消费者从市场上形形色色的粉丝产品中识别出公司产品很困难。提高产品的市场识别度对公司能否在市场上立足至关重要。于是,任春娟注册了"三门湾"商标,并通过参加农博会、进行有机认证、QS认证等,逐步在消费者心目中树立起"三门湾"牌红薯粉丝的优质形象。公司在上海、杭州、宁波、椒江分别设有销售点,并与上海市家家乐商业发展有限公司合作配送60家连锁超市,还与台州市华顶特色超市名优农产品展示展销中心签订了常年购销协议。在逐步改变生产工艺并提高产品质量的同时,公司调整了销售网络布局,除了通过超市销售礼品包装的红薯粉丝外,还通过农贸市场进行销售。

三、经营绩效

2008年,公司产品销售额达到750多万元。产品畅销了,原料的价格也随之上涨。红薯的收购价格也从当初的0.18元/斤,提高到现在的0.36元/斤,仅此一项就为老区联结农户增收220多万元。公司2003年被评为台州市农业龙头企业。"三门湾"牌红薯粉丝2004年、2005年连续两年获得省农博会优质农产品金奖。2005年公司生产的红薯粉丝获得"有机食品"认证,2007年通过了国家食品质量安全体系QS认证。

四、案例点评

薯制品是农村中非常普遍的农产品,原料来源丰富,加工技术相对简单。这既是优势是机会,也是困难、是挑战。有利的一面是进入该行业技术和资金难度不会很大,但不利的一面则是该产品的市场更趋近于充分竞争。健益薯制品有限公司的发展给我们提供了一些有益的经验。技术创新和品牌建设将有助于企业从竞争中脱颖而出,尽管这些措施本身需要一定的投入,但回报也将是可观的。健益薯制品有限公司进一步扩大生产规模的困难,主要来自于资金和土地上的约束。

3 境外经验篇

从全世界范围内来看,20世纪初以来工业革命和科学技术革命是各国(或地区)农业现代化进程的重要推动力。特别是自二战结束以来的半个世纪,以西方发达国家的农业产业化经营与服务体系为代表的现代农业发展模式,已经成为世界农业高新技术的生长点、资本和知识的汇聚点以及城乡居民生活福利水平提高的贡献点[①]。尽管各个国家(或地区)的自然资源禀赋、社会政治环境各不相同,但是现代农业发展过程中还是呈现出许多一致的基本趋势和主要特征,比如分工专业化、生产科技化、土地规模化、管理企业化、销售商品化、组织合作化、资本集约化等。

　　具体来看,发达国家的现代农业发展模式主要有两种,即以美国、澳大利亚、加拿大等地域广阔、资源丰富的国家为代表的规模化农业经营模式和以日本、韩国等地域狭窄、资源匮乏的国家为代表的精细化农业经营模式。发展中国家的现代农业发展规律不太一致,主要以巴西、印度、越南、东欧等国为代表。此外,还有一些国家(或地区)的农业现代化特色非常明显,如以色列、台湾地区等,也值得特别关注。

　　当然,推动世界各国(或地区)现代农业发展的"主角"也各不相同,但主要还是以家庭农场主、农业企业、农业合作组织等为典型代表。这些经营与服务主体在不同的国家(或地区)所发挥的生产、服务、组织、协调、管理等职能与作用程度都不尽相同。本章将试图以不同发展程度与特点的国家为类别,分别研究其现代农业经营主体的发展模式及未来的发展方向,希望能为我国尤其是浙江省现代农业的发展与新型农业经营主体的培育带来一些启发。

---

　　① 张新光:《当代世界农业发展的基本规律及其启示》,《当代财经》2008年第6期。

发达国家农业经营主体发展的经验总结

一、美国农业经营主体发展的经验总结

截至 2008 年底,美国人口约占全世界总人口的 5％,但其生产的主要农产品却占到了全世界总产量的 20％以上。在世界各国主要农产品产量排位中,美国生产的玉米、大豆、奶制品等已经连续几十年遥遥领先于其他国家而高居第一位,棉花、肉制品等也都排位前三[①]。美国的现代农业发展模式之所以能够取得这些成绩,主要取决于以下两大举措:一是运用了生物学、遗传学、气象学、生态学、经济学等多门学科综合而成的现代农业高新科学技术体系;二是推行了非常适合本土资源禀赋(尤其是土地要素)、企业化运作的家庭农场经营制度。后者为美国现代农业的主要经营主体提供了重要的制度保障,本节将对其作重点介绍。

(一)美国家庭农场发展的基本情况

家庭农场是美国农业生产、服务和技术推广的最基本组成形式和经营单位,其基本功能与中国的家庭承包经营户类似[②]。根据美国农业部的标准统计方法,美国家庭农场可以按照不同经营者的身份划分为四种:自有农场(Full Owners)、分成制农场(Part Owners)、经理制农场(Managers)[③]和佃农制农场(All Tenants)。而根据农场主对其所经营土地的所有权情况,美国家庭农场可以分为业主制、合伙制、公司制等多种组织形式,其中公司制又分为家庭公司制和非家庭公司制。业主制农场是当前美国家庭农场中最普遍的类型,而大部分合伙制农场和公司制农场也都是以家庭农场为依托进行的企业化、规模化改制而来的。因此,可以说家庭农场是美国现代农业发展的最基本经营组织主体。

---

① 刘志扬、王利:《对美国现代农业建设双重借鉴的思考》,《农业经济》2009 年第 6 期。

② 李超民:《20 世纪美国农场经营制度的演化与农场支持政策轨迹》,《世界农业》2006 年第 2 期。

③ 从 1969 年开始,经理制农场(Managers)已经不列入统计的范围,因此现在所说的家庭农场通常只包括其他三种类型。

截至 2007 年底,全美有家庭农场 210 多万个,其中大约有 86% 的农场由个人性质的农场主拥有,占总农场面积的 65.1%,合伙制农场的面积大约占 10% 左右,公司制农场只占 3%。其中,按经营类型可以划分为粮食、烟草、棉花、蔬菜、水果、家禽、奶牛等专业性农场;按产品销售额可以划分为大、中、小农场。根据 2002 年的统计,销售额在 1 万美元以下的农场占 58.3%,销售额在 1 万至 5 万美元的占 19.4%,销售额在 50 万美元的占 3.3%。过去几十年来,农场的数量,经营规模发生了较大变化。农场数量早在 1935 年就达到最高点 680 万个,1974 年下降到 230 万个,2004 年只有 211 万个。农场数量下降的原因,除农业耕地减少之外,农场经营规模的不断扩大是农场数量下降的主要原因。1935 年单个农场占有土地只有 941 亩,而 2002 年已扩大到 2678 亩[①]。

(二) 美国家庭农场的主要经营特点

一是土地经营规模调整的灵活性较大。美国农场主对其所有或租赁使用的土地拥有非常稳定而有保障的权利,尽管美国政府握有较大的对农地的控制、管理和收益权利,但这种权利的使用并非无限制的,而在大多数情况下需要得到其社区成员的同意。目前,美国家庭农场主主要通过租赁以获得土地经营权,大约有三分之二的农场土地是通过租赁市场获得并经营的。美国发达的土地租赁市场的存在,保证了大多数农场主可以根据市场形势的变化做出快速反应,调整土地经营规模,从而避免市场波动带来的巨大风险。

二是产品生产的专业化程度越来越高。在美国联邦政府的统一规划下,全美共划分为 10 个"农业生产区域",每个区域主要生产一到两种农产品。北部平原是小麦生产带,中部平原是玉米生产带,南部平原和西部山区主要饲养牛、羊,大湖地区主要生产乳品,太平洋沿岸地区盛产水果和蔬菜。在此基础上,伴随着产前、产中、产后服务体系的日益完善,美国家庭农场将一些无暇顾及的产前生产资料的供应、产中作物生产活动和产后加工、运输、销售等活动分解出来,委托专门的农业服务机构协助完成,农场经营的专业化程度越来越高[②]。1900 年,全美 17% 的农场生产 50% 的农产品,而到 1997 年,全美 50% 的农产品是由 2% 的农场生产的。一半以上的家庭农场

---

① 索南加措:《美国家庭农场简介》,《柴达木开发研究》2006 年第 4 期。
② 李志远、李尚红:《美国的家庭农场制给予的启示与我国农业生组织形式的创新》,《经济问题探索》2006 年第 9 期。

和绝大部分小规模家庭农场都只生产一种农产品。从销售额来看,在销售额超过 50 万美元的家庭农场中,四分之三以上的农场所生产的产品不超过三种。

三是产、供、销过程的契约化程度越来越高。美国家庭农场生产、销售的契约化程度非常高,农场主越来越多地依靠合同来进行生产和销售。签订合同可以减少契约双方包括生产者、加工者和流通环节经营的风险。截至 2008 年,美国家庭农场产、供、销过程的契约化比例占美国农业生产总产值的比例已经达到了 90% 以上。

当然,除了家庭农场以外,美国的农业合作社和农产品协会在代表农民进行对话谈判、宣传推广农产品、传播农业技术与信息以及维护农民共同利益等方面也发挥了非常重要的作用。据统计,目前全美共有各类农业合作社 4000 多个,并区分为销售合作社、供应合作社、服务合作社、信贷合作社等多种类型①。

(三) 美国家庭农场的发展对我国农业经营制度的启示

改革开放以来,我国农业生产组织形式上一直采取了"家庭联产承包责任制"这一经营模式,随着"土地流转"扶持政策的出台,农业经营的集约化、规模化、专业化趋势也越来越明显。然而,与美国等发达国家相比,一方面我国并不具备丰富的人均土地资源禀赋,另一方面也不可能在短时间内迅速提升农业科技水平。因此,创新我国农业生产组织经营模式具有十分重要的意义。

在现阶段,我国农业生产组织经营模式的最佳选择为构建民营农场制度。民营农场是指由投资者出资对现有土地资源进行整合,有农民以资金、技术、机械、土地等入股并借以取得股份分红,独立经营且具有法人资格的经济实体。考虑到我国农村的现状,我们认为现阶段我国民营农场可以采取股份制方式,这样既可以调动投资者的积极性,也可以使农民得到土地所提供的基本保障。民营农场不同于国外的家庭农场,其基本区别为:第一,土地性质不同。我国的民营农场在土地性质上仍然属于国家和集体所有,而西方国家的土地则归私人所有。第二,经营模式不同。我国民营农场的重大决策应由股东代表大会决定,而西方国家的农场经营则由农场主做主。第三,报酬分配方式不同。我国民营农场的农业工人,既可以取得薪金收

---

① 张木生:《美国新一代合作社的特征、绩效及问题分析》,《台湾农业探索》2005 年第 1 期。

入,也可以取得土地分红;西方国家的农业工人仅可取得薪金收入。第四,接受宏观调控方式不同。我国民营农场的生产、经营管理要受到国家宏观经济政策及宏观调控手段的影响,既有政策调控,也有市场调控;而西方农场的经营管理与生产主要依赖市场调节。

民营农场制度不同于国外的家庭农场,也不同于国外的私人农场,它是以不改变农民对土地的依附性为前提的,农民没有失去土地对其提供基本生活养老功能。建立民营农场制度后,农民不仅没有失去土地,而且可以得到土地为其提供的基本报酬,解决了农民的后顾之忧;同时民营农场的构建不仅没有改变我国农村土地公有制的性质,而且是公有制多元化的实行形式之一。目前,我国民营农场制度可以借鉴公司制方式进行,这是社会主义市场经济发展的客观要求,也是建立现代农业企业制度的要求。在我国民营农场的组织结构中,股东大会是最高权力机关,农场的一切重大经营、决策、财务状况、人事变动等均需要通过股东大会(股东代表大会)通过,方能组织实施,董事会、监事会和理事会的职能与股份公司相同①。

二、澳大利亚农业经营主体发展的经验总结

澳大利亚是一个农业大国,其人均农业资源禀赋比美国还要丰富,农产品具有较强的国际竞争力,农产品国际贸易在世界上占有较大份额。自20世纪90年代以来,外向型农业经济的迅速发展使得这个国内人口不足2000万的国家的农产品出口收入平均占农业总产值的比例为60%~70%左右。基本上,澳大利亚75%左右的初级农产品和25%的加工后农产品用于出口,某些农副产品在世界农产品贸易中占有举足轻重的地位,如羊毛、牛肉、小麦、糖、奶制品、水果、大米和鲜花的出口在世界农业初级产品的出口市场中占有相当大的市场份额。2000年,澳大利亚农产品出口额为275亿澳元,占产值的64%。部分产品出口占产值的比重相当高,比如小麦为69%、大麦76%、大米63%、芥子油78%、棉花95%、糖76%、牛肉63%、羊毛98%,奶制品60%②。与美国、加拿大等国类似,支撑澳大利亚现代农业发展体系的基本经营形式也是规模化、专业化农场,此外农民联合会在农业服务体系中扮演了非常重要的角色,本节将对其做重点介绍。

① 李志远、李尚红:《美国的家庭农场制给予的启示与我国农业生组织形式的创新》,《经济问题探索》2006年第9期。
② 刘立平:《澳大利亚农业的特点》,《中国农业信息》2006年第4期。

（一）澳大利亚农场发展的主要特点

澳、新两国的农牧业生产，均以家庭农场为主。在澳大利亚，一般把农场按生产规模分为三种类型：（1）小型农场，一般经营土地为 150～200 公顷；（2）中型农场，经营土地一般在 300～800 公顷；（3）大型农场，经营土地在 1000 公顷以上，甚至数万公顷。中小农场居多，大型农场只占农场总数的 3％。为扩大农业经营规模，提高劳动生产率，澳、新两国政府一直利用财政补贴、优惠贷款和减免税收等办法，鼓励前景不佳的小农场主放弃土地改行谋生。特别是澳大利亚政府，前几年向准备离开农业的劳动者提供贷款，资助其重新创业，对其中的成功者贷款变为无偿赠予，对失败者再延缓 7 年为限偿还政府，以加速农业劳动力转移。所以，几十年来澳大利亚农场一直呈现向大农场化集中的趋势。

现代农业的发展和农业经营规模的扩大带来了两个方面的作用：一是有力地促进了农场生产的专业化。经营某一行业或生产某一类产品的农场发展迅速，实现了某些工艺专业化，即一个生产单位只完成产品生产全过程的某一个环节，如肉牛养殖行业，有的农场专门从事良种繁育，有的农场专门从事肉牛育肥。二是促进了农场生产、加工水平的提高，使其逐步成为澳大利亚的重要产业，对稳定和提高农产品生产供给、增加出口附加值、提供更多的就业机会以及国民经济的增长，起到十分重要的作用。例如，澳大利亚目前农产品及加工制品出口额占出口总额的 22％以上，农产品加工业对就业的贡献率达 8％。从发展趋势看，澳大利亚为了进一步提高农业竞争力，面向国际市场，既注重稳定和保持羊毛等资源性产品出口大国的优势，又千方百计扩大农场农产品加工制品在全球的份额，同时努力发展第二、第三产业，增加资源产品的附加值[①]。

（二）澳大利亚农民联合会的发展经验

大部分国家的农业合作组织（如农业合作社、专业协会）都是以农业领域的生产和营销合作为主的，而澳大利亚农民联合会（National Farmer Federation，缩写为 NFF）却有所不同，它是一个由许多独立的农业组织联合而成的农业综合性组织，由许多训练有素的研究和管理人员参与，具有多种组织功能。

---

① 孙学顺：《澳大利亚、新西兰农业考察报告》，《河南农业》2005 年第 12 期。

1. 澳大利亚农民联合会的组织起源及职能演变。从澳大利亚第一个农业组织成立至今已有 200 多年的历史,澳大利亚农民联合会则是澳大利亚农民组织发展到一定阶段、由分散走向联合的产物。最初,各个农民组织是农民出于维护自己的利益而产生的,基层农民组织往往按行业设立,基本目的是促进行业的生存和发展,在很大程度上以利益游说为主要目标。由于各种农民组织都是为了维护各自小集团的利益而产生,各组织为自己的利益与政府交涉,因而互相之间为争夺利益而产生不少矛盾。为了减少矛盾,在 200 多年间,农民组织经历了多次重组。进入 20 世纪 70 年代后,澳大利亚的农业环境出现了新的变化:(1) 政府对农产品的特殊保护和支持政策不断减少,生产者日益被推向竞争环境,各个农民组织从政府处得到的利益日趋减少。(2) 单个农民组织没有足够的资金和人力对日趋复杂和多变的国内外相关环境和形势进行高质量的分析和研究,它们需要联合起来共同行动。(3) 各类农业生产者之间所面临的共同性问题不断增加,如资源保护、农业的持续发展等问题。因此在共同的利益和新的需求中,各农民组织之间的矛盾相对淡化,这一变化为农民组织走向联合创造了条件;澳大利亚上百个农民组织最终于 1979 年走向联合,成立了全国性的"澳大利亚农民联合会",所谓的"一个声音对政府"。此时的农民联合会也被赋予了更多的组织职能,比如向成员提供技术、市场和政策等信息,并促进生产者之间的信息交流;协调各行业产品的国内外促销活动;对成员进行生产、销售和管理等技术培训,近来计算机技术也成为培训热点;开展研究和推广工作。除此之外,农民联合会还与公共机构合作,为募集该联合会研究和开发所需要的资金而奔波。通过不断根据形势和需要调整职能来保持农民组织的生命力,是澳大利亚农民联合会的经验和特色之一。

2. 澳大利亚农民联合会的运行方式。澳大利亚农民联合会实行自愿加入、自由退出的会员制度,其活动经费来源于各成员组织交纳的会费。而成员组织的会费由各成员(农场主和有关企业)交纳,有些组织采取自愿交纳会费,而有些成员组织出于避免"搭便车"等原因采取强制性交纳会费。经费一直是一个比较重要的问题,特别是在如前所说的情况下,即随着政府对农业的支持减少,单个生产者所缴会费能换来的政策收益也随之减少,生产者缴纳会费的积极性下降。澳大利亚农民组织的产生、发展和兴衰与它们的外界联系和组织内部领导人的才能密切相关。澳大利亚的农民组织与党派保持良好的关系。一方面成千上万的个体农民需要组织起来与政党对话,争取和保护自己的利益;另一方面各政党也需要农民的支持。澳大利亚乡村党(Country Party)是 1914 年由农民发起和组成的政党,许多乡村党党员是农民组织的成员。在乡村党执政的漫长时期,农民在生产补贴、价格保障、税收等方面得到了不少利益。那时,农村人口的数目较大,乡村党也需要数目庞大的农民兄弟的支持,以便有足够的力量与工党抗衡。但到了20世纪40年代中叶,两者的关系开始疏远。其原因是:一方面,随着城市化进程和农村人口的转移,城市人口日趋增长,乡村党为了同时赢得市民的支持,觉得有必要改变自己的农民党形象,不能只为农民说话,乡村党还因此改名为国家党(National Party);另一方面,工党的力量在增强,农民组织也希望得到工党的支持,1972年工党执政,从而开始了农民组织与多党派的密切联系,农民组织也从过去依附乡村党转向独立。目前澳大利亚农民联合会与多党派保持密切联系。由于农民联合会参与澳大利亚农业政策的制定和修改过程,它与政府保持着一种合作关系。它向政府提供政策建议,对政府的政策提出修改建议,向生产者解释政策并分析政策能提供的利益,了解政策实施的影响和效果。同时,农民联合会也希望从政府那里得到一些经费支持。农民联合会作为一种重要的研究和推广机构,不仅注重与其他各类相关的科研和教学机构的联系,而且就当前的热门话题组织各种形式和层次的交流,甚至派代表参加国际会议。

3. 澳大利亚农民联合会面临的问题。近年来,澳大利亚农民联合会面临的最大问题是:成员减少和活动经费不足。由于澳大利亚政府对农业减少保护、鼓励自由竞争,农民从联邦和州政府政策倾斜中能获得的利益日趋减少,因而不少生产者认为农民组织的作用在不断减弱,由此造成一些农民组织成员的减少,其结果是会费减少,而它又是组织经费的主要来源。如何解决这个问题? 澳大利亚国内有些人认为,面对新形势,农民组织应进一步转变职能,从具有政治地位的游说团体转变为游说和商业性服务相结合的团体,开展收费服务和培训等业务,保证组织的经费来源和正常的运行。随着经济全球化、市场的扩大和变化、农业技术的快速发展、农村社区的变化,农民组织如何能利用有限的经费发挥最大的作用是澳大利亚农民联合会领导人面临和思考的主要问题。

4. 澳大利亚农民联合会对我国的启示。澳大利亚农民联合会的发展历程对中国农民合作组织的发展的启示是多方面的。第一,中国的农民合作组织应当根据成员的需求,具有明确有效的服务功能,否则农民组织就会失去吸引力和生命力。第二,农民合作组织可以是单一功能的,特别是在发展的初期更是如此;农民合作组织也可以是具有综合性功能的,当组织规模扩大和实力增强时,往往会走向综合性功能的,而且农民合作组织的功能是需要根据变化了的环境适时进行调整的。第三,中国目前还很难看到真正有效的大规模农民合作组织,但不妨从小规模、行业性、区域性的农民合作组织起步,在存在需要时,可能在自愿的原则下会出现农民合作组织的联合。第四,即使出现合作组织联合体的话,也可以保持成员组织的相对独立性。第五,农民组织的形式可以是多样性的,在发展中不断调整。中国农村如此之大,各地经济发达程度和农民的需求不尽相同,组织形式应该根据需求而变化。第六,强有力的组织领导人。当农民组织越大时,对领导人的素质要求越高。吸收技术、管理和经济方面的专业人员进入领导层是一个值得借鉴的做法,能大大提高领导层的综合领导能力。第七,良好广泛的外界联系是十分重要的。在中国,与政府保持良好的关系和争取政府的支持无疑是符合中国国情和有助于农民合作组织的成长的。与科研教学机构保持密切的联系,必定有助于农民合作组织的技术改善和普及。第八,组织经费是一个不能掉以轻心的问题,特别当一个合作组织已经具有一定规模的时候,活动经费就会成为一个极其重要的问题。而一个农民合作组织功能的发挥状况与经费问题密切相关。当成员认为这个组织值得他参加时,缴纳会费就变得相对容易一些。与此同时,我们也应当看到,由于中澳两国的政治和社会体制的差异,在农民合作组织方面也会出现较大的差异,如目前我国的农民组织不可能像澳大利亚农民组织那样,成为具有政治势力的团体,而往往只能是一个经济性的合作组织。我国农户的规模细小和数量庞大,在组织化程度和成员需求方面可能更复杂些。

三、日本农业经营主体发展的经验总结

日本的农业资源禀赋与我国东南沿海省份的非常相似,即人多地少、山地多平地少、以小规模农户(一般在 10～20 亩之间)为主。然而,如今的日本不仅已经实现了农业现代化,而且农业的整体发展水平已经达到了世界先进水平。除了各项极具特色的农业扶持政策以外,日本的"农协"组织在推进现代农业发展的过程中起到了至关重要的作用。尽管农协并不是日本现代农业的直接经营主体,但其在代表农民谈判、组织协调、监督管理等方面都发挥了不可替代的作用。从某种意义上说,日本的现代农业模式几乎是建立在农协组织框架范围内的发展体系,本节将对其做重点介绍。

(一)日本农协的发展历史

日本农协是日本全国农业协同组合(Japan Agricultural Cooperatives)的简称,是日本规模和影响最大、群众基础最广泛的农村综合性的社区合作组织。日本农协被公认为是世界上最成功的农村合作经济组织形式之一,对于以小规模经营为主要特征的亚洲各国农业具有重要的借鉴和参考价值①。

日本农协起源于 1900 年,是经过三个阶段发展起来的。第一阶段以1900 年日本政府颁发"产业组合法"为标志,帮助中小生产者通过互相合作提高生产能力,创立了"信用组合、贩卖组合、购买组合及生产组合"等 4 种组合制度。第二阶段是 1943 年颁发"农业团体法",这是为战时需要建立的农会组织。第三阶段在 1947 年战后,日本农业濒临崩溃,种植业以粮食生产为主,科技含量不高,产量很低,出现了粮食危机。养殖业非常落后,生产力水平很低,农业人口占 65%左右,农村劳动力就业率占 54.2%,农业比重较大,很多农业法律都不健全。在这种农业背景下,日本为建立农协制定了专门法律——《农业协同组合法》,并仿照欧美农业发展模式,在全国范围内组建了农协,使日本农协走上了法制化发展轨道。20 世纪 50 年代后,随着经济实力的壮大,农协组织在全国范围内形成了上下相通、左右相连的组织体系和事业网络,并一直延续发展到今天。目前,日本全国有 99%的农户都加入了各类农协组织,农协组织的数量已经达到了 820 个②。农协的建立对保护弱质性的农业生产,化解小农户与大市场之间的矛盾和增加农民收入起到了重要作用。

(二) 日本农协的组织形式及功能

1. 日本农协的组织形式(详见图 1)。日本农协由各级农协自下而上逐级入股而形成,各级农协都是独立法人。农协的宗旨是:按照合作制的原则,把单一弱小的农户组织起来,共同抵御市场风险,提高农业经营水平和农民生活质量。日本农协一般分为三大层次:市、町、村级,以农户为会员,设基层农协;都、道、府、县级(相当于我国的省级),以基层农协为会员,组成县级联合会;中央级则以县级联合会为会员,组成全国联合会。中央及县级组织有两大系统:一个是主要从事经济运作的"农协联合会"系统,是民间组织;另一个是从事指导业务的"农协中央会"系统,是行政机构,主要研究农协政策,监督、指导、宣传农协工作,协调农协内部关系及向政府提出有关政策建议等。基层农协分综合农协和专业农协。综合农协是以一定区域农民

---

① 黄瑾:《日本农协的作用、问题及借鉴》,《兰州学刊》2007 年第 11 期。
② 孙育红:《从日本、韩国有关情况看我国农业发展及社会主义新农村建设》,《现代农业》2008 年第 3 期。

为对象组建;专业农协是以特定农户的生产者为对象来组建。日本农协在管理上充分体现了合作制的民主管理原则。按照《农业协同组合法》的规定,组合会行使一人一票的表决权以及选举、监督、请求分配盈余金等权利;同时,要遵守农协的章程,履行缴纳股金和支付会费的义务。

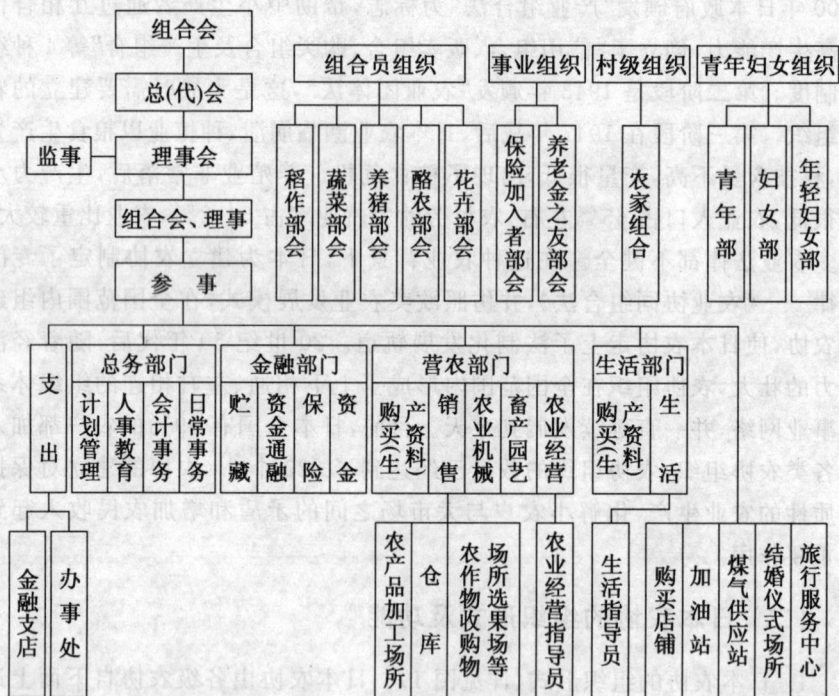

组合会
总(代)会
监事 理事会
组合会、理事
参事

组合员组织:稻作部会、蔬菜部会、养猪部会、酪农部会、花卉部会
事业组织:保险加入者部会、养老金之友部会
村级组织:农家组合
青年妇女组织:青年部、妇女部、年轻妇女部

支出:金融支店、办事处
总务部门:计划管理、人事教育、会计事务、日常事务
金融部门:贮藏、资金通融、保险、资金
营农部门:购买(生产资料)、销售、农业机械、农业园艺、农业经营——农产品加工场所、仓库、场所选果场等农作物收购物、农业经营指导员
生活部门:购买(生活资料)、生活——生活指导员、购买店铺、加油站、煤气供应站、结婚仪式场所、旅行服务中心

图 1　日本农协组织机构图①

2. 日本农协的主要特征。日本农协是以"协同"精神组建起来的组织,不像股份公司那样以最大限度地谋取利润为目的。农协自身的特征主要有四个方面:一是综合服务。从生产资料准备到生产过程,最后到产品销售,农协都要进行全过程服务。在生活消费、医疗保险、文化教育、社会福利、保险等方面,农协组织都参与指导,它是一个对农民生产生活高度负责、周到服务的组织。二是协作活动农协组合员既是农协的组织者,也是农协事业的利用者,农协组织的根本任务是共同协作起来,为不断改善自己的生产和生活条件而奋斗,为此,他们倡导和实行共同购买、共同销售等协作活动。三是共同利用农协组织依靠大家的力量,改善生产生活条件,譬如创建农机

---

① 杨承建:《日本农协的运作模式及综合服务功能》,《科技情报开发与经济》2007 年第 22 期。

服务中心、农产品加工中心、仓库、冷库等,农民都可以利用这些设施进行耕地、收割、加工、储藏等生产活动,农民只出很少的费用,就可以享受到农业现代化的好处,这就是农协共同利用事业的特征。四是整体运作。农协承担着销售、购买、信用和保险等多方面责任,要办好这些事业,单靠地方农协组织是力不从心的。特别是垄断企业的不断出现,农协只有联合起来组建农协集团,依靠整体实力,不断增强自身的竞争力,通过都、道、府、县农协联合会和全国农协联合组织来共同承担农协的各项事业,实行整体协作运行。

3. 日本农协的综合服务功能。日本农协始终贯彻着"农协的组织是事业的利用者"的原则。其各项事业都是围绕农民的生产和生活需要,在《农业协同组合法》允许的范围内进行的,为农民提供最大限度的服务,吸引农民尽可能利用农协组织和设施,从事生产和经营活动,农协主要有六大综合服务职能:一是农业生产指导服务。生产指导服务的目的是完善各个会员的农业经营,维持和提高地区的农业综合生产力。其主要内容有:为会员提供作物良种、栽培方法、田间管理、测土施肥、病虫测报与防治、成果推广等农业生产技术;按照统一产品质量、品种和统一种植的要求,安排采购农用生产资料和引进生产资金的计划;培训生产者,检查产品的质量规格。二是农产品销售服务。销售是农产品得以实现其价值、农民获得生产收益的关键环节。在日本,集中销售农产品是农协的重要日常工作。农协的销售系统是:农户(组合员)—农协—经济联—全农。三是集中采购供应生产资料服务。具体做法是:农户根据自身的需求,向农协订购生产资料以及生活资料,包括肥料、农药、饲料、农机、包装材料、粮食、服装、耐用消费及日用品等,农协把农户的订单集中起来与生产厂家订货,再分售给各会员,其目的是向会员提供优质、廉价、稳定的生产资料和生活用品。其做法是通过收取一定比例的手续费来维持运转,但价格远比市场价低廉。为适应销售、供应服务的需要,农协普遍设有仓库、加工厂、加油站、选果厂,并投资兴建配合肥料厂、饲料厂、食品加工厂等。四是信用合作服务。日本农协从组建后就建立自己的金融系统,以独立于商业银行的方式,组织以农协会员为对象的信贷业务。日本农协金融活动的主要特点是:不以营利为目的,旨在为农协全体成员服务;农协会员既是存款户又是贷款户;同国家的农业政策和金融政策密切配合。作为弱质产业,农业收益低,生产周期长,对长期低息贷款的需求较高,国家通过农协的信贷组织向农业贷款,农协贷付本金,国家财政贴补利息。五是建设和提供公共设施服务。公共设施服务主要是指由农协来建设或提供各个会员无法单独建设或购买,而实际又需要的设施,以便会员之间共同利用。共同利用设施包括农业生产设施及生活文化设施两部分。六是保险和社会福利服务。日本农协建立了风险基金制度,它是通过会员之间的相互合作,应付生命、财产、受灾等不利事件的发生,减轻或尽快弥补经济损失。农协的保险一般分长期保险和短期保险两种。长期为 5 年以上,如退休养老保险和建筑更新保险;短期为 1 年以内,包括火灾、伤害和汽车等保险。除了以上六项服务功能外,农协还开展了农副产品加工、委托经营、土地的规划管理等项服务。

(三) 日本农协运作模式对我国农业合作组织发展的启示

1. 中央机构管理指导。农协全国性联合组织(中央联合会)作为全国农业生产者和农协组织的最高代表,一方面可以起到协调各县级组织之间的合作经济关系,同时还可以作为全国农业生产者代表参与国家农业政策的制定,承担着连接政府和农民的重要作用,它是整个农协合作经济活动的最高组织形式。这保证了按照行政区划设立,几乎覆盖整个农业的日本农协有计划、有组织的开展工作。

2. 业务内容全面丰富。日本农协组织的业务范围除了生产经营外,还包括农村金融事业和农村公共生活事业,这两者发展相当成熟。农村金融业通过低息贷款、接纳储蓄等工作保证农户生产所需资金来源和资金储备;而且组织还可以将协会资金通过外汇和证券等业务进行操作,通过多种形式增加组织的资金,从而保证农户的利益。农村生活事业则基本涵盖了农民生活所需的医疗、教育、保险、婚嫁、养老等各方面,真正体现服务于农的原则。这两点是我国农村专业合作社发展的薄弱之处,特别是我国农村金融的结构和运作机制存在严重缺陷,机构网点少,产品和服务单一、抗金融风险能力弱;而受到资金和管理等方面的限制,公共服务事业很难做到全面细致,这些都需要在今后发展中解决。

3. 成员联系范围广泛。日本农协组织中的"准会员制度"是很大的特色,它吸引了许多未正式加入协会,但是与协会经营发展联系较为紧密的团体和个人。保证了农业协同组织扎根地区、稳定运作、丰富事业量,同时打开组织发展的多条途径,最大限度地利用各种资源为组织发展服务。这对我国合作社如何吸引更多的个人和团体为自身服务提供了借鉴。

4. 组合结构设置合理。经过长期的发展,日本的农协组织已经形成了一套十分完备的组织体系和运行模式。从最高权力机构总会到选举产生的理事会、理事长、监事会、参事以及下属的各个机构部门都十分完备,保证组织各项工作有序开展。

5. 监督体系健全有效。日本农协的监事会直接对总会负责,对理事会及其下属机构的日常工作进行监督管理。业务包括：① 对农协的资产状况和理事会的业务执行状况进行监督、检查；② 当发现农协的资产运用有问题时，应及时向总会及全体成员进行通报；③ 对理事会所提出的各种业务报告（如业务报告书、农协财产目录、资金借贷表、盈亏分析报告、利益分配方案等）进行审查、核查，并提出审查结果；④ 在认为有必要的情况下，召集农协全体成员大会。监事人员本身也有严格的责任制，如果因监事的失职或过失而造成对农协组织的责任事故时，监事本人将承担全部责任，并负责赔偿经济损失。健全的监督体制有效地保证了协会的健康运行。

此外，韩国的农协组织模式与日本的非常相似，只是前者是从农村金融合作组织发展而来的，并且最终也是由农业银行和农业协会合并而成。前者较后者的发展起步较迟，发展成熟度也还不够高，此外不再赘述。

发展中国家农业经营主体发展的经验总结

一、巴西农业经营主体发展的经验总结

巴西是传统农业大国,农业在巴西国民经济中占有举足轻重的地位,是巴西外汇收入的重要来源之一。巴全国农业土地总面积为 3.4 亿公顷,其中作物面积为 6310 万公顷(其中大豆种植面积为 2190 万公顷,玉米种植面积为 1300 万公顷,甘蔗种植面积为 730 万公顷,柑橘种植面积为 80 万公顷),草地面积为 2 亿公顷,可利用土地面积为 7700 万公顷。该国农业发展具有很大的潜力,因为在耕土地面积只占其可耕土地面积的三分之一。2005 年,食品国际贸易净盈余达 290 亿美元,名列世界第一;大豆、豆粕和豆油出口总量超过了美国,名列世界第一;鸡肉出口约为 300 万吨,名列世界第一;猪肉出口名列世界第二;牛肉出口名列世界第五。油籽和饲料已经替代橘汁和咖啡成为最主要的出口农产品。巴西还是世界上最大的糖、乙醇、咖啡、橘汁和烟草出口国。巴西农产品出口值 1990 年为 130 亿美元,2005 年则达到 320 亿美元[①]。巴西有得天独厚的农业资源,农牧业在巴西经济中占有重要地位。巴西全国有 580 万个农场,农牧业总产值(包括与农牧业相关产业的产值)每年达 1800 亿美元,占国内生产总值的 30％[②]。

(一) 巴西农业支持政策的演化历史

鉴于农业在巴西的基础性地位,巴西政府非常重视农业的发展。巴西农业支持政策的总体目标是促进农业发展和提高农民收入,但在不同时期具有不同的政策特点。以 1994 年乌拉圭回合农业协议的达成为标志,巴西农业政策明显分为两个大的阶段。在 1995 年以前,巴西的农业政策经历了由直接补贴向价格支持的转变,目的是支持和保护农民收入。1965—1985 年间巴西用于农业直接补贴的资金累计 310 亿美元,后来限于财政压力,巴西政府从 1985 年开始转为对农产品进行价格支持为主的农业支持政策,1985—1995 年间农业直接补贴由 142 亿美元减少到 60 亿美元。自此,价格

---

① 朱行:《世界农业强国巴西农业概述》,《粮食流通技术》2009 年第 3 期。
② 范三国:《国外的农业》,中国社会出版社 2006 年版。

支持政策成为巴西农业支持政策的支柱。1995 年以后,鉴于 WTO 的成立与农业协议的签订,巴西政府对农业政策做了调整,农业市场更加开放。这一阶段的政策目标具体表现在两个方面:一是保持巴西农业的国际竞争力,主要是针对大农场,减少价格支持,使之在国际市场上的竞争力不断提高;二是确保农民收入不低于城市居民收入,维持社会稳定,主要针对小农户而采取家庭农业支持计划,防止农村人口向大城市的过快流动以至造成社会问题。在这段时期,PEP(产品售空计划)和 Option Contracts(期权合约补贴)成为两个新的政策工具,逐步取代了旧的价格支持政策,减轻了巴西政府直接购买时的库存费用压力。

(二)巴西农业支持政策的具体内容

巴西的主要农业支持措施包括:土地改革计划、家庭农业支持计划、信贷政策、价格支持政策、鼓励合作社发展和农产品出口鼓励政策[①]。

1. 土地改革计划。目的是吸引农民到内陆的中西部开发后备耕地资源,通过大规模经营促进农业竞争力的提高。巴西耕地资源丰富,有可耕地 $50Mkm^2$,人均可耕地面积达 $1.75km^2$,目前有超过 80% 的耕地尚未开发利用。促进土地改革的主要工具是土地征用,政府征用土地以后分给农民;另外政府成立"土地银行",向农民提供贷款用于购买农村地产。

2. 家庭农业支持计划。专门针对缺乏国际竞争力的小农,通过该计划使小农能够获得稳定的收入。该计划包括基础设施建设、农业信贷和免费培训及提供技术资料三条主线。

3. 信贷政策。巴西政府依据土地占有面积、农业产值、农业生产率和农业现代化水平发放农业信贷。信贷分为三种:一是种植信贷,主要用于购买生产资料;二是投资信贷,主要用于添置固定资产,对购买土地不予贷款;三是销售信贷,主要帮助生产者解决销售资金的周转问题。信贷构成分为两类,政府信贷占 10%,商业信贷占 90%。政府规定农业信贷年利率最高为 12%(一般市场信贷利率为 25%),对中小生产者在贷款利率上更加优惠,分别为 9% 和 6%。

4. 价格支持政策。价格支持政策经历了由原来的政府直接购买向产品售空计划和期权合约补贴的转变过程。产品售空计划是政府通过向加工企业和批发商支付"差价"补贴的方式来支持农产品价格。例如当中西部的农

---

① 李飞、孙东升:《巴西的农业支持政策及对中国的借鉴》,《中国农机化》2007 年第 5 期。

民把产品提供给南部的加工企业或批发商时,政府将两地之间的价差(主要是运费)补贴给后者,从而鼓励他们到内陆地区去收购农产品,进而为内陆地区农民提供价格支持。期权合约补贴则相当于价格保证制度的一种,即现在定一个一定时期以后的期权价格,但是先要买这个保险。如果买了这方面的保险,当到期实际市场价格高于期权价格时,由农民自己出售;当到期实际市场价格低于期权价格时,政府直接把市场价格与期权价格之间的差额补给农民,仍由农民自己销售。

5. 鼓励合作社的发展。巴西在农村建立了多种形式的合作社,在推动生产、实现供销一体化和提供各种服务方面发挥了积极作用。20世纪90年代初,巴西有4000多个合作社、成员4000多万户。合作社主要有供销合作社、渔业合作社和农村电气化合作社三种,它们各自发挥着不同的作用。以供销合作社为例,其主要职能是为农民供应生产资料,提供农产品的分级分等、包装、仓储、运输、销售和出口等服务,同时还提供生产技术、市场信息、经营管理咨询、技术培训等服务。

6. 农产品出口鼓励政策。一是鼓励出口计划。巴西政府为出口产品提供信贷、贴息和出口担保,并建立出口保障、开发基金以及提高产品竞争力基金。二是加速改善农村地区的交通运输条件和基础设施建设。提出"北方产品出口长廊建设计划"和"北部地区灌溉计划"。三是建立出口联营集团。政府针对现实存在的大宗农产品出口被少数大公司垄断的情况,为保护小农业生产者利益建立了中小企业"出口联营集团"。四是农业低税政策。巴西农业的各种税收与其他行业比是最低的。对于土地利用率在90%以上,占地25hm² 以下,居住在农村的农场主还可免除农业土地税。五是设立地方开发银行和特别基金。利用财政政策鼓励私人向落后地区投资。

(三)巴西农业产业化经营主体的基本模式

农业生产持续和快速增长是近年来巴西经济中的亮点,带动巴西农业发展的因素有很多,农业经营主体及其组织模式的创新起到了至关重要的作用。

1. "农户加企业"模式。20世纪30年代后,巴西农户自发组织农业合作社,来解决生产机械化、产品运输和市场销售等难题。60年代后,随着农业的发展,产业化模式应运而生,其主要形式有两种:一种是以合作社为核心内向发展,即合作社通过资金积累和商业融资,建立自己的农副产品加工企业,组织农户进行生产,由合作社负责市场行情研究和加工销售;另一种是以企业为核心外向联合,即企业按照市场需求,与农户或合作社签订合同,组织农户生产。

2."农场加企业"模式。巴西中西部土地充足且便宜,农户经营的土地规模一般都比南方大,由此涌现出许多现代化的农场,并建立了"农场加企业"的产业化方式。农场与企业合作,以产业化的运作方式从事农业生产。中西部现已成为巴西最大的大豆、棉花和肉牛产地,粮食产量占全国总产量的30%。

3."合作社"模式。巴西农业产业化的进程和经验有其鲜明的特征。首先,在农业产业化过程中注意保护农户自主生产的权利,重点是帮助农户解决运输、加工、销售、出口等问题,因此,产业化模式受到农户欢迎,显示其活力和效益。其次,产业化发展带动了地方特色经济,一个农产品产业化经营往往能够带动一个地区的农业集约化生产。第三,产业化发展有利于打破地域限制,按市场需求组织和扩大生产,不断向贫穷落后地区延伸。第四,产业化的发展需要政府的支持,特别是在鼓励发达地区农民向经济落后或没有开发的地区的迁移过程中,更需要政府的政策性支持。

此外,南美洲的阿根廷等国的自然资源禀赋和社会政治制度与巴西的比较接近,其农业现代化的发展模式也很相似,故不再赘述。

二、印度农业经营主体发展的经验总结

印度是一个农业大国,国土面积297.47万平方公里,居亚洲第二,世界第七。人口为11亿,居世界第二,其中农业人口占人口总数的一半以上。印度拥有丰富的土地资源,平原占国土面积的43%,耕地面积约占国土面积的47%,多达1.43公顷,居亚洲之首[①]。印度的农业生产有着悠久的历史和传统,农业在国民经济中具有举足轻重的地位。因此,可以说印度与我国"人多地少"的基本国情非常相似,其农业发展经验具有借鉴意义。

(一)印度农业支持政策的主要内容

20世纪60年代初,印度发生了自独立以来的第一次全国性饥荒,只能火速进口500万吨粮食以解燃眉之急。痛定思痛,政府得出结论:农业对印度这样一个人口大国的发展与稳定至关重要[②]。从此,全国上下开始把农业当作头等大事来抓。印度政府对农业的支持,主要体现在以下方面:

---

① 吕青芹等:《国外的农业合作社》,中国社会出版社2006年版。
② 邓常春:《印度政府对农业的支持及其成效》,《南亚研究季刊》2005年第4期。

1. 注重改善农业和农村的基础设施

实际上,印度政府一直强调不断加大农村基础设施建设力度,并决定在100个最落后的地区实施基础设施发展特别计划,修筑农村公路和建设农村通讯网、电力网,并在条件适合的地区发展计算机互联网设施,以便在增加粮食产量的同时促进农村各业的发展。例如农村的电力、道路等基础设施建设全部由邦政府出资,农民的负担大为减轻。不过,鉴于政府财力有限,印度农村的基础设施依然比较薄弱。

2. 注重对农民切身利益的保护与扶持

在这个方面,印度政府采取了很多有效措施。例如,印度法律规定:"耕种面积不超过8英亩、年收入在10万卢比(约合2300美元)以下的农户,免交包括所得税在内的各项税收……"现实情况是,不管是普通农户还是拥有几十甚至上百英亩土地的大户,他们所申报的实际耕种面积和年收入都低于此标准。这样一来,政府在农业领域几乎没有任何税收。尽管印度农户是通过"化整为零"的办法"钻空子",但印度一些专家认为,这一政策的出发点本来就是减轻农民负担,政府为了促进农业发展也一直没有对此深究。又如,印度政府通过规定粮食购销价格、实施政府配售制度和建立缓冲库存等措施来稳定农民的收入。农业成本与价格委员会每年向政府提出粮食收购支持性价格,政府再根据储备需要,公布当年的粮食收购底价,有效防止了丰收年景粮价出现暴跌,确保不会出现谷贱伤农的现象,而且农民可以根据政府公布的价格确定来年种植计划。此外,政府还严格规定了农机、化肥、种子等农资价格,并低价甚至免费向农民提供最新农业技术。再如,对农村实行柴油、电力免费或优惠政策。譬如,被称为"印度粮仓"的旁遮普邦规定,农民购买柴油的款项可在出售农产品之后支付。农业用电则采取区别对待的办法:生活在贫困线以下的农民免费用电;一般农户可免费使用灌溉用电,其他用电则享受优惠价。

3. 注重运用现代高新技术改造传统农业

几十年来,印度政府投入巨资兴建大批农业研究机构,以低价或免费向农民提供最新的农业实用技术,帮助农民发家致富。在印度农业研究理事会(ICAR)的领导下,印度已建立起世界上最大和最广泛的农业研究网,它包含97个国家级机构,主要开展对农作物、牲畜、渔业和其他农业相关领域的研究;还包含82个全印协作研究项目。此外,印度还拥有40余所农业大学,进行农业方面的研究、科技转让和教育。所有ICAR下属机构均与新德里的总部以网络相连。

另外,从1998年以来,世界银行一直资助开展印度国家农业技术项目

(NATP)，这也是由世界银行资助的此类最大的项目。它的主要目标是在科技传播与推广方面开展研究与创新。最近，又有两个新的网络建成，它们连接着所有农业经济学家和统计学家。这将为信息交换提供便利，并成为印度农业经济、社会信息的主要来源和动态更新的数据库。过去，农业科技的发展与传播被看成是政府的工作，但现在这种情况发生了很大变化。政府逐渐鼓励私有部门进入这一领域。人力推广和采用农业现代科学技术，成败的关键在于人才。印度每年有 300 万大学毕业生及数量相当的中等职业人才，他们是"第二次绿色革命"宝贵的依靠力量，政府应当鼓励他们到农村去，用他们的知识为改变农村落后面貌建功立业。这样不仅可以解决他们的就业问题，而且对推动基层农业科技队伍成长，促进农村科技成果的推广十分有利。现在，农业专业的毕业生获得经济帮助以建立"农业门诊部"，他们不仅向农民提供指导和传播科学知识，同时还向农民出售必需的农业物资。

4. 注重农业（农地）制度创新

在世界范围内，后进国家用技术创新代替制度创新的例子有许多，印度在这方面颇有远见，在农业发展中，不但注重技术创新，而且注重制度创新。这个方面的一个典型例子是合同农业的倡导。这是指合作社和出口商帮助农民生产某种他们需要的农产品。过去几年一些这种类型的创新公司创建起来，在这些公司里，"生产者"农民和"最终消费者"出口商、加工商和贸易商达成一个生产和销售的协议。一些大的合作公司对这种运营模式也产生了很大兴趣。同时，农业市场管理的相关法律也进行了相应修改，将这种合同农业合法化。与此相伴，农村私有农业市场开始迅速发展，关于农产品运输和存储的限制也被取消。

（二）印度农业合作社的发展现状

1. 印度农业合作社的发展概况

印度的农业合作组织被认为是目前世界上最大的农业合作组织网络。据统计，全印共有 52.8 万个各种类型的农业合作组织，入社成员 2.29 亿个，总运营资本 285643 亿卢比（100 印度卢比约合 19.20 人民币元），覆盖全国 100％的村庄、67％的农户[①]。印度农业合作社主要包括奶业合作社、农业信用合作社、农业销售合作社、加工和仓储合作社、耕种合作社和渔业合作社六种类型。

---

① 曹建如：《印度的农业合作社》，《世界农业》2008 年第 1 期。

（1）奶业合作社。奶业合作社是印度农业合作组织当中的一个重要方面，对印度的奶业发展起到了非常重要的作用。为尽快摆脱对国外进口牛奶的依赖，印度政府在亚兰德（Anand）建立了以一家一户为基础的奶业合作社（被称为亚兰德模式）。在此基础上，印度政府将亚兰德模式推广到全国。奶业合作社网络建设极大地推动了印度的奶业发展。2001 年，全国共生产牛奶 8300 万吨左右，居世界鲜奶及奶制品生产大国榜首。以奶业合作社建设为核心的奶业大规模发展计划，被称为印度农业的白色革命。目前，印度奶业合作社已经渗透到全国每个村落，全国共有村级奶业合作社（协会）103305 个，共有成员 1154.6 万个，日均销售牛奶 1650 万升。在村合作社的基础上，全国设有 176 个奶业合作社联合会（Union），在联合会的基础上又设立 15 个邦级奶业合作社市场联盟，在邦级联盟以上设有全国奶业发展局。通过合作社的形式，印度农民不仅可以从牛奶的生产环节获得利润，而且还从加工、销售环节得到利润。合作社收购牛奶的价格是根据合作社加工和销售环节的不盈利原则统一确定。此外，农民还可以从合作社以较低廉的价格购买奶牛或奶役兼用的水奶牛。

（2）农业信用合作社。农业信用合作社分两种：一种是只为社员提供中短期贷款服务的，称为信用合作社；另一种是为社员专门提供长期贷款服务的，称为土地开发合作银行。其主要业务是为社员提供兴修水利、改良土壤、购买大中型农机具贷款。印度全国共有农业信用合作组织 98236 个，向农民提供各种金融服务。农业信用合作组织包括三个层次：中央合作银行，共有 370 个银行，13121 个办事处，运营资本 11005 亿卢比，2003 年向农民提供贷款 5945 亿卢比；邦立合作银行，全国共有 30 个，分行 900 个，运营资本 6083 亿卢比，2003 年向农民提供贷款 3935 亿卢比；农村初级信用社，共有 95670 个，入社成员 10281 万个，其中，低种姓和边远地区的小农户占 80.45%，运营资本 2611 亿卢比，2003 年向农民提供贷款 2932 亿卢比。各类农业合作银行（信用社）覆盖印度 100% 的农村，为农村地区中小农户的发展提供了有效的金融支持。据统计，农村初级信用社贷款总数的 43.5% 和短期贷款的 40% 都贷给了占地面积不足 2 km² 的小农户。

（3）农业销售合作社。农业销售合作社的主要业务：一是供应农民所需要的化肥、种子、农药、农具等生产资料；二是帮助农民推销农副产品，开展农产品加工业务。印度农业销售合作组织，在中央设有全国农业合作市场销售联盟，负责对印度的农业销售合作社的协调管理，组织实施中央政府对农业销售合作社的经济支持项目和计划，实施中央对农产品的价格支持计划，并开展一些市场营销活动。

(4)加工和仓储合作社。加工和仓储合作社承担农产品加工业务,主要是合作制糖厂、合作碾米厂、棉花加工厂、合作纺纱厂以及水果、蔬菜加工厂。据统计,全国有棉花生产合作社及棉纺织合作社159家,其中,棉花种植者合作社82家,手工纺织合作社63家,机械纺织合作社13家,拥有成员77.1万个,总股份资本94.25亿卢比。2002年总产值128.63亿卢比;全国有制糖合作社313家,成员505万个,其中甘蔗生产者会员占90.45%,非生产者会员占5.7%,此外,还有3912个机构成员,2003年销售额128亿卢比,糖产量为1018万吨,占全国糖总产量1852万吨的55%。

(5)耕种和灌溉合作社。耕种合作社形式有两种:一种是土地作为农民个人所有,只实行统一耕作,称为"联合耕种合作社";另一种是土地改为合作社所有,社员在土地上集体耕作,称为"集体耕种合作社"。全国共有农业耕种合作社7065个,其中,集体耕种合作社3706个。共有入社成员351276个。全国有灌溉合作社8105个,参加成员有605930个,灌溉面积1480248km²,总运营资本82.7亿卢比,创造就业8161个。

(6)渔业合作社。全国共有渔业合作社13884个,成员216万个,其中,低种姓成员占7.5%,边远部落成员占9.85%,海洋渔业成员占28.4%,内陆渔业成员占71.6%。2001年总销售额21.85亿卢比,生产各种鱼类390383吨,占渔业总产量565万吨的7%,创造就业2062个。

2. 印度农业合作社的运作模式

(1)印度合作社运行的基本原则。印度的国家合作社政策,规定了合作社必须遵守的七条原则:自愿入社、出入自由;民主管理;平等入股;独立自主;教育和培训社员;加强社际合作;关心社区发展。

(2)印度农业合作社的特点:一是民主管理。理事会是合作社的最高管理机构,理事会由社员大会选举产生,每届任期多为5年,社员大会通常每年召开一次,审议合作社的工作。国家一级的合作社联盟,因为兼有管理和协调职能,理事会由政府任命。比如,全国合作社联盟、全国合作社销售联盟等全国性组织,还承担中央政府支持合作社发展的计划和项目的管理任务,这些组织的理事会由政府任命。二是民办官助。政府对合作社十分重视,在组织上和经济上给予支持,包括培训、补贴和资金援助,帮助合作社发展生产、加工、销售等事业。三是以加工和销售为核心。农产品加工和销售能够为社员带来丰厚的利润,同时还得到政府的重点扶持。

3. 印度政府支持农业合作社的措施

(1)完善立法,为农业合作组织的发展创造公平的环境。印度《宪法》规定：农业合作组织的管理属于地方权力。因此，有关农业合作社法规和条例均由各邦制定。据了解，印度各邦都有制定《农业合作社法》，对农业合作社的组织、管理、权利和义务作出了详细的法律规定，为推动本地区农业合作组织的发展起到了重要作用。农业生产、加工和营销在大多情况下需要跨区域经营，在这种情况下，许多跨行政区域的合作组织营运而生。为了规范跨区域农业合作组织的管理，印度政府于 1984 年出台了《跨邦农业合作社协会法案》，对社员来自不同邦的农业合作组织的建立、社员的权利和义务、合作社的运营和管理模式、资产和收益的分配与审计、纠纷的解决办法等都作出了法律规定。印度各邦及中央政府对于农业合作组织制定的完善的立法体系，确定了各类农业合作组织的合法地位，为农业合作组织的发展创造公平的竞争环境。

（2）印度合作社国家政策印度在发展合作社方面也面临一些问题。主要是基层合作社的规模小，力量薄弱，服务功能受到限制；基础设施较差；政府的行政干预较多；管理人员缺乏专业素质；地区之间差距较大。为了进一步推动农业合作组织的健康发展，印度政府于 2001 年出台了农业合作社国家政策。政策规定：国家要对农业合作组织提供必要的支持、鼓励和帮助，确保合作社的独立自治、民主管理，以便为国民经济发展作出重要贡献。国家政策的主要目标是：确保合作组织按照 1995 年国际合作社联盟大会提出的合作社的基本价值和原则运行；振兴合作社组织体系，特别是农业信用合作组织体系；通过中央政府和邦政府的支持，加强对欠发展地区和邦的农业合作社建设，缩小地区间的差别；加强教育培训和人力资源开发，提高合作社的专业化管理水平；在合作社管理中加强社员的参与；修订合作社法，删除限制合作社发展的条款；确保合作社的收益能够惠及贫困群体，鼓励贫困群体及妇女参与合作社的管理。国家政策还就如何实现上述目标提出了 16 项政策。

（3）成立专门机构，并将合作社发展纳入五年经济发展计划。印度独立以后实行的计划经济发展政策，为合作社的发展提供了新的机遇，合作社被认为是计划经济发展的最好的工具，合作社成为国民经济的独特部门。从第一个五年计划开始，合作社的发展就作为五年计划是否成功的评判标准之一。20 世纪 60 年代，印度政府进一步强调了通过发展合作社推动农村经济和增加农业生产的重要性。伴随着六七十年代农业绿色革命的发展，印度农业合作组织也得到了空前的发展。印度政府对合作社发展一直予以高度重视。1958 年，印度成立合作社部，作为一个副部级机构，隶属于当时的印度社区发展部。1979 年，印度成立了农业与合作社部，作为一个副部级机构,隶属于当时的农业与灌溉部。现在,农业与合作社部仍然是一个副部级机构,隶属于印度农业部,其职责是:负责国家农业合作社的政策制定;协调和管理有关全国农业合作组织;开展合作社教育和培训。

(4)政府在经济上对合作社予以大力支持。印度政府对于合作社的经济支持包括拨款、提供贷款和入股三种形式。印度农业与合作社部通过全国合作社联盟、全国农业合作社销售联合会、全国合作社发展集团公司、全国消费者合作社联盟等机构面向各类农业合作组织提供资金支持。目前开展的项目有:全国合作社联合会资助项目、合作社教育与培训项目、跨邦合作社发展项目、合作社综合发展项目、面向欠发达地区的合作销售加工和储藏项目、克拉拉邦可可发展项目、比哈尔邦农业增长项目、蔗糖加工合作社入股项目、棉花生产和纺织合作社入股项目等。

三、越南农业经营主体发展的经验总结

越南是一个典型的农业国,与我国西南地区省份的自然资源禀赋比较相近,其农业发展经验具有一定的借鉴意义。越南南北统一后,由于受苏联模式的影响,重工轻农,盲目照搬公有化和集体化模式,结果为此付出了惨重的代价。原来被称为"世界粮仓",一度是世界重要稻米出口国的越南,粮食不仅不能自给,而且每年还需从国外进口数十万吨粮食来解决吃饭问题,并需要各种各样的配给卡和粮票进行计划解决。自 1986 年实行全面革新路线以来,越南以推行农村家庭联产承包责任制为突破口,使农业农村经济得到快速发展,农民生活水平不断提高,农业产值平均增长 4.5%,农产品出口平均增长 13.05%,近年来越南更是稳居世界粮食出口第二位,咖啡、腰果、橡胶等农副产品出口均居世界高位。越南党和政府结合国情的革新与发展之路,保证了 20 多年来农业农村经济社会的发展,而且也使越南的农业处于深刻的变革进程中。

(一)越南农业支持政策改革的主要措施

1. 实行联产承包责任制,妥善解决土地问题[①]

1981 年初在农村试点分田承包基础上,越共中央发出第 100 号指示,号召实行农业生产承包制,虽然指示没有突破原有的旧体制,但促进了越南农

---

① 刘常喜等:《越南农业改革评析》,《延安大学学报》(社科版)2009 年第 4 期。

业生产面貌的改观。1988 年 4 月,越南颁布了《更新农业管理》的 10 号决议,其后在越共"六大"上又专门讨论了农业问题,其精神实质是:在全国推行家庭联产承包责任制,肯定农民是农业生产的主体,改革农业生产合作社,允许农民自主经营。1993 年,越南国会通过立法从法律形式上确认了农民长期使用土地的权利和经济主体的地位,鼓励农民在提高土地生产力方面投资。越南虽早在 1987 年就颁布了《土地法》,但由于其土地政策法规不健全、管理制度不完善,土地私下交易严重,土地问题比较突出。针对这一问题,2003 年修改的《土地法》规定:土地所有权属全民所有,国家是土地的所有者,国家对土地的管理内容不变;将土地使用期限延长至 70 年,同时明确了国家和土地使用者的权利与义务,完善土地管理机制,向社会公开土地使用规划,整顿土地批租工作,实行土地使用许可证制度;赋予农民自主生产经营的权利,并允许和鼓励农民通过合法转让、继承、租赁和抵押土地使用权,实现联合或联营。同时,通过设立专职土地监察员制度加强对土地问题的检查处理力度,明确要求在 2004 年和 2005 年内彻底解决全部现存的与土地问题有关的申诉举报案件。2006 年越共"十大"进一步提出要保障土地使用权顺利转化为商品,使土地真正成为发展资本,要求早日解决农户耕地小块分散的现状。2008 年越共十届七中全会又专门就"三农"问题通过决议,提出要在继续坚持土地归全民所有、国家按规划和计划统一管理的基础上,完善《土地法》的修改补充工作,更加有效地分配和使用土地。家庭和个人可以长期稳定地拥有土地,放宽土地使用期限,建立公开、明确的关于土地使用权的市场运行机制,推动土地的转移和集中工作,使土地拥有者可以将土地使用权作为投资投入到公司和企业中。土地权属制度的建立为工业化、城市化背景下的越南农业发展提供了制度基础。

2. 注重发展新型经济模式,家庭庄园和其他所有制形式(国家、集体、私人)的经济得以发展

1997 年以来,越南鼓励农民在改革实践中按照"自愿、民主、互利"的原则参加新型农业合作社,推动新型合作社向生产工具、劳动力、技术、资金、产品销售、加工等环节的综合服务功能转变。尤其鼓励农户、家庭庄园和其他经济成分联合起来,形成各种合作经济的形式和组织,以便扩大生产经营规模,引导和帮助还有困难的农户。目前越南有 7000 多个新型合作社,其中 18 个合作社已发展成为国家级的大型公司。与此同时越南从法律和观念上为个体和私营经济享受与集体经济一样的平等待遇创造了良好氛围,先后实施了对农村小型企业免税 3 年,对小型科技企业免税 2 年,对家庭式小企业和小作坊免税 1 年等鼓励政策,同时鼓励个体和私营企业主联营和股份化,使个体经济和私营经济成为当前越南最活跃的经济成分之一。2000年越南政府颁布了旨在发展庄园经济的3号决议,对庄园经济的性质和地位,土地、投资与信用、财政、农业商品销售等问题从政策上做出了明确的规定。庄园经济的主要特点是突破了小农经济的框架,集约化、专业化和市场化程度较高,目前约有13万个庄园,主要经营农业、畜牧业、林业和水产养殖行业等。庄园经济不仅大量吸收了农村剩余劳动力,每年创造产值上亿美元,而且庄园经济的发展壮大为农业实现工业化和社会化大生产提供了前提条件,对于越南农业向现代化过渡具有重要意义。

3. 调整产业结构,实现优质、高效发展

2001年越共"九大"首次提出要把实现农业农村工业化、现代化作为国家实现工业化、现代化的首要任务,积极调整三大产业结构。在土地税收、投资信贷、劳动就业、信息服务、融入国际经济等方面实施推动农业农村可持续发展的政策,积极推进主要农产品向主产区集中的发展战略,逐步实现农产品市场化、规模化和商品化;注重发展地区特色产品,形成新型高效的农业农村经济模式,在有条件的地区因地制宜发展工业和服务业,把推动农村小城镇建设与农村小工业区、高科技农业区建设结合起来;注重搞好"农家—企业家—科学家—国家"的"四家结合",形成"生产—销售—技术—资金—权益保障"各个环节的良性互动,特别强调国家对农民"生产什么、为谁生产、怎样生产"的指引;积极调整农业种植养殖结构,根据"形式多样、发挥优势、结合市场"的原则发展水产养殖、果蔬花卉和高附加值经济作物,引进高产高质品种,推广深耕技术,广泛应用生物技术等农业科技新成果,加快由传统农业向现代农业的转变。通过这些措施,目前越南第一产业比重已降至20.14%,可谓成绩显著。

4. 加大财政支持,鼓励外资对农业的投入

越南的财政支农资金包括支持农民生产性支出、农村水利气象投入、农业基本建设支出和发展农业科技的支出,各级政府都制定了本地区农业结构调整规划,地方财政也积极支持支农支出结构的调整。近年来,越南支农支出占财政总支出的比例呈不断上升的趋势,支农支出增长已高于财政收入增长。同时越南政府积极开拓国际新市场,积极争取和吸引外资对农业的投入,ODA援助和长期贷款,颁布了《外国直接投资项目立项、审查和实施规划》,对外国投资注册、审批程序进行改革,简化了投资审批手续,缩短了项目审批时间。越南政府还颁布一些新条例,大幅度降低土地租金,平均降幅达25%,对于向"困难地区"投资的外资企业则可降低50%。2002年底,就有47个国家和地区的362个项目得到批准,投资额达50亿美元左右,实际到位资金 23 亿美元,目前,外资在越南农业的投资占农业总投资的 15%。越南农业和农村发展部国际合作司称,2007 年,农业领域吸收外资项目 61 个,合同金额 118 亿美元,注册资金 111 亿美元。

5. 注重农业改革的深化和成效,注重处理和化解革新开放带来的矛盾和危机,特别强调忧患意识

多年来的快速发展带来的资源、环境、交通、公共卫生、贫富差距等各种问题和矛盾渐显,原有经济模式和管理体制中的弊端逐渐暴露,制约农业经济进一步发展的"瓶颈"效应显现。在农村城市化、土地商品化的过程中,由于政策法规不健全、管理不完善及腐败现象等原因,造成的土地使用浪费、农户失去土地的权益保护等问题,越共通过立法的形式不断明确国家对土地管理的任务和权限,在征地补偿中明确要求"必须保证被征地者的生活比原来更好",通过颁布土地基准价格,运用税收杠杆等手段对土地价格进行调控,打击土地投机活动。从 1992 年开始实施"消饥减贫"计划,不断加大对农村基础设施建设力度。1998 年又启动了针对山区和边远贫困乡村的"135工程",每年向贫困乡村提供 3 万美元资金,用于当地开荒修路、兴修水利、修建学校、兴建医疗站和农贸集市等。针对 2007 年底以来经济动荡对越南农业经济、民众生活和社会稳定造成的影响,越南党和政府一方面加大对农业生产的支持力度,迅速消除 2008 年初北部雨雪冰冻灾害天气和部分地区禽流感疫情对农业生产的影响,促进粮食增产;另一方面加强市场管理和价格执法,打击商品等生产生活必需品的投机和走私行为;同时集中力量发展生产,保证国内供需平衡,减少粮食和基本原材料的出口,以保障国内供应。

(二)越南农业合作社的发展状况

1996 年越南颁布《合作社法》,新法确立了自愿入社、自主经营和民主管理等原则,这标志着合作社开始回归到正确的轨道,恢复它本来面目。接着,越南政府鼓励旧合作社按照合作社法进行体制转型,原有财产折股分摊到户或个人,并向社员筹集新股以扩充合作社的经营资本。

除旧合作社转制以外,新合作社也不断登记成立。新合作社遍及各个行业。到 2004 年底已有超过 8000 家新合作社。过去 5 年每年有超过 1000 家合作社诞生。新合作社都按照合作社法成立,社员自愿入社,民主管理。社员不仅有个人、户,还有庄园主、手工业户、科技工作者、中小企业乃至国有企业。新合作社的股金普遍高于转制合作社。非农合作社股金一般人均1000 万~1500 万盾,农业合作社股金一般人均 100 万~300 万盾。资本金达到几十亿盾的合作社不在少数①。

新合作社经营方向明确，管理者素质较高，思维开阔，头脑灵活，经营效果普遍较好。到2004年6月底，全国共有16899家合作社和联合合作社，其中农业合作社9313家，商业服务合作社515家，工业和手工业合作社2325家，建筑合作社542家，水产合作社591家，交通运输合作社1086家，信用合作社898家，其他合作社1629家。

越南政府对合作社的扶持体现在以下几个方面：第一，注销计划经济时期发生的旧合作社的债务。转制合作社在接手旧合作社财产的同时也继承了旧合作社的债务，称"旧债"。旧债的成因复杂，解决起来也比较困难，于是政府作出指示，规定合作社欠私人的旧债应尽量偿还，合作社之间以及合作社欠政府部门的债务一律免除。第二，向合作社发放低息信贷。全国合作社系统每年得到4000亿盾信贷资金。2004年，胡志明市政府给该市合作社联盟属下的资本扶助基金会拨付财政资金1000亿盾。第三，让合作社参加由政府出资的地方经济和社会发展项目。越南政府为了发展农村经济、提高农民的物质和文化生活水平，多年来推出了多项由国家财政专款支持的经济振兴计划，如135工程（其内容是扶助边远地区、海岛的贫困居民）、振兴村业工程、发展传统产业工程、植树造林工程、农村清洁饮水工程，等等。政府在组织实施这些工程时，明确规定各项目实施单位应尽量使用当地农民工，在保证项目质量的前提下，应优先将工程项目发包给当地合作社承担。第四，培训合作社领导干部。合作社法实施以来，越南全国合作社联盟已经组织了五次全国性的合作社领导干部（主任、副主任和会计长）培训班，培训内容包括合作社的组织、决策、经营管理、会计和审计业务等。河内及其他地方一些大专院校也接受政府委托，承担培训合作社干部的任务。

改革后的合作社为缺乏经济实力、分散经营的小生产者（其中主要是农民）提供了组织平台，使他们能够以团体的身份和力量参与市场竞争，谋求生存和发展。政府有责任为合作社的生存和发展提供法制保障和政策扶持，这是达致社会平衡发展和社会和谐所必需的。

越南全国合作社联盟在2004年11月召开的第二届全国合作社代表大会报告中概括了合作社对经济和社会的贡献：在经济方面，2003年，合作社对GDP的贡献是7.49％，其创造的国内生产总值从2000年的379000亿盾上升到2003年的453770亿盾，增长1.3倍；合作社促进了经营户的发展，促

---

① 吴远富：《越南合作社改革初见成效》，《广西日报》，2006年4月11日，第006版。

进了生产者之间的联合;在农村,合作社为农户提供了生产便利的条件,为农林渔业的商品化生产作出了贡献,促进了农民就业和增收;合作社成为集中社会资源促进国家工业化、现代化的重要途径;合作社适应了地方发展社会经济的需要,成为国家发展地方经济和社会规划项目的实施者和落实者。

在社会方面,合作社发挥了互助共济、促进成员共同富裕的作用。合作社直接满足社员的经济、生活和社会需要,同时促进提高社员的文化和道德水准。合作社参与解决社区问题,如创造就业、增加收入、扶助弱者、改善生活环境,促进社区文明进步。一些合作社能够解决社员个人生活需要,如给老年社员发生活补助金、操办婚丧事、照顾五保户、开办培训班、为困难户子女上学筹集学费。合作社还起到稳定社会、维护公共秩序、巩固地方政治基础的作用。

其他农业特色国家(或地区)农业经营主体发展的经验总结

一、荷兰农业经营主体发展的经验总结

荷兰是一个典型的人多地少、农业资源相对贫乏的欧洲小国,其人口密度与浙江省相似,是欧洲人口密度最大的国家,但是荷兰农业却取得了举世瞩目的成绩,荷兰的农产品出口位居世界前列,尤其在畜牧业、花卉市场和农产品加工等方面,优势更为明显。浙江人地关系与荷兰比较接近,资源格局是"七山一水二分田",农业资源具有多样性,但耕地面积不多。很显然,从总体条件看,我国东部沿海省份的农业资源禀赋与荷兰的非常接近,荷兰式的劳动与技术密集型现代农业发展道路值得借鉴[①]。

(一) 荷兰小规模经营农户发展现状

荷兰农业生产是以农户为单位的家庭农场式生产,其农场总数约有12万个。近二分之一的农场从事种植业,余下的均为畜牧农场和园艺农场。70%以上的农场平均仅有不到2个劳动力。农业劳动力约占全国总劳动力的5%和全国总人口的1.8%。这些劳动力主要是农场主本人,家庭成员多为主要帮手,此外还雇些临时工。但荷兰家庭农场的规模在欧盟成员国中是最大的。为了使农业达到规模经营,荷兰政府对自动放弃经营农场的农民和提前退休的农场经营者给予补贴[②]。

与美、澳等国家相比较,荷兰的农户经营规模都比较小,但是这些农户的经营素质却都很高。高素质的劳动者是荷兰农业产业发展、规模经营、科学管理与高效运行的基础和前提。荷兰高速发展的现代农业在很大程度上得益于农业劳动者科技文化素质的普遍提高和农业人力资源合理有序开发及高效利用。荷兰农民善于学习和掌握现代化的技术,及时收集和了解有关的农业信息,在经营管理方面有极强的放眼世界市场的意识和开拓国际市场的能力。此外,荷兰农民节俭、勤勉,具有商业本能和敢于冒险,富有开

---

① 黄祖辉:《荷兰经验对我省发展现代农业的启示》,《今日浙江》2007年第6期。
② 肖健:《荷兰高效农业中的合作组织》,《东方城乡报》2007年12月13日,第B02版。

拓、创新的精神。这些特点让荷兰农民在整个农业产业链中起着重要的作用[①]。

(二) 荷兰农业合作组织发展现状

荷兰的农业是以家庭农场为经营基础,但是,农户与农户已形成利益共同体,而不是竞争对手,使他们成为利益共同体的载体是农业合作社及其联盟。合作社覆盖农业生产、供销、农机、加工、保险、金融等领域,为农户的农业生产提供各种周到的社会化服务,既解决了农户进入市场的问题,又保护了农民的利益,提高了农业的国际竞争力。合作社下连千家万户农民,上为议会、政府制定农业政策提供建议,是连通政府和农户之间的桥梁。

1. 荷兰农业合作组织的组建原则和方法。荷兰人将农业合作社定义为一种农民永久合作并将他们自己的部分经济活动(一般是市场活动)合为一体,共担风险、共享利润的经济合作组织,以使农民获得尽可能高的经济效益,同时保留农民在其他农业行业运行中的自给性质。荷兰的农业合作社仅仅是单一目的的合作社,总是针对某一特定的市场,被作为"抵抗力量"的手段和方法,是高度专业化的单一目标的合作社。荷兰具有完备的合作社立法。农业合作社都制定章程,包括:合作社名称、目的,合作社成员的来源,合作社成员大会或代表大会的职责,董事会、监事会及其职责等,合作社的经营事务,如销售商品的权利与义务、财务审计、利润分成、监督仲裁等。农业合作社和社员都有收购和出售全部产品的责任和义务。合作社在扣除各种合理开支后,将利润余额按社员出售产品成交额比例进行返还。荷兰农业合作社的主要原则为:一是每个独立家庭农场间的合作,自主性很强,每个农民决定自己农场的生产和生产过程。二是严格按照协议进行活动,完全自愿,按民间方式管理,独立于政府,不受政府干预。支出和收益列在各成员的联合账户上,通过内部分配方法由各成员分享。内部分配取决于每个成员进行经济活动的数量和质量。在合作社内部,不同产品有不同的价格,农户出售产品按产品质量定价,这是农户加入合作社所遵循的一项基本规定。三是合作社内部的权利和义务由成员共同承担,包括财政、风险和投票选举权等。四是合作社依赖每个成员的生产过程,因此,统一每户农民的生产过程非常重要。五是合作社成员的密切性和多项性。密切性即成员必须通过合作社来销售自己的全部产品,不允许将部分产品直接出售给零

---

① 俞美莲等:《荷兰农业对上海农业发展的启示》,《上海农业学报》2009 年第 25 期。

售商;多项性意味着一个农户可以同时是几个农业合作社的成员①。

2. 荷兰农业合作组织包括与市场功能有关的合作组织和与农业服务相关的合作组织两种,两者都为荷兰现代农业的发展提供了重要动力。(1)与市场功能有关的合作组织。采购合作社荷兰最早的采购合作社成立于1877年,现在荷兰共有110多个地区性的此类合作社,分别归属于三个中央采购合作社,农民通过合作社订购种子、肥料、饲料。这些合作社占饲料供应市场的55%及肥料供应市场的60%。销售与加工合作社负责包括牛奶、甜菜、马铃薯、肉类、禽蛋、羊毛、洋葱等的加工与销售。农产品深加工是产品成倍增值的有效途径,但是个体农民投资深加工的成本太高。农民为了获取这部分利益,在原始产品的生产过程完成之后,进一步在深加工和市场领域合作。主要通过与各种专门的市场协会联手,联合买卖他们的产品。这些协会大都是由专业生产合作工会组织的,专门为各类合作社的农产品上市提供服务。合作拍卖市场发挥了如下功能:促进农业专业化分工,提高劳动生产率,把易腐烂农产品(水果、蔬菜、鲜花等)的供求聚到一起,用拍卖的方式在最短时间内成交,进一步促进了专业化分工与协作;提供供需见面场所,减少中间商盘剥,形成较准确的价格信号,调节市场供求,保证产品质量、加速商品流通,大大减少交易成本和费用。(2)与农业服务相关的合作组织。服务合作社主要为各自成员提供不同类型的服务,如互助保险公司、联合使用农业机械合作社、农产品的包储、救济服务、农业管理辅导等。荷兰最早的信贷合作社成立于1896年,荷兰现共有900多个单独的信贷合作社,下设3000多个分支机构深入到每个小镇。这些信贷合作社都隶属于中央农业信贷银行,信贷合作社对支持农民发展生产、更新设备起了重要作用,农民贷款的90%来自这些信贷合作社。

(三)荷兰农业技术创新体系的发展现状

荷兰的农业科研、教育和推广系统相当发达,被誉为荷兰农业现代农业的三个支柱。政府对农业科研、教育和推广非常重视,把促进其发展作为政府的重要职责。以农民为核心,建立全国性的农业科技创新体系和网络,是荷兰农业取得巨大成就的一条基本经验。在荷兰农业科技创新体系和网络中,研究由各种研究机构进行,这些机构包括国家与地区研究中心、实验农场以及农业经济研究所在内的8家单位,它属于公共服务的一部分。这些研

---

① 国家工商总局农村经纪人考察团:《荷兰的农业合作社和农民合作组织》,《工商行政管理》2006年第14期。

究机构对创新思想进行试验,对新技术进行尝试和展示。荷兰政府还在 11 个省设立推广咨询理事会,每个省设有 2~7 个地区咨询中心。在这些部门中都有一批学科专家和专业推广人员从事相关科研、推广服务。另外,还有私人机构参与农业推广,它们通常从事农业生产资料供应,包括农业生产工具和投入品,如杀虫剂、复合肥料、兽医服务等。在这个创新体系中,荷兰的农业教育体系在农业生产和产业化中的作用越来越重大。大力开发农业人力资源,造就世界一流农民,始终是荷兰农业政策的出发点。它的农业教育体系完备,包括各种级别的课程,从初等的职业教育到正规的大学教育。荷兰的职业教育直接面对农民,这使农民尽快了解各种技术的最新进展和市场需求,具有很高的科学素质和商业能力,大多数农民都能讲流利的英语,能够跟上世界农业科技发展的步伐,这或许是荷兰农业具有很强竞争力的核心所在。

二、以色列农业经营主体发展的经验总结

(一) 以色列现代农业发展的基本现状

以色列是一个自然资源尤其是水资源十分匮乏的国家,但农业的发展却令人称奇:占总劳动力 4% 的农业人口创造了 10% 的国民生产总值,农民年均收入 1.8 万美元,按照以色列的农业水准,地球可以养活 3 倍于现在的人口。从资源角度看,以色列根本不适合发展农业。以色列国土面积 27800 平方千米,45% 是沙漠,另一半不是高山就是森林,仅有 20% 的土地可以耕种,其中一半还必须灌溉。以色列农业在全国半数的地方处于干旱或半干旱状态下,创造了农业史上的一个辉煌奇迹。它在农业经营组织构建、农业生产结构优化、农村产业结构调整、农业科研与技术推广等方面,有许多值得我国学习、借鉴的做法和经验。

农业自古在犹太民族心目中就是神圣的,犹太人格外珍视从事农业的权利。在以色列,热爱农业、务农光荣已成为深入人心的社会风尚。政府在各方面强调农业的重要性,支持发展农业,起到积极的导向作用;传媒通过各种形式宣传务农光荣,激发人们对农业的向往;文艺界表现出对农业的特殊偏爱,以农业、农村为题材的作品受到人们的喜爱,产生了潜移默化的感染作用;教育的作用更大,许多著名大学往往以培养农业能手为目标,为农业发展培养了大批人才。今天的以色列,越来越多的人喜欢从事农业,崇尚远离城市、回归自然的生活方式。这种热爱土地、重视农业的传统成为推动

今日以色列农业发展的无形动力[①]。

(二) 以色列农业合作组织的基本框架

以色列从几乎不毛之地建设成为一个经济发达的现代化国家,其快速发展的农业作出了很大贡献。以色列农业的成功得益于快速的社会经济和技术变革,而农业合作运动和合作体系建设起了十分重要的作用。目前,以色列已经建立了一大批农业合作组织和相应机构,形成了不同层次、不同性质和不同特色的合作机制,构建了覆盖全国农业和农村各方面的完整的合作体系框架。农业总产值的 80％左右是由农业合作组织创造的。

积极发挥农业专业合作组织的作用以色列除基布兹、莫沙夫这种地域性农业组织外,还建立了农业劳动者联合组织和农产品合作销售组织等专业组织。前者着重于协同政府加强农业劳动力安置,代表农业生产者与相关部门、组织和公司谈判、协商;后者着重于协调农产品市场供给,通过出口机构促进农产品出口,统一组织销售以降低市场交易费用等。在以色列,这种农业地域性组织与专业组织相结合的集体与合作经营被视作农业成功的关键因素之一[②]。

根据功能层次和区域范围的不同,以色列农业(农村)合作组织分成两大类:

1. 基层的农业合作组织。根据合作(集体化)程度的不同,以色列在农村社区(定居点)基础上有三种基本的、综合性的合作组织:公有制性质的集体农庄基布兹(Kibbutz)、政经合一的合作社莫沙夫(Moshav)和莫沙夫适多菲(Moshavshitufi)。基布兹、莫沙夫分别创造了以色列农业总产值的 32％和 46％。

2. 区域性和国家层次上的合作组织。在基层的农业合作单位基础上,许多跨地区或国家层次上的以基层农业合作组织为成员的合作组织相继建立,它们是:"努瓦(Tnuva)"——农业市场合作社,主要销售成员的农产品,它拥有并运用大量的储藏、分级、包装等加工设备和拍卖等后勤设施;AGREXO——最大的承担所有农产品出口的组织,它由政府和生产、销售协会联合出资组建,为生产者和潜在购买者双方按完全的商业基础提供服务,它涉及所有与出口活动有关的后勤保障如计划、提供质量导向、信用分配、产品销售、市场促销、组织和金融管理等;"Hamashbir Hamerkazi"——一个

---

① 韩蕴、石缓缓:《以色列农业的成功之路》,《北京农业》2006 年第 11 期。

② 见闻:《关注以色列农业发展经验》,《北京农业》2008 年 8 月上旬刊。

全国性的农业采购合作社,专门从事农业生产投入品(包括饲料、肥料、农药、农用工具和机械等)的购买和销售。

(三)以色列最流行的农业合作组织——莫沙夫

莫沙夫是以色列最流行的农业社区模式,它给该国农民带来丰厚的收入和较高的生活水平。借鉴其发展的成功经验,对完善我国农村社区合作经济组织很有意义。

以色列是一个全国有一半以上国土被沙漠覆盖,自然资源(特别是水资源和耕地资源)极度缺乏的国家。以色列人民凭着自己吃苦耐劳、自强不息的精神,创造了令世界瞩目的农业奇迹。在以色列,农业生产主要集中在三种形式的定居地,它们都是在 20 世纪初发展起来的,即:基布兹、莫沙夫和莫沙瓦。基布兹是一种集体农庄性质的定居地,在那里,所有的成员共同分享生产资料及劳动成果;莫沙夫是一种社区合作组织,一种由独立的家庭农场组成的合作定居地;莫沙瓦是由个体农民组成的集团,他们就地组织自己的产品市场,进行农产品交易。莫沙夫如今已经成为以色列最流行的农业社区模式,莫沙夫生产了全国近一半的粮食,其产品占全国农业出口的50%。当前,许多发达国家的农民在工业化的压力下,被迫离开他们的土地,可是以色列莫沙夫正给该国的农民带来丰厚的收入和较高的生活水平。

莫沙夫是一个约 60 户人家的村庄,每户人家拥有自己的房屋和土地,自给自足。每户人家均从属于莫沙夫集体,莫沙夫以联合的形式负责供销,并提供教育、医疗和文化服务。第一个莫沙夫村是 1920 年建立的。一些原基布兹成员认为基布兹过于集体主义,条条框框太多,但人们依然希望在一个没有剥削的社会中互相帮助以求得生存,就对基布兹加以调整,于是一种新型的合作组织形式——莫沙夫诞生了。这种新型合作组织更重视单个家庭的作用。莫沙夫通过每年召开社员大会实行民主管理,成员一律平等,土地和房屋平均分配。莫沙夫一开始就规定,家庭耕地不得再分,这有利于维持农业的发展,当然也给家族的耕地继承带来问题。在莫沙夫,生产不是由集体完成的,而是由小型家庭农场完成的,集体性活动所得收入用以购买社区服务。莫沙夫从国家土地管理机构租赁土地,49 年一期,到期自动续延。每个莫沙夫的租赁期相同,且有权传给某个子莫沙夫。夫妇二人对土地享有同等权利。莫沙夫将面积和土质相似的土地划分出来,租给每个成员,成员自愿加入,但需缴纳股金。

莫沙夫既是一个多功能合作社,又是一个"自治区"。莫沙夫历来遵循土地国有;家庭是农场的主要劳动力;成员须互相帮助,服从于集体利益;莫沙夫统一销售各农场产品,并向农民提供现代农业生产技术和设备这四条原则。社区的主导思想是:相互支持、相互负责,但家庭成员取得酬劳多少完全凭熟练程度和个人努力,莫沙夫成员须为合作社和社区服务支付费用。家庭是莫沙夫生活的基本单位,通常一个家庭三代生活在一起,在家庭中,各个不同年龄层次的人之间相互合作,构成了莫沙夫社会自身合作理念和相互支持的特征。以色列的农民在自己的农场里以专业化生产为主,如家禽饲养,粮食、大棚蔬菜和花卉种植等。虽然每个莫沙夫社员在自己的土地上种什么由自己来决定,但他要与依照现行市场供需关系制定的全国性指导计划相衔接,在这一框架下每个家庭从自身的实际条件出发选择各种种植和养殖计划。家庭农场只可以转让给下一代中的一个社员,因此其他的孩子可以在其他的莫沙夫定居,也可以成为一个新村的社员,或者到其他地方生活和工作。村合作社雇佣了莫沙夫的一些成员作为拖拉机手、教师、医护人员、店员和会计等。

在莫沙夫,大家集体劳动,劳动委员会把任务分配给个人,但生产工具、建筑物、生产出的产品均归家庭农场。每个成员的经济、保健、教育和文化方面的需要由集体统一安排。每个家庭按月领补贴用以购买衣物和食品。有人担心"个人私有家庭"这一概念与"集体劳动、集体负责"这一精神不相容。但经验表明,家庭并未孤立于集体社会文化生活之外。集体大会、报告、节目活动把成员们联系在一起了。莫沙夫的社会生活中心是围绕"俱乐部会馆"进行的。"俱乐部会馆"通常有一个图书馆、一个电影院以及一个用来做报告、举行舞会和婚礼、庆祝节日的大厅。犹太人世代相传的习俗,在众多的莫沙夫中得到体现和丰富。大部分村子有自己的诊所,它们从属于一家区域健康中心,所有成员均享受医疗保险。莫沙夫生活方式的特点在于一种"社区精神"。成员在自己家庭中保持其"个性"的同时,对集体的财富负责。无论是面临战争、疾病、死亡,受难家庭总能得到集体的帮助,"互相帮助"这一精神时时处处体现出来。

合作社的性质和业务莫沙夫成员自愿加入合作社,每个村的所有成员组成莫沙夫的"农业合作社"。合作社的管理机构同时也是村委会,这种双重身份保证了莫沙夫的凝聚力,使莫沙夫像一个社会经济实体那样运作。合作社是莫沙夫的"业务"机构,主要负责向社员提供现代农业生产技术及设备、农产品的购销和消费品的采购等服务,所有服务按成本收取适当费用。合作社具有双重性,它一方面是农民社员的联合组织,另一方面它又是一个独立的经济组织。它的特点取决于社区内农民的要求,与社员的关系表现为合作组织作为社员在市场中的代表,通过与组织外的利益集团或个人进行以利润为导向的交易,来维护成员的经济利益。从创造利润的角度讲,它与企业没有区别,区别在于利润的分配上,它必须将市场所得在社员中进行分配。也就是说,合作组织对内部成员(社员)具有非赢利性,对外则以追求利润最大化为目标。

作为一个"生产者合作社",莫沙夫负责各个成员产品的收购和销售,并负责把产品运到莫沙夫和基布兹的中央销售合作社。销售资金往来程序是通过莫沙夫的会计室进行的,即按照销售收入中每个社员交售的份额记入他账户的贷方,同时将收购的产品和收取的服务费记入他账户的借方,到了月末通知每个社员账户的余额。这种账户还被用在了每个农民的经营、发展或个人开销上,即使在某一时间是负债状况,他的家庭仍有权享受莫沙夫的所有服务。

作为一个"消费者合作社",莫沙夫有一个中央批发机构——"哈马施比尔·哈梅尔卡兹",其成员包括以色列大部分村庄、莫沙夫、基布兹和城市消费者合作社。合作社通过该机构批量采购日常生活用品,然后通过其所在地方的商店向社员销售①。

三、台湾农业经营主体发展的经验总结

(一)台湾现代农业发展的基本现状

自 20 世纪 80 年代以来,随着地区经济的不断发展,我国台湾地区开始面临生活消费水平提高、农产品国际市场竞争日益激烈以及农业劳动力大量转移与农民收入偏低等严峻形势。在发展农业、建设农村与照顾农民的三项政策目标驱使下,提出了发展精致农业的重大措施。可以说,台湾的农业已初步实现了现代化,但其现代化采用了不同于西方大农场制度的战略和技术路线,而是针对中国的传统小农制度特征,走了一条小型的精致农业技术路线,并将传统农作制度中的优势和现代投入结合,进行了成功的技术改造,推动了现代农业建设加速升级,突破台湾农业发展的"瓶颈"。

台湾发展精致农业的主导思想是使台湾的农产食品进一步纳入以市场为导向,用科学改进农产食品品质,实现农产食品由量的增长转变为以提高

---

① 张雅燕等:《以色列农业合作社——莫沙夫对完善我国农村社区合作经济组织的启示》,《农业经济》2005 年第 2 期。

品质,增加附加值,提高农产品商品率与市场竞争力为主体的战略转变,从而推动现代农业建设与增加农民收入。

台湾的精致农业是一个综合性的农业体系,总体上可概括为五个方面:一是生产对象仍是农产品的范围;二是产品呈现出高品质、高科技含量和高附加值,具有明显的地方特色;三是生产由大田走向工厂化,产品价格高、收益也高;四是生产、储运、销售呈现出集约化产业经营;五是农业生产过程强调环保型、节约型和可持续发展。在推广精致农业的过程中,台湾强调了城乡的"均衡发展"和"农业、农民、农村"三位一体,大力发展"生产、生活、生态"的"三生"农业,提出"发展农业生产,建设富丽农村,增进农民福利,缩小城乡差别"的农业发展目标。推出"第二次土地改革",加强农业研究与推广,推进农业产业化经营,发展设施农业、观光农业和生态农业,实施农业救助、农业保险和农民补贴等一系列重大措施,进一步提高农民收入,改善农民生活质量。并把稳定农业发展和增加农民收入等纳入法制轨道。此外还采取了推进结构调整和产业升级、调整对外贸易发展战略、提升科技水平与人力素质、扶持中小企业、推动民营化和金融自由化改革以及实施能源节约等一系列措施,使台湾农业经济取得了明显的成效。

(二) 台湾农会组织的发展情况

台湾农会作为农民团体的主体,在一个多世纪的历程中,承担了台湾地区农村发展的社会责任和历史重任,为推动台湾农业发展、改善农民生活以及在建设台湾农村过程中发挥了非常重要的作用。党的十六届五中全会明确指出,建设社会主义新农村是我国现代化进程中的重大历史任务。2006年初闭幕的中央农村工作会议也强调,必须站在全局的高度,把建设社会主义新农村作为现代化进程中的一项重要历史使命,成为全党全社会的共识和共同行动。2006 年是我国实施"十一五"规划的开局之年,如何使社会主义新农村建设开好头、起好步,是摆在我们面前一项重大而紧迫的理论和实践课题。研究台湾农会组织,借鉴台湾在农村建设过程中充分发挥农会组织作用的经验,对我国新农村的建设具有一定的借鉴意义[①]。

1. 台湾农会的变革历史

台湾农会起源于日本殖民统治时代,到日本退出台湾时,农会组织已发展成省、县、乡镇三级制的农会,由最早的农民自发性的松散非正式性组织,

---

① 曾煜东:《台湾农会组织及其对我国新农村建设的启示》,《农场经济管理》2007 年第 1 期。

发展到政府致力于干涉并有法律依据的严密的正式性组织。1945 年日本投降、台湾光复后,台湾农会几经改组,方逐步演变为现在台湾地区规模最大、组织最严密的农民组织。1949—1953 年是农会制度健全时期,1954—1966 年是农会营运基础时期。20 世纪 70 年代,台湾当局针对农民收入增长缓慢、农业和农村逐渐衰败等情况,制定了"加速农村建设九项重要措施",以及一系列的政策和法律。其中在 1974 年颁布施行的《农会法》,从组织构成和运作上对农会进行了全面规范,使之成为农村建设的重要基层执行单位。此外,《农会法》还对农会组织的任务、宗旨、会员的组成、权职、经费等诸多方面进行了系统的规定,对促进农会组织的发展起到了巨大的推动作用。可以说,1970 年以后是推动农会企业化经营时期,现在农会已成为比较健全的农民组织,为发展农业、建设农村和提高农民所得作出了极大的贡献。

2. 台湾农会的组织体系

台湾的农会组织按行政区域设立,分省农会、县市农会、乡镇农会和农事小组。在省级有台湾省农会和台北市农会,在县市级有 21 个县、市农会,在乡镇有 268 个乡镇农会,乡镇以下还有 4517 个农事小组,是农会事业的基础。各级农会之间没有隶属关系,均为独立社团法人。下级农会为上级农会的会员,上级农会按主管机关的规定对下级农会进行辅导。农会会员分为正式会员和赞助会员。目前,台湾 99% 的农户都加入了农会,现有农会会员 170.6 万人,其中正式会员 98.6 万人,赞助会员 71.8 万人。在台湾农会的内部治理结构上,按照合作民主管理的原则设置机构,农会的内部系统结构如图 2 所示。

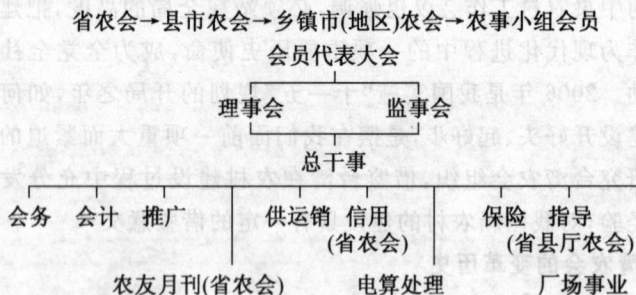

省农会→县市农会→乡镇市(地区)农会→农事小组会员

会员代表大会

理事会　　　监事会

总干事

会务　会计　推广　　　供运销　信用　　　保险　指导
　　　　　　　　　　　　　　　(省农会)　　　　　(省县厅农会)

农友月刊(省农会)　　　　电算处理　　　　厂场事业

图 2　农会的内部系统结构
资料来源:《台湾农会业务简介》,台湾省农会编印。

农会的主管机关,"中央"为"内政部",省市为市政府,各级农会受其主管机关的指导、监督。农会的最高权力机关为各级会员代表大会。各级农会由会员代表推选一定数额理事、监事,组成理事会、监事会。理事会根据主管机关遴选的人员中聘任总干事一名。总干事负责掌管农会的业务,有指挥、监督其他农会职员的权力。《农会法》对其中的会员资格、会员权利义务、会员代表大会制度、理事的条件、理事名额、理事长总干事的人选条件、农会经费来源及用途等都有明确的规定。例如,其中规定乡、镇农会理事 9 人,县农会理事 9~15 人,省农会理事 15~21 人。农会监事为理事名额的三分之一,候补理事监事不得超过理监事名额的二分之一;对总干事要求有:大学、独立学院以上学校毕业或高考及格,并曾任机关学校或农业金融机构或农民团体相当职务 3 年以上;或专科以上毕业曾任上述职务 5 年以上;或高中高职毕业,曾任上述职务 7 年以上等。

3. 台湾农会的组织服务功能

台湾农会为多目标综合经营体制,依农会法规定分为经济事业、金融事业、农业推广事业及保险事业;其事业盈余大部分提拨农业推广及文化福利事业经费,以配合农村建设及服务农民工之推展。

(1) 推广业务。农会是台湾农业推广的主干和执行组织。台湾在 20 世纪 50 年代按照美国教育式推广模式对日本统治时期的农会推广模式进行了改造。日本统治时期的推广内容只重视生产技术指导,推广对象只局限于成年男子,而且在农事指导上是强迫命令方式。改造后的农会分别组成农村青少年、农家妇女、成年农民的推广教育组织。农业推广教育工作涵盖了农业发展、农村建设、农民福利等生产、生活与生态之推广教育工作,其主要业务包括农事推广教育、四健推广教育(4H)、家政推广教育、示范农家四部分。

(2) 供销业务。农会的供销事业包括生产资料供应、农产品运销、加工以及代办委托业务等。在生产资料供应方面,农会对会员所需肥料、种子、种苗、种畜以及其他生产资料,尽可能为会员及相关农业试验改良单位联系,以取得最优良、最便利的资料供应服务。同时,三级农会联合投资设置农化厂,省农会并设置饲料厂,主要为会员提供价廉质优的各种农药及饲料。农会并设立超级市场,以供应会员各种价廉物美的日常生活必需品,以及各农特产品以服务会员。农产品运销包括毛猪、家禽、果菜共同运销,以及农产品批发事业。毛猪运销由三级农会合作,设置台湾省各级农会毛猪产销互助基金,形成坚实的共同运销团体,市场并采用计算机作业拍卖,充分增加市场运作功能。果菜共同运销以组织共同产销班来从事计划产销,并配合各种农产品批发市场,以保护生产者利益,建立运销秩序,形成合理价格,促进公平交易。农产品加工旨在调节季节性产量问题,提升农产品利用及附加价值,各级农会均普遍设有食品加工厂,开发具地方特色的精致农产品;同时农会配合有关方面技术及资金支持,选择适合于小型加工厂的项目,辅导农民或农会自行从事小型食品加工。此外,农会还配合办理有关方面委托业务,如稻谷杂粮收购、储运、加工及肥料保管配售等。

(3)信用业务。台湾基层农会设有信用部,办理会员金融业务,鼓励会员节约储蓄,并提供优惠的农业贷款,充分发挥农村资金运转之功能。农会贷款以农业生产为主,生活以及其他贷款为辅,配合有关方面提供之无息资金及农业行库的低利资金办理统一农贷,使会员可获得低利长期的农业资金。为适应社会进步之需求,农会金融事业均采用计算机操作,并增设自动提款机,以服务会员。且为便利农村资金之流通,农会也办理通汇业务,同时为便于会员缴纳税款及地方机关之支领服务,农会多接受委托代理公库业务,并依有关规定利用部分公库存款以充裕农业资金。农会信用部除发挥其固有之功能外,其每年纯益为农会办理推广教育及文化福利等公益事业的最主要经费来源,并支持农会其他业务的开展。

(4)保险业务。保险业务最早是农林厅为促进毛猪增产,加强猪疫病防治工作,请农复会资助资金和兽医设备,于1955年在屏东县内选5个乡镇农会,以会员养猪保健互助方式试办。至1962年办理这种互助保健养猪的农会达150多个,奠定了农会保险业务的基础。农会的保险事业主要在办理家畜保险以及接受有关方面委托办理农民保险。家畜保险的种类包括综合保险及运输伤亡保险两种,主要标的物为猪、牛、羊等三类,由基层农会承保,省及各县市农会为再保机构。农民健康保险以基层农会为投保单位,劳工保险局为保险人,凡农会会员或年满15岁以上从事农业工作之农民经申请核准后成为被保险人。

除了上述四大业务之外,各级农会都利用其资源努力推行农村文化福利事业。台湾省农会发行《农友月刊》已40余年,为最悠久的农业杂志。其内容涵盖了农业政策、科技新知、农业经济、农业推广与农会活动信息等,为会员相关信息来源的重要渠道。在偏远医疗资源不足之地区,部分农会自设诊疗所或农民医院,提供农村地区最佳之医疗服务。为了使农村儿童获得良好妥善的照顾,部分基层农会还设有农村托儿所,使农民在忙于田间工作时,可以安心而无后顾之忧。同时为了促进农村文化发展,许多农会均办理农村文化发展工作,对于传统农村文化之维护以及现代化农村文化之开展,有相当大之帮助。

（三）台湾农会对我国农业合作组织发展的几点启示

1. 充分发挥农村基层农民组织作用,拓宽国家各项农村政策的落实渠道。台湾农会的基层农民组织——台湾乡镇农会,是政府与农民之间的桥梁与纽带,它不仅保证了许多政策和措施的顺利贯彻实施,还发挥了自身团体的组织作用,落实贷款、品种、技术等以协助小农经营,同时在供销、农技推广、"三农"保险、加工业发展乃至农民教育、家政教育以及乡镇金融等方面扮演了关键的角色,促进了农村社会经济的全面发展。因此,健全完善的农民组织是政府实施各项农业和农村政策、达到农村社会经济发展目标的组织保证。在台湾,如果只靠行政管理部门、科研单位,而没有农民组织的有力配合,许多政策和措施是根本不可能得到顺利贯彻实施的,各项发展目标也不可能实现。当前,我国农村正处在由传统农业向现代农业的全新发展阶段,要想加快农业产业化的进程,提高农业的市场含量,充分发挥农村基层组织的作用,调动农民自身组织的积极性是一个有效的途径。

2. 创新市场竞争主体,在农产品运销体系中,以农民组织取代个体农民成为市场主体参与竞争。将农民组织起来进入市场,由农民组织取代个体农民成为市场主体,是全面提升农业竞争力、增加农民收入的重要前提。无论是农会,还是合作社、产销班,都是以供销为纽带,在专业化生产的基础上,组织农户共同运销,形成经营及产销一体化;在市场竞争中,一方面增强了农民的谈判地位,一方面也引导了农民自觉地围绕市场需要进行生产,减少了农产品供应的波动,提高了农产品品质,降低了农产品成本,增加了农民的收入。台湾农会在农民与市场之间成为商品流通的中介经济组织,组织农户共同运销和超市直销,形成经营及产销一体化,在很大程度上降低了运销成本,促进了农产品流通体系的发展,引导了农民自觉地围绕市场需要进行生产,减少了农产品供应的波动,提高了农产品品质,降低了农产品成本,增加了农民的收入。因此,当前我国应建立健全农业产业有效机制和市场运营机制,使市场信息及时、准确地传递给农民,保障市场竞争的公平、公正,使农民能形成团体组织,有序、规范地参加市场竞争,并加大农民培训力度,提高农民的综合素质,增强他们的现代市场意识和协作竞争意识,促进农业生产与市场的捆绑式发展。

3. 科学定位基层农民组织,全面完善运作规则,保证农民组织健康发展。农民组织的准确定位、成立的宗旨和全面的运作规则,是农民组织健康发展的基础。成立或者设立农民经济组织,要遵循自愿互利的原则,充分尊重农民个人的权益和选择;要坚持以服务为主,不以盈利为目的;要加快农民经济组织的立法工作,农民的经济组织只有在有关法律的约束和保护之下,加强自我规范和加强科学管理才能得到健康发展。台湾农会在过去半个世纪里在推动台湾农业和农村现代化建设方面能扮演着举足轻重的角色,主要是因为它是农民的自治组织,实行科学民主管理,以保障农民权益、提高农民知识技能、改善农民生活、促进农业现代化、发展农村经济为宗旨,采用的是企业化的运作模式,突出服务功能。从中可以看出,我国农村的发展中,在发展农民基层组织时,要尽量淡出"官办"色彩,本着自愿互利的原则,充分尊重农民个人的权益和选择,要坚持以服务为主、不以盈利为目的,并建立健全相关的法律条文,保证农民经济组织正常健康运转,促进他们加强自我规范和自我构建。

4. 强化政府部门的支持和引导,使基层农民组织更好地为农村经济作贡献。政府部门的支持和引导是农民经济组织健康发展的重要保证。台湾农会如果没有当局特别是台湾农政部门有力的支持和引导,其健康发展将是非常困难的。这种支持主要表现在五个方面:一是通过制定农会法、农产品市场交易法等法律,在法律和政策方面维护和保障农民组织的权益;二是免征农会、产销班所得税,在经济上进行扶持;三是授予农会开展信用和保险业务的权利,扩大农会的作用和功能;四是资金方面,各级农政部门每年都拿出相当数量的资金通过农民组织,支持和引导农民发展生产;五是强化经营管理和科学技术的辅导,通过科研单位发挥教育培训、技术指导、项目评估的功能,无偿服务于农民组织。我国近年在农村建设方面也采取了大量的措施,如取消农业特产税、加强基层农业的投入等,但相对于台湾方面的举措来看,在市场经济的今天,还有许多薄弱的环节,今后还应树立科学的发展观,加大改革的力度和深度,强化政府部门对基层农业支持和引导,从政策、经济和服务方面着手,全面加快农业产业化进程,弥补农业这一弱势产业的不足,提高农民的收入和生活质量。

4 政策法规篇

中国特色农业现代化这一目标的实现需要有知识、懂技术、会经营的新型农民广泛深入地参与到农业产业中来,或成为农业专业大户,或组建管理农民专业合作社和农业企业,努力提高我国农业生产市场化和产业化的水平。如何吸引、指导和培育有潜力的人成为当前以及未来的新型农业经营主体是一项极富挑战且深具意义的工作。当前从中央到地方已经颁布实施了许多支持和培育新型农业经营主体的法律法规、条例办法等。政策法规篇选编了国家、浙江省及省内县市级出台实施的旨在培育新型农业经营主体的重要法律法规和政策措施,由于篇幅所限,故大部分政策法规只摘录了相对重要的部分内容或者对其主要内容进行了归纳。

中华人民共和国农民专业合作社法（摘录）

（2006 年 10 月 31 日第十届全国人民代表
大会常务委员会第二十四次会议通过）

第一章 总 则

第一条 为了支持、引导农民专业合作社的发展，规范农民专业合作社的组织和行为，保护农民专业合作社及其成员的合法权益，促进农业和农村经济的发展，制定本法。

第二条 农民专业合作社是在农村家庭承包经营基础上，同类农产品的生产经营者或者同类农业生产经营服务的提供者、利用者，自愿联合、民主管理的互助性经济组织。

农民专业合作社以其成员为主要服务对象，提供农业生产资料的购买，农产品的销售、加工、运输、贮藏以及与农业生产经营有关的技术、信息等服务。

第三条 农民专业合作社应当遵循下列原则：

（一）成员以农民为主体；

（二）以服务成员为宗旨，谋求全体成员的共同利益；

（三）入社自愿、退社自由；

（四）成员地位平等，实行民主管理；

（五）盈余主要按照成员与农民专业合作社的交易量（额）比例返还。

第四条 农民专业合作社依照本法登记，取得法人资格。

农民专业合作社对由成员出资、公积金、国家财政直接补助、他人捐赠以及合法取得的其他资产所形成的财产，享有占有、使用和处分的权利，并以上述财产对债务承担责任。

第五条　农民专业合作社成员以其账户内记载的出资额和公积金份额为限对农民专业合作社承担责任。

第六条　国家保护农民专业合作社及其成员的合法权益,任何单位和个人不得侵犯。

第七条　农民专业合作社从事生产经营活动,应当遵守法律、行政法规,遵守社会公德、商业道德,诚实守信。

第八条　国家通过财政支持、税收优惠和金融、科技、人才的扶持以及产业政策引导等措施,促进农民专业合作社的发展。

国家鼓励和支持社会各方面力量为农民专业合作社提供服务。

第九条　县级以上各级人民政府应当组织农业行政主管部门和其他有关部门及有关组织,依照本法规定,依据各自职责,对农民专业合作社的建设和发展给予指导、扶持和服务。

第七章　扶持政策

第四十九条　国家支持发展农业和农村经济的建设项目,可以委托和安排有条件的有关农民专业合作社实施。

第五十条　中央和地方财政应当分别安排资金,支持农民专业合作社开展信息、培训、农产品质量标准与认证、农业生产基础设施建设、市场营销和技术推广等服务。对民族地区、边远地区和贫困地区的农民专业合作社和生产国家与社会急需的重要农产品的农民专业合作社给予优先扶持。

第五十一条　国家政策性金融机构应当采取多种形式,为农民专业合作社提供多渠道的资金支持。具体支持政策由国务院规定。

国家鼓励商业性金融机构采取多种形式,为农民专业合作社提供金融服务。

第五十二条　农民专业合作社享受国家规定的对农业生产、加工、流通、服务和其他涉农经济活动相应的税收优惠。

支持农民专业合作社发展的其他税收优惠政策,由国务院规定。

全国农业和农村经济发展第十一个五年规划(2006—2010年)(摘录)

　　大力推进农业产业化经营。拓展农业产业链条,继续推进农业产业化。着力培育一批竞争力、带动力强的龙头企业和企业集群示范基地,引导和鼓励龙头企业通过建立标准化生产基地、发展订单农业等多种形式与农民确立稳定的产销关系,完善企业与农民的利益联结机制,使农民从产业化经营中得到更多的实惠。建立小型企业质量安全控制体系,通过多种培训方式,让农民掌握基本的质量安全控制技术,并在生产经营中加以运用,逐步规范和提高农村小型企业的生产水平。积极引导和支持农民发展各类专业合作经济组织,鼓励农民围绕产前、产中、产后等环节开展多元化、多形式的合作,充分发挥农民专业合作经济组织在政策传递、科技服务、信息沟通、产品流通等方面的作用,提高农业的组织化程度。

　　提高农民发展能力。培养造就有文化、懂技术、会经营的新型农民。建立和完善农民科技教育培训体系,提升基层培训能力;大力开展新型农民科技培训,加强农村实用人才和技能人才培养,提高农民创业就业能力;扩大农村劳动力转移培训阳光工程实施规模,增强农民转产、转岗就业的能力,促进农民由体能就业向技能就业转变。创新农业和农村人才评价、激励和服务机制,鼓励和支持各类人才自主创业,促进农村劳动力向非农产业和城镇有序转移。

　　大力发展农民专业合作经济组织。鼓励和引导农民、农场职工组建各类专业合作经济组织,明确法律地位,加大政策扶持,发展多种形式的联合与合作,不断提高农业的组织化程度,促进农村民主管理制度的发展。支持专业合作经济组织开展跨区经营,壮大自身实力,增强服务功能。支持龙头企业、农业科技人员和农村能人以及各类社会化服务组织,创办或领办各类中介服务组织。依法贯彻实施《农民专业合作经济组织示范章程》,引导农民专业合作经济组织快速健康发展。

2010 年农业机械购置补贴实施指导意见

与 2009 年相比,今年农机购置补贴政策从七方面进行了调整和完善:

一是进一步扩大补贴机具种类范围。按照中央 1 号文件要求,进一步扩大补贴种类,由 2009 年的 12 大类 38 个小类 128 个品目扩大到 12 大类 45 个小类 180 个品目,把牧业、林业、抗旱节水及现代农业发展急需的机具纳入了补贴范围。

二是进一步突出补贴重点。适当提高部分高性能、大马力农机具的单机补贴最高限额标准,将大型联合收割机、水稻大型浸种催芽程控设备、大型烘干机单机补贴限额提高到 12 万元;大型棉花采摘机、甘蔗收获机、200 马力以上拖拉机单机补贴额可到 20 万元。对农民专业合作组织(含农机专业化组织)、农机大户、种粮大户优先补贴。

三是进一步细化资金分配办法。综合考虑耕地面积、主要农产品产量、主要农作物播种面积、重点作物关键环节机械化推进、农作物病虫害专业化统防统治、装备结构和区域布局调整需要,以及促进奶业生产机械化、血防疫区"以机代牛"工程实施、汶川地震灾区农业生产能力恢复要求,结合农机购置补贴工作开展情况,合理确定各省区市及兵团年度补贴资金规模。

四是进一步扩大地方自主权和农民选择权。各省区市可在全国统一补贴的 180 个品目之外,根据当地农业发展需要,自选 20 个其他品目纳入中央财政补贴范围。对农民年度内补贴购买农机具的数量不作全国统一限制。进一步明确补贴产品经销商由企业自主确定,农民在省域内自主选择经销商。

五是进一步完善补贴目录的形成方式。各农机生产企业根据各省区市确定的补贴机具范围,提出补贴产品机型,省级农机化主管部门汇总并进行分类分档,确定具体补贴额,形成补贴产品目录向社会发布并报农业部备案。同一种类、同一档的产品在全省实行统一的定额补贴标准,不准对省内外企业生产的同类产品实行差别对待。目录中不再公布补贴产品的承诺最高销售价,产品价格由市场竞争形成。同一产品销售给享受补贴农民的价格不得高于销售给不享受补贴的农民的价格。

六是进一步推进信息化管理。启用全国农机购置补贴计算机管理系统,逐步建立全国农机购置补贴操作信息管理网络数据库,实现申请购机、签订协议、审核供货、资金结算、数据统计、信息查询等网络化信息化管理,进一步提高效率,规范操作,方便农民和企业,便于随时抽查和远程监管。

七是进一步强调纪律要求。要求各地严格落实国务院"三个禁止"要求,严格执行农机购置补贴管理制度,严格遵守"八个不得"、"四个严禁收费"等纪律。对参与违法违规操作的经销商,永久取消经营补贴农机产品的资格;对参与违法违规操作的生产企业要及时取消补贴资格。

关于抓好 2010 年粮食生产的通知(摘要)

浙政发〔2010〕2 号

一、继续实行粮油种植大户直接补贴政策

对全年稻麦种植面积 20 亩及以上的农户(含经县级农业部门认定、市和省农业部门审查、运作规范、开展粮食生产统一服务的粮食专业合作社社员和杂交稻制种基地农户),省财政按实际种植面积给予每亩 20 元的补贴。对种植油菜面积 5 亩及以上的农户,省财政按实际种植面积给予每亩 20 元的直接补贴。

二、完善订单稻谷奖励政策

省财政对按订单交售省级储备早稻谷(包括订单交售水稻种子)的种粮农户给予奖励,奖励标准为:种粮大户、粮食专业合作社社员按订单每交售 50 公斤早稻谷奖励 20 元,最高每亩 140 元;一般农户按订单每交售 50 公斤早稻谷奖励 10 元,最高每亩 70 元;对交售订单水稻种子的制种基地农户,每交售 50 公斤水稻种子奖励 20 元,最高每亩 140 元。各市县也要建立"订单"稻谷奖励政策,粮食高产地区可以适当提高每亩最高奖励标准,并按"谁用粮、谁出钱"的原则,落实奖金,鼓励农户多种稻、多售粮。继续做好订单粮食预购定金发放工作。各市政府要做好区域内县(市、区)间的粮食产销对接、早稻谷余缺调剂等工作。国有粮食收储企业要优化服务,方便农民售粮。

三、完善农机购置和作业补贴政策

继续按照"总量控制、优化结构、分级扶持、包干使用"和"公开、公正、农民直接受益"的原则,对购置补贴产品目录内农业机械的农民和农业生产经营服务组织给予补贴。进一步扩大补贴机具种类,加大对插秧机、烘干机等机具的推广力度。鼓励各地建设区域性粮食烘干中心,粮食收储企业购置粮食烘干机械,视同农业龙头企业购置粮食烘干机械并按规定享受财政补贴有关优惠政策。继续对本省应用水稻机械化插秧、油菜机械化收获作业的农民,给予每亩次 40 元的补贴;对接受具有一定规模(服务面积达到 500 亩以上)的植保、粮食、农机等合作社病虫害统防统治的农民,给予每亩 40 元的补贴。上述补贴以"农机作业券"的形式发放,由省财政与欠发达地区按六四比例分担,与其他地区按四六比例分担。

四、继续实行种粮大户水稻政策性保险

保险对象为水稻种植面积 20 亩及以上的种植大户、农业龙头企业、农村经济合作组织、农民专业合作社等;保障范围为台风、暴风雨、洪水、雪灾和主要病虫害等造成的灾害;保险金额为每亩 200 元或 400 元,相应保费为每亩 10 元或 20 元,其中各级财政给予 90% 的保费补助。

五、大力发展粮食规模经营

坚持"依法、自愿、有偿"原则,积极引导农村土地承包经营权有序流转,培育发展种粮大户、粮食专业合作社。动员季节性抛荒农户把土地流转给种粮大户、粮食专业合作社种植早稻等粮食作物。加快培育粮食(农机、植保)专业合作社,优先安排国家和省级农业财政扶持项目,引导其开展水稻代育、代耕、代种、代管、代防、代收、代烘等社会化服务,推进粮食生产环节的规模经营。大力发展订单生产,支持种粮大户开展粮食加工、销售活动,鼓励粮食企业与种粮大户建立稳定的产销协作关系,提高粮食生产组织化程度。

六、完善财政补贴资金发放办法

扶持粮食生产的财政补贴资金继续执行"按上年基数定指标,当年据实

结算"的财政补贴方式。完善粮食生产扶持资金整合使用试点,在确保财政补贴资金用于种粮农户的前提下,可以将各类扶持资金整合用于标准农田质量提升、粮食规模经营和服务、新型农作制度和先进适用技术推广应用等环节,提高资金使用效果。认真落实国家农资综合直补、水稻良种补贴等政策,县级农业部门负责对乡镇上报的实际种粮面积进行抽查核实,由财政部门根据农业部门审核后的数据通过"一卡通"直接发放资金,以确保国家农资综合直补、水稻良种补贴资金真正按种粮面积及时足额落实到种粮农户。要层层建立抽查核实制度,各级政府对上报面积的真实性负责,如发现弄虚作假骗取补贴的,取消当地本年度各类粮食生产评优资格,收回相关补贴资金,并追究当事人和领导人责任。

浙江省农村土地承包经营权作价出资
农民专业合作社登记暂行办法

浙江省工商行政管理局　浙江省农业厅

2009 年 3 月 20 日发布

第一条　为了规范农村土地承包经营权作价出资行为,促进土地资源的优化配置和合理利用,根据《中华人民共和国农村土地承包法》、《农民专业合作社登记管理条例》、《浙江省实施〈中华人民共和国农村土地承包法〉办法》及有关规定,结合本省实际,制定本办法。

第二条　以本省行政区域内的农村土地承包经营权作价出资农民专业合作社,办理工商登记的,适用本办法。

第三条　以家庭承包或通过招标、拍卖、公开协商等其他方式承包农村土地,经依法登记取得农村土地承包经营权证的,其农村土地承包经营权均可以依法向农民专业合作社作价出资。

第四条　农村土地承包经营权作价出资应当遵循以下原则:

(一)平等协商、自愿、有偿,任何组织和个人不得强迫或阻碍承包方依法以农村土地承包经营权向农民专业合作社作价出资;

(二)不得改变土地所有权性质和土地的农业用途;

(三)不得损害农民的土地承包权益。

第五条　申请办理农村土地承包经营权作价出资登记,申请人应当对申请材料的真实性负责。

第六条　以家庭承包方式获取的农村土地承包经营权作价出资的,家庭推荐的具有民事行为能力的成员作为出资人。

第七条　以农村土地承包经营权作价出资的,由全体社员评估作价。

第八条　以农村土地承包经营权作价出资设立农民专业合作社,应当由全体设立人指定的代表或者委托的代理人向登记机关提交下列文件:

（一）设立登记申请书；

（二）全体设立人签名、盖章的设立大会纪要（明确记载同意以农村土地承包经营权作价出资）；

（三）全体设立人签名、盖章的章程（明确记载成员出资总额中农村土地承包经营权作价出资的数额与比例）；

（四）法定代表人、理事的任职文件和身份证明；

（五）载明成员的姓名或者名称、出资方式、出资额以及成员出资总额，并经全体出资成员签名、盖章予以确认的出资清单（明确记载成员出资总额中农村土地承包经营权作价出资的数额与比例）；

（六）载明成员的姓名或者名称、公民身份号码或者登记证书号码和住所的成员名册，以及成员身份证明；

（七）能够证明农民专业合作社对其住所享有使用权的住所使用证明；

（八）全体设立人指定代表或者委托代理人的证明。

以家庭承包方式获取的农村土地承包经营权作价出资的，还应当提交家庭推荐出资人的证明。

农民专业合作社的业务范围有属于法律、行政法规或者国务院规定在登记前须经批准的项目的，还应当提交有关批准文件。

第九条 以农村土地承包经营权作价出资向农民专业合作社增资，应当自作出变更决定之日起 30 日内向原登记机关申请成员出资总额变更登记，并提交下列材料：

（一）法定代表人签署的变更登记申请书；

（二）成员大会或者成员代表大会作出的变更决议（明确记载同意以农村土地承包经营权作价出资）；

（三）法定代表人签署的修改后的章程或者章程修正案（明确记载成员出资总额中农村土地承包经营权作价出资的数额与比例）；

（四）经全体出资成员签名或盖章、法定代表人签署的修改后的出资清单（明确记载成员出资总额中农村土地承包经营权作价出资的数额与比例）；

（五）法定代表人指定代表或者委托代理人的证明。

涉及成员变更的，应当自本财务年度终了之日起 30 日内，将法定代表人签署的修改后的成员名册报送登记机关备案。其中，新成员入社的还应当提交新成员的身份证明。

第十条 以农村土地承包经营权作价出资的，农民专业合作社的业务范围应当符合《农民专业合作社登记管理条例》第九条的规定。

第十一条 以农村土地承包经营权作价出资的,登记机关应当在农民专业合作社营业执照的成员出资总额后加注"农村土地承包经营权作价出资＊＊＊万元"。

第十二条 登记申请材料齐全、符合法定形式,登记机关能够当场登记的,应予当场登记,发给营业执照。

除前款规定情形外,登记机关应当自受理申请之日起20日内,作出是否登记的决定。予以登记的,发给营业执照;不予登记的,应当给予书面答复,并说明理由。

第十三条 农民专业合作社在申请办理农村土地承包经营权作价出资登记过程中涉及违反登记管理相关规定的,由登记机关按照《农民专业合作社登记管理条例》第二十六条、第二十七条、第二十八条的规定处理。

第十四条 本办法自印发之日起施行。

浙江省人民政府关于当前稳定农业发展促进农民增收的若干意见（摘录）

2009 年 7 月 17 日

六、深入推进农村经营机制创新

（一）积极推进农村土地流转、发展农业规模经营。各地要按照依法、自愿、有偿的原则，认真研究促进土地流转的政策措施，积极引导离乡农民和兼业农户以转包、出租、互换、转让、股份合作等多种形式流转土地。鼓励以土地经营权作价出资组建农民专业合作社。加强土地流转指导、管理和服务，培育土地承包经营权流转市场，完善价格形成机制。加快建设土地承包流转信息平台和纠纷仲裁机构，妥善解决农村土地承包和流转纠纷。认真落实土地流转配套用地政策，促进规模经营。

（二）加快培育新型农业经营主体。引导和支持农业龙头企业抓住有利时机，引进国外先进加工设备，推进农产品加工技术改造。省级农业产业化资金等专项资金要对农产品加工企业进行重点支持。继续推进农民专业合作社的发展、规范化建设与再合作，健全农业社会化服务组织，进一步提高农业生产组织化程度。引导和支持务工返乡农民、大中专毕业生通过土地流转等途径成为新型农业主体。积极引导工商企业、民营资本投资发展农业。

（三）积极推进农业经营机制创新。大力发展农业产业化经营，鼓励和引导农业龙头企业、农民专业合作社参与农产品基地开发，发展"订单农业"，加快形成规模化家庭经营与农民专业合作社、农业龙头企业相结合的新型农业经营机制。积极鼓励有条件的农民专业合作社兴办农产品加工和物流企业，特别是要引导农民专业合作社联合兴办农产品加工企业，成为与生产者共担风险、共享利益的服务组织和农业经营者。完善和创新农民专业合作、供销合作、信用合作等"多位一体"合作机制。

（四）深化集体林权制度改革。巩固完善主体改革成果，通过均股均利等方式，进一步落实山林产权。加快推进林权抵押贷款，落实财政贴息政策。开展森林采伐管理改革试点工作，探索建立森林可持续经营管理的新体系。

浙江省人民政府办公厅关于
大力发展设施农业的意见(摘录)

2009 年 9 月 23 日

　　着力增强设施农业主体经营能力。加强对现有设施农业经营大户的培训与指导,提高经营主体素质。开展与发达国家有关部门、农业企业的交流与合作,引进国内外先进技术和管理方式。大力推进产业化经营,发挥龙头企业的带动作用,加快建立以"订单"为纽带的"公司＋基地＋农户"、"公司＋合作社＋基地＋农户"等经营机制,引导农业龙头企业与农户结成紧密利益共同体。引导设施农业经营户组建合作社,开展技术、生产资料采购、农艺管理、农产品销售等方面的合作,提高设施农业规模化、组织化经营水平。

　　加强对发展设施农业的指导和服务。省级农口部门要着重抓好先进农业技术实验园建设,各地要结合农业主导产业功能区建设,集中力量抓好一批设施农业示范点,引导科技户、专业户和有一技之长的农民进行科技示范,引导农业院校、科研单位建立试验示范基地,发挥示范带动作用。充分发挥浙江农民信箱、党员远程教育网络的作用,为农民提供设施装备供应、生产技术、农产品销售等信息服务。建立责任农技员等农技人员联系设施农业生产基地制度,指导设施农业经营户制订产业发展布局规划、应用先进设施农业技术等。省级农技推广项目要进一步加大对推广设施农业技术的支持力度。

　　努力增加投入。各级财政要整合支农资金,加大对设施农业的扶持力度,现代农业、农业产业化、农业科技推广、种子种苗工程、农业综合开发、农田水利、节水灌溉等项目资金要向设施农业倾斜,重点扶持农民专业合作社、农户利用非粮田新建扩建的设施栽培、畜禽规模养殖和特色水产等设施农业基地,其中对集中连片面积达到 300 亩(水产养殖核心区 30 亩)以上的标准化钢管大棚、棚架等设施农业示范基地，要通过"以奖代补"方式给予扶持。综合运用信贷贴息等手段，引导工商企业、农业龙头企业等各类社会资金采取股份合作制、租赁制等多种方式投资设施农业。参照林权抵押贷款办法，积极探索设施大棚等大型农用生产设施装备抵押贷款机制，拓展金融支农渠道。

浙江省人民政府关于推进政策性
农业保险的若干意见(摘录)

2009 年 4 月 27 日

二、进一步完善政策性农业保险制度

(一)健全共保经营制度。由浙江保监局指导在浙财产保险公司组成省政策性农业保险共保体(以下简称共保体)。共保体章程每三年签订一次,章程到期后按照"大稳定、小调整"原则,适度调整共保体成员参与比例。如有新成员加入或因特殊原因退出共保体的,需向共保体提出申请,经浙江保监局审核后,报省政策性农业保险工作协调小组同意。共保体章程和农险条款、费率的制定以及变更、修改,须经省政策性农业保险工作协调小组确定,并按程序报备。受共保体委托,首席承保的商业保险公司承担具体经营业务。共保体主要经营具有全省普适性的国家和省定品种,实行"独立核算、盈利共享、风险共担"。

(二)逐步完善保险责任和费率设置。进一步优化区域风险划分,合理确定各品种区域风险系数。稳步扩大责任范围,将保险责任扩大到包括热带风暴级以上热带气旋、暴雨、洪水、冻害、常见病虫害、大规模疫病等主要大灾。逐步提高保障程度,保险金额保持在物化成本的 50% 左右。科学调整费率设置,使各品种费率水平更加符合实际。

(三)不断发展保险品种。在继续抓好水稻、能繁母猪、奶牛、油菜、公益林等必保品种和大棚蔬菜、露地西瓜、柑橘树、林木、生猪、鸡、鸭、鹅、淡水鱼等选保品种参保工作的基础上,进一步完善政策性农业保险品种目录体系,重点推进全省普适性保险品种。鼓励各地开办特色保险品种,并报省政策性农业保险工作协调小组备案。积极争取更多品种列入国家财政补贴范围。

(四)逐步扩大参保对象。将政策性农业保险参保对象从大户扩大到以大户为主,兼顾部分散户,让更多种养户得到实惠。将政策性能繁母猪、奶牛、油菜、公益林保险的参保对象扩大到所有符合条件的农户。进一步扩大政策性水稻、大棚蔬菜、露地西瓜、柑橘树、生猪、鸡、鸭、鹅、淡水鱼等保险品种的大户参保面,鼓励农业龙头企业、农村经济合作组织、农民专业合作社在有效控制风险和提高农业产业化水平前提下,组织规模以下种养户参保。

(五)完善定损理赔机制。完善政策性农业保险 24 小时报案、大灾快速理赔等制度,优化大灾理赔流程,加快农业保险理赔速度。抓好政策性农业保险理赔纠纷裁定工作,建立专家库,规范裁定程序。加快政策性农业保险气象指数定损等新技术开发,加强全省农业灾害风险数据库建设,进一步提高政策性农业保险定损理赔的合理性。

(六)继续探索互助合作保险机制。加强互助合作保险与农业合作组织的有机结合,继续探索开展奶牛、生猪、桑蚕、山核桃、水产养殖等互助合作保险,进一步推进渔业互助合作保险。

三、加大对政策性农业保险的支持力度

(一)加大保费补贴力度。中央、省和县(市、区)财政安排专项资金,对参加政策性农业保险的农户给予保费补贴。

1. 水稻、油菜保费由财政补贴 90%。欠发达和海岛地区由中央、省、县财政分别承担 35%、45%、10%,其他地区由中央、省、县财政分别承担 35%、30%、25%。

2. 大棚蔬菜、露地西瓜、柑橘树、林木、淡水鱼等 5 个品种保费由财政补贴 45%;奶牛保费由财政补贴 60%;生猪、鸡、鸭、鹅保费由财政补贴 65%;公益林火灾保险保费由财政全额补贴。省财政与欠发达和海岛地区按六四比例分担,与其他地区按四六比例分担。

3. 能繁母猪保费由财政补贴 80%。欠发达和海岛地区由省、县财政分别承担 60%、20%,其他地区省、县财政分别承担 20%、60%。

4. 有条件的地方可增加对参保农户的保费补贴。各级财政与共保体以"按实补贴、一年一结"的形式结算。财政安排的保费补贴、超赔补贴和购买再保险等资金应纳入年度财政预算,并以县为单位设立核算账户,省和县(市、区)财政对补贴资金实行专户管理、专账核算,每年预算安排的结余部分,应及时转入专户,用于以后年度的"以丰补歉"。

(二)完善风险分担机制。进一步完善政策性农业保险巨灾责任 5 倍封顶方案。全省农业保险赔款在当年农业保险保费 2 倍(含)以内的,由共保体承担全部赔付责任;赔款在当年农业保险保费 2~3 倍(含 3 倍)的部分,由共

保体与政府按1∶1比例承担;赔款在当年农业保险保费3～5倍(含5倍)的部分,由共保体与政府按1∶2比例承担。政府承担的超赔责任由省与欠发达和海岛地区按六四比例、与其他地区按四六比例分担。各县(市、区)农业保险赔款总额超过当年农业保险保费5倍的情况下,实行先预摊、再年度结算,其中政府承担的预摊超赔责任,由省与县(市、区)政府按二八比例执行。在保险年度末统计全省全年总赔款后,再按全省范围内5倍封顶的要求,实行封顶系数(全省农业总保费×5/全省总赔款)转换后统一结算。

（三）支持共保体开展经营活动。各级政府要进一步完善支持共保体经营的政策措施,促进其可持续经营。要采取有效措施支持共保体拓展和落实其他涉农保险业务。

浙江省鲜活农产品运输"绿色通道"
暂行管理办法

浙政办发〔2005〕8 号

　　第一条　根据国务院颁布的《收费公路管理条例》和《中共浙江省委浙江省人民政府关于切实做好 2005 年农业和农村工作的若干意见》(浙委〔2005〕1 号)的有关规定,为促进农产品流通,减轻农业生产经营者的负担,特制订本办法。

　　第二条　本办法中的鲜活农产品是指本省生产的新鲜蔬菜瓜果(含鲜果、鲜食用菌、鲜竹笋)、鲜活水产品、活畜禽、生鲜蛋、鲜肉、鲜奶(未经加工)。

　　第三条　装运上述鲜活农产品的挂本省牌照的货运车辆(含冷链、藏车),凭农业或林业、渔业行政主管部门开具的动植物检疫证书或鲜活农产品(指不执行检疫的生鲜蛋奶、鲜活水产品、鲜竹笋、鲜板栗等)产地证明,免费通行本省包含高速公路在内的收费公路(含桥梁、隧道)。

　　第四条　运输鲜活农产品的混装车、装载核载吨位或有效装载空间在 70% 以下的鲜活农产品货运车辆仍应按规定缴纳车辆通行费。

　　第五条　出具证单的部门必须严格按规定开具证单,填写内容必须如实完整,实行一车一次一证单,不准重复使用。要遵循起运地(或产地)签发原则,不得异地签发。

　　第六条　公路收费站(点)应按规定对运输鲜活农产品的货运车辆核检证单,核实后加盖"通过"印签免费通行,不得刁难。对有弄虚作假嫌疑的车辆,可以对运输产品进行核实。证单未按规定填写或填写内容不齐全的,按规定收取车辆通行费。

　　第七条　享受鲜活农产品运输"绿色通道"政策的货运车辆驾驶员或押运员在经过公路收费站(点)时要主动出示证单,并配合公路收费站(点)做好运输产品的核实工作。

第八条 对弄虚作假以逃避车辆通行费或属假证单的,经核实后,要补交车辆通行费,并记录车辆通行档案,不再享受"绿色通道"政策。

第九条 公路收费站(点)在核检运输鲜活农产品时必须确保车辆畅通。若违反本办法规定,造成运销者经济损失,且情节严重的,由所在地政府责成有关部门严肃处理。

第十条 各级交通、农业、林业、渔业、纠风等有关部门和单位要加强配合,积极做好职责范围内的工作。各级农业、林业和渔业部门要实行合署现场办公,为车货主提供方便、快捷的服务。

第十一条 各级监察、纠风等有关部门要加强监督检查,严肃查处在实施"绿色通道"政策中的违规行为,对情节严重的要追究主管单位领导和当事人的责任。

第十二条 本办法施行后,已开通的国家级、省级骨干农业龙头企业农产品运输"绿色通道"政策不变,仍按原管理办法执行。柑橘运输"绿色通道"按本办法规定办理。

第十三条 本办法自 2005 年 2 月 20 日起施行。

颁布日期:2005 年 2 月 5 日

执行日期:2005 年 2 月 20 日

杭州市扶持成长型农业企业发展管理办法

2009 年 4 月 23 日

为培育成长型农业企业，促进农业结构的调整，带动农民增收，根据《中共杭州市委、杭州市人民政府关于"以工促农、以城带乡"推进社会主义新农村建设的若干意见》和《杭州市社会主义新农村建设规划》，特制定本办法。

一、扶持对象：成长型农业企业。即有一定基础条件、自主创新能力较强、发展潜力较大、发展前景较好、带动力较大的农业企业。

二、资金来源：市财政每年安排一定资金用于扶持列入重点培育的成长型农业企业发展。

三、列入重点培育的成长型农业企业应符合以下条件：

1. 依法在本市范围内注册，具有独立企业法人资格，实行独立核算的农业企业；

2. 在本市税务部门登记，有较为规范的生产经营管理制度和财务统计制度，做到依法经营、诚实信用、照章纳税；

3. 生产的产品符合国家产业政策及杭州市农业产业发展导向；

4. 企业收购的农副产品原料和安排就业的劳动力 50% 以上来自本市；

5. 近两年企业销售收入、利润总额和上交税收每年均以 10% 以上的速度递增；

6. 自主创新能力较强，近两年用于研发的资金投入占销售收入的比例达到 2.5% 以上；

7. 加工型农业企业应取得食品生产许可证(QS)。

四、成长型农业企业扶持范围：

1. 建设研发中心（技术中心）征地补贴。按征地款的 15％进行补贴。

2. 新增研发生产线投入补贴。按投入额的 15％进行补贴。

3. 科研项目补贴。按研发新产品、新技术、新工艺支出或购买专利款的 30％进行补贴。

4. 购置检测仪器设备补贴。按购置总额的 30％进行补贴。

5. 用于研发投入的银行贷款贴息。按支付贷款利息的 30％进行补贴。

6. 与项目有关的其他需扶持的项目。

以上每个单项补贴不超过 20 万元。当年已享受技改项目的企业不再享受该政策。

五、申报材料。申请扶持资金需提供以下材料：

1. 杭州市成长型农业企业扶持资金申请表；

2. 工商登记复印件；

3. 项目实施情况总结；

4. 企业财务报表；

5. 资金支出原始凭证复印件。

六、申报程序。由杭州市农业产业化领导小组办公室（以下简称市农产办）牵头组织申报，区、县（市）农产办会同当地财政等有关部门在审查核实申报材料的基础上，择优选择项目，上报杭州市农产办，并对申报项目的真实性负责；市农产办会同市级有关部门对上报项目进行审核和筛选，结合年度资金规模，确定扶持资金分配方案，报市政府同意后，由市农产办会同市财政局联合下达资金文件。

七、认定管理。建立成长型农业企业信息库，实行动态管理。

1. 组织认定。成长型农业企业由市农产办会同市农业局、市林水局、市质监局、市科技局、市发改委、市财政局等部门每三年认定一次，数量 50 家，有效期三年。

2. 监测跟踪。建立成长型农业企业报表报送制度，对列入重点培育的成长型农业企业，应在每季度的 15 日前向杭州市农产办报送相关报表，连续两次不报的，取消资格。

八、政策扶持。培育和扶持成长型农业企业是推进农业产业化的一项重要工作，市里将对列入重点培育对象的成长型农业企业实行项目化扶持，加大资金扶持力度；各区、县（市）要制订培育目标和扶持政策，落实财政扶持资金。建立联系、帮助、协调和信息沟通机制，切实解决企业发展中遇到的困难和问题，建立和完善多层次、全方位的社会化服务体系。对列入重点培育扶持的成长型农业企业在用地、融资、用电、税收等方面予以政策倾斜，在培训、信息咨询等方面给予重点服务，帮助企业建立规范的经营管理制度，提高依法经营的自觉性，努力为企业营造良好的发展环境。

九、资金管理。扶持成长型农业企业项目资金必须全额用于生产经营，不得挪作他用。各级主管部门和财政部门应切实加强对项目资金管理和监督工作。凡发现有虚报、骗取、移用扶持资金行为的，一经查实，除责令立即纠正并收回所补资金外，取消该企业今后申报项目的资格，同时停止该区、县(市)下一年度申报此类项目的资格。

十、本办法由杭州市农产办、市财政局负责解释。

宁波市出台 2010 年粮食生产扶持新政策

为促进粮食生产的稳定发展，确保全市粮食安全，宁波市政府下发了抓好粮食生产的通知，要求各地加大工作力度，完善粮食生产扶持政策，确保粮食播种面积、总产比上年有所增加。

除了落实国家农资直补、水稻良种补贴等政策和继续实施种粮大户收购环节补贴之外，适当提高粮食最低收购价。今年早晚稻最低收购价以去年最低收购价为基础，不低于省出台的稻谷最低收购价，具体价格另行公布。稳定价外补贴政策，早稻每 50 公斤价外补贴 14 元，晚稻和小麦每 50 公斤价外补贴 12 元。对交售订单粮食种子的农户也按上述标准享受订单粮食价外加价政策，杂交稻种子收购每 50 公斤价外补贴 60 元。

适当提高水稻政策性保险理赔标准，每亩保险金额由 400 元提高到 500 元。新增杂交水稻制种和小麦政策性保险，扩大保险覆盖面。按省定政策，水稻政策性保险保费财政补贴标准调整为 90%，即中央和市财政承担 65%、县级财政承担 25%、农户负担 10%，其中"南三县"中央和市财政承担 80%、县级财政承担 10%、农户负担 10%。

加快推进水稻育插秧机械化，今年水稻机插面积要确保 50 万亩，对购置插秧机及育秧流水线的给予 40%～60% 的补贴。大力发展谷物烘干机，对购置谷物烘干机及配套机具的，在国家补贴 30% 的基础上再增 30%，增加部分由市和县（市）区各按 50% 的比例承担；对功能区内服务面积 1000 亩以上的服务组织购置谷物烘干机械的，市财政再增加 5% 补贴。

对开展规模化育秧的服务组织和种粮大户，按季育秧规模 500～1000 亩、1000～3000 亩、3000 亩以上，分别给予每亩秧田 200 元、300 元、400 元的补贴，对规模化后备育秧的（按 5% 育秧面积）每盘给予 2 元补贴。

今年是我市粮食生产功能区建设的关键之年，全市要确保完成 30 万亩粮食生产功能区建设任务，其中市级 18 万亩。

　　对粮食生产功能区内粮食生产服务组织,服务面积达到 2000 亩(复种面积 3200 亩),且符合有关规定条件的(另行制定),每家给予 2 万元的一次性补助。服务面积每递增 1000 亩(复种面积递增 1600 亩),一次性补助标准递增 1 万元。

　　每个市级粮食生产功能区都要建立中心示范方,开展"双千"工程(亩产 1000 公斤和亩效益 1000 元)。全面启动标准农田质量提升工程,在去年试点的基础上今年新增 5 万亩。

温州市人民政府关于推进政策性农业保险的实施意见

温政发〔2009〕62 号

一、总体要求

坚持以科学发展观为指导，深入贯彻实施"两创"战略，以保障现代农业发展、促进农民创业致富为中心，以保护农户灾后恢复生产能力为出发点，以保大灾、保大户、保主要品种为重点，坚持政府推动、农户自愿、市场运作的运行机制，全面推进政策性农业保险，逐步扩大参保品种、参保对象和保险责任范围，进一步完善政策性农业保险制度，构建广覆盖、多层次、可持续的政策性农业保险体系，不断增强农业抗风险能力。

二、目标任务

每年各县（市、区）的农业保险工作要完成年度任务基数的 70％以上，年度任务基数由市政策性农业保险试点工作协调小组办公室下达。通过几年的努力，力争使全市政策性农业保险主要品种大户参保率 70％以上，县（市、区）自选品种参保率 60％以上，参保品种农业增加值占全省农业增加值的 60％以上，为现代农业发展和农民创业致富提供有力保障。

三、落实政策性农业保险制度

（一）落实共保经营制度。根据省政策性农业保险共保体制度，我市政策性农业保险经营业务由首席承保的商业保险公司具体承担。

（二）逐步完善保险责任和费率设置。稳步扩大责任范围，将保险责任扩大到包括热带风暴级以上热带气旋、暴雨、洪水、冻害、常见病虫害、大规模疫病等主要大灾。逐步提高保障程度，保险金额保持在物化成本的 50％左右。科学调整费率设置，使各品种费率水平更加符合实际。

（三）不断发展保险品种。在继续抓好水稻、能繁母猪、奶牛、油菜、公益林等必保品种和大棚蔬菜、露地西瓜、柑橘树、林木、生猪、鸡、鸭、鹅、淡水鱼等选保品种参保工作的基础上，进一步完善政策性农业保险品种目录体系，鼓励各地开办特色保险品种，并报省、市政策性农业保险试点工作协调小组备案。

（四）逐步扩大参保对象。将政策性农业保险参保对象从大户扩大到以大户为主，兼顾农村经济合作社社员和部分散户，让更多种养户得到实惠。将政策性能繁母猪、奶牛、油菜、公益林保险的参保对象扩大到所有符合条件的农户。进一步扩大政策性水稻、大棚蔬菜、露地西瓜、柑橘树、生猪、鸡、鸭、鹅、淡水鱼等保险品种的大户参保面，鼓励农业龙头企业、农村经济合作组织、农民专业合作社在有效控制风险和提高农业产业化水平前提下，组织规模以下种养户参保。

（五）完善定损理赔机制。完善政策性农业保险 24 小时报案、大灾快速理赔等制度，优化大灾理赔流程，加快农业保险理赔速度。抓好政策性农业保险理赔纠纷裁定工作，建立专家库，规范裁定程序。完善政策性农业保险协调小组、村、片农险信息员制度，进一步提高政策性农业保险定损理赔的合理性。

（六）继续探索互助合作保险机制。加强互助合作保险与农业合作组织的有机结合，探索开展奶牛、生猪、水产养殖、渔业等互助合作保险。

四、落实政策性农业保险的财政补贴制度和政策支持制度

（一）落实保费补贴制度。按照国家和省政府规定，各级财政安排专项资金，对参加政策性农业保险的农户给予保费补贴。

1. 水稻、油菜保费由财政补贴 90％。永嘉县、洞头县、平阳县、文成县、泰顺县、苍南县由中央、省、县财政分别承担 35％、45％、10％，鹿城区、龙湾区、瓯海区、乐清市、瑞安市由中央、省、县（市、区）财政分别承担 35％、30％、25％。区财政承担部分，市财政分担一半。

2. 大棚蔬菜、露地西瓜、柑橘树、林木、淡水鱼等 5 个品种保费由财政补贴 45％。永嘉县、洞头县、平阳县、文成县、泰顺县、苍南县由省、县财政分别承担 27％、18％；鹿城区、龙湾区、瓯海区、乐清市、瑞安市由省、县（市、区）财政分别承担 18％、27％。区财政承担部分，市财政分担一半。

3. 奶牛保费由财政补贴 60％。永嘉县、洞头县、平阳县、文成县、泰顺县、苍南县由省、县财政分别承担 36％、24％；鹿城区、龙湾区、瓯海区、乐清市、瑞安市由省、县（市、区）财政分别承担 24％、36％。区财政承担部分，市

财政分担一半。

4. 生猪、鸡、鸭、鹅保费由财政补贴 65％。永嘉县、洞头县、平阳县、文成县、泰顺县、苍南县由省、县财政分别承担 39％、26％；鹿城区、龙湾区、瓯海区、乐清市、瑞安市由省、县（市、区）财政分别承担 26％、39％。区财政承担部分，市财政分担一半。

5. 公益林火灾保险保费由财政全额补贴。永嘉县、洞头县、平阳县、文成县、泰顺县、苍南县由省、县财政分别承担 60％、40％；鹿城区、龙湾区、瓯海区、乐清市、瑞安市由省、县（市、区）财政分别承担 40％、60％。区财政承担部分，市财政分担一半。

6. 能繁母猪保费由财政补贴 80％。永嘉县、洞头县、平阳县、文成县、泰顺县、苍南县由省、县财政分别承担 60％、20％；鹿城区、龙湾区、瓯海区、乐清市、瑞安市由省、县（市、区）财政分别承担 20％、60％。区财政承担部分，市财政分担一半。

7. 有条件的地方可增加对参保农户的保费补贴。按照省要求，各级财政与共保体以"按实补贴、一年一结"的形式结算。财政安排的保费补贴、超赔补贴和购买再保险等资金应纳入年度财政预算，并以县为单位设立核算账户，省、市和县（市、区）财政对补贴资金实行专户管理、专账核算，每年预算安排的结余部分，应及时转入专户，用于以后年度的"以丰补歉"。

（二）落实风险分担机制。按照省要求，政策性农业保险巨灾责任实行 5 倍封顶方案。具体赔付责任和财政分担比率，按照省政府规定执行。其中区财政承担部分，由市财政分担 50％。

（三）支持共保体开展经营活动。各级政府要进一步完善支持共保体经营的政策措施，促进其可持续经营。支持财政拨款机关事业单位的车辆险、综合财产险等，由承办农险的共保体承保；支持农村拖拉机保险、农村建房综合保险纳入共保体经营；支持政府投资项目综合保险，应由共保体经营；支持政府主导性、政策性的保险业务，首选共保体首席承保人经营；支持农村医疗保险、未成年人保障（含学幼险）纳入共保体经营。各县（市、区）要采取有效措施支持共保体拓展和落实其他涉农保险业务。

五、加强对政策性农业保险工作的组织领导

（一）切实加强组织领导。推进政策性农业保险，提高农业防范和抵御风险能力，事关农业长远发展，事关农民切身利益。各级政府要高度重视政策性农业保险工作，把这项工作摆上重要议事日程，纳入新农村建设考核内容。市、县（市、区）政策性农业保险工作机构要加强协调和指导。发改部门

要及时掌握进度,统筹协调各项工作;农业部门要积极提供农业生产基础数据,强化技术服务,协助保险经营机构组建定损理赔小组,协调巨灾定损,指导理赔纠纷的技术裁定,会同有关部门制订与政策性农业保险工作相配套的具体措施;财政部门要及时落实补助资金,加强对财政资金使用绩效的跟踪监管;气象部门要做好农险气象准确预报等服务工作,加强技术支持。林业、海洋与渔业、民政等部门要积极参与,认真履行职责,确保政策性农业保险工作顺利进行。

(二)不断加大推进力度。各地要进一步发挥乡镇、村干部、农技人员等基层干部的积极性,主动做好政策性农业保险相关工作,组织农业龙头企业、种养大户和农民专业合作社参保,积极引导农户自愿参保。强化政策引导,对参保农户在项目资金扶持、技术指导和培训、灾后重建等方面予以优先考虑安排。

(三)努力提高保险服务水平。共保体要进一步完善基层服务网点设置,推进农村保险服务站和基层代办员制度建设,优化服务,提高经营管理水平和理赔效率。鼓励探索农业保险与农村信贷、林权制度改革有机结合的银保互动机制,有序引导金融资本投资农业。

2009 年 9 月 16 日

绍兴市人民政府办公室关于加快推进农业转型升级促进农业增效农民增收的实施意见（摘录）

绍政办发〔2009〕97号

三、工作重点

（一）稳定发展粮食生产。以农田地力建设、粮食功能区建设、高产创建活动、新型种粮主体培育、粮食产业化经营为抓手，着力建设一批高产稳产良田，推广一批良种良法，培育一批新型粮食生产主体，发展一批粮食生产经营企业，打响一批优质粮食品牌，促进粮食生产专业化、全程机械化、服务社会化，形成以规模型产粮乡镇为重点，种粮大户、家庭农场和粮食专业合作社为主体，良种良法普及率较高、单产水平较高、经济效益较好的粮食产业发展新格局。到2012年，全市达到175万吨的粮食综合生产能力，全年粮食种植面积达到270万亩以上，粮食规模化经营比例达到25％以上，总产量稳定在100万吨以上，良种覆盖率达到98％以上。

（二）培育农业主导产业。以万字号基地为依托，深化农业结构调整，做大做强做优茶叶、蔬菜、畜禽、水产、花卉、干鲜果、竹木等主导产业。加快建设集中联片、环境友好、设施精良、生产标准、高产高效的种植基地、养殖小区。到2012年，良种茶园比例达到60％以上，新增山地蔬菜面积2万亩以上，新建畜禽生态养殖小区15家、健康水产养殖基地10个、特色花卉基地5个。进一步优化品种、品质结构，培育优势农产品品牌，建设一批优质、高效、安全、生态的优势农产品重点生产企业和专业合作社。新增省级以上农业名牌12只以上、无公害农产品60只、绿色食品30只。立足优势产品和区域基础，大力发展农产品精深加工业，拓展农业多种功能，构建现代农业产业体系和优势产业集群。到2012年，主要农产品商品率达到85％以上，建设提升50家有特色、上档次的观光休闲农业园区。

（三）提升农业产业化水平。引导和鼓励发展前景好、市场潜力大的中小型农业企业，通过技术改造、抱团合作、品牌嫁接、资本运作等方式，做大规模，做强实力，形成一批起点高、规模大、带动力强的龙头企业集群。鼓励引导农产品加工企业、基地与农户建立产销合作的利益联结机制，形成"风险共担、利益均享"的利益共同体。鼓励有实力的龙头企业充分利用市外资源，开展跨区域投资经营，提高农业开放度。到2012年，全市农业外拓面积稳定在900万亩以上，农业开放度达到40％以上。大力发展规范化的农民专业合作组织，提升服务水平，增强合作能力，切实提高农业组织化程度。到2012年，农民专业合作社总数达到1200家以上，入社社员4万户以上，年销售50亿元以上。鼓励农业龙头企业到市外、省外拓展农产品市场，培育一批具有较强市场经营能力的贸易流通型龙头企业、中介服务组织和农产品物流基地，形成实物交易与电子商务有机结合、初级集贸市场与专业批发市场相结合的农产品市场体系和物流体系。

（四）建立健全多元化农业投入体系。以推进"三年建设计划"为契机，进一步整合农业产业化、主导产业发展、菜篮子工程等扶持政策，引导各类主体加大投入，推进重点项目建设。通过技改贴息、开发补助、创新奖励等方式，支持一批技术先进、拥有自主知识产权、产业化前景良好的项目，增强农业发展后劲。三年内组织实施重大农业项目100个，完成农业产业升级投资7.2亿元，其中2009年完成投资2.38亿元。到2012年，全市年销售10亿元以上的农业龙头企业达到2家以上，5亿元以上的农业龙头企业达到10家以上，其中2009年新增年销售5亿元以上的农业龙头企业1家，1亿元以上的农业龙头企业2家。抓好农业机械购置、农产品质量检测设施投入，三年完成总投资4.52亿元，其中2009年完成投资1.65亿元。积极搭建平台，引导各类资本投资高效生态农业建设，建立健全以政府为主导、企业为主体、市场资本广泛投入的多元化、多渠道投入体系。

（五）提高农业科技应用水平。围绕现代农业发展的科技需求，积极创新科技体系，促进成果产业化、服务社会化。立足现有产业基础，健全良种培育、引进和推广体系，加强关键技术重大科技协作攻关，建立产、科、研一体的试验基地，提升绍鸭、长毛兔、种猪、优势水产养殖品种、香榧等种子种苗业实力。深化完善责任农技推广制度，着力构建新型农业社会化服务体系，促进农业科技进村入户，提高科技普及到位率。三年内，全面完成乡镇农技推广、动植物防疫、农产品质量安全监管三位一体的公共服务体系建设。鼓励和支持农业龙头企业自建研发机构，与高等院校、科研院所合作，开展联合攻关，提高自主创新能力和核心竞争力。加强涉农信息资源的整合、开发与利用,完善市、县、乡镇、村四级农业信息服务网络,提高农业信息服务的质量和水平。

(六)加强农业安全管理。提高农产品质量、动植物防疫、农业生产的安全水平,促进生产标准化、监管制度化,降低农业生产风险。以市级以上农业龙头企业、专业大户、农民专业合作社为重点,大力推广标准化生产,强化农产品质量安全源头管理,完善农产品安全监测体系及相关的质量认证,积极推行产品安全台账、标识制度和质量安全可追溯制度,杜绝不合格农产品进入市场,全面提高农产品质量安全水平。到 2012 年,农产品标准化普及率达到 60% 以上。加快建设动物防疫规范化乡镇,组建基层动物疫病诊疗机构和村级动物防疫员队伍,夯实动物防疫工作基础。深化"平安农机"、"平安渔业"建设工作,建立健全教育、预防、监督、惩罚并重的安全生产防范机制,提高农业安全工作水平。

(七)抓好农业基础建设。大力实施农田水利工程、农机化促进工程和设施农业示范工程,促进生产设施化、装备机械化,提高农业综合生产能力。加强农田水利建设,着力建设一批"田成方、路相连、渠相通、树成行"的标准农田。加强基本农田保护,防范农田设施损坏,提高农田有效灌溉面积、旱涝保收面积的比例。深入实施农机化促进工程,加快推广先进适用机械设备,扩大农机在粮食及主导产业发展关键环节的装备和应用水平,提高农业劳动生产率。大力实施设施农业示范工程,建设一批设施化水平较高的大棚基地,扩大节水灌溉示范,推广节地技术,提高设施农业的质量水平和效益。

(八)推进农业人才队伍建设。着力培养和造就一批有文化、善经营、懂管理的新型农民,提高其创业能力、致富能力、带动能力,促进农民职业化、知识现代化,为现代农业发展提供人力资源保障。实施农村实用人才培训工程。到 2012 年,全市农村实用人才总量达到 11 万人,培育科技示范户 1 万户,获得各类职业技能证书的实用人才达到 2.5 万人。鼓励大中专毕业生从事种养业、农产品加工业,创办家庭农场。引导科技示范户、农村经纪人通过科技示范、中介贩销、信息服务等方式,带动周边农户共同增收致富。

(九)完善农业发展体制机制。建立健全适应现代农业发展的体制机制,促进投入制度化、管理规范化。进一步稳定强化各项财政支持政策,加大对农业基础设施建设、农业科技开发、良种良法和农业机械推广、农民培训教育等的财政转移支付力度。在坚持家庭联产承包责任制的基础上,深化农村土地制度改革,鼓励农民依法自愿转让土地承包经营权,健全流转服务组织,建立土地流转市场,促进农村土地的有序流转,推进农业规模经营。

272

完善农村基本公共服务体系,逐步将一家一户办不了、办不好的涉及农民切身利益的问题纳入公共财政支出范围,构建以工补农、以城带乡的长效机制。坚持和完善农业补贴制度,建立按对社会贡献大小进行补贴的制度。扩大政策性农业保险覆盖面,建立和充实各类风险资金,提高理赔率。按照谁污染谁治理、谁受益谁补偿的原则,加快建立生态补偿机制。

衢州市关于加快土地承包经营权流转促进农业规模经营的意见

衢委办〔2009〕61号

各县(市、区)委、人民政府,市级机关各单位:

为深入贯彻党的十七届三中全会精神,加快推进农业现代化和城乡统筹发展,根据浙江省委办公厅、省人民政府办公厅《关于积极引导农村土地承包经营权流转促进农业规模经营的意见》(浙委办〔2009〕37号)精神,经市委、市政府同意,现就加快农村土地承包经营权流转(以下简称土地流转),促进农业规模经营提出如下意见:

一、加快土地流转推进规模经营的指导思想、总体目标和基本原则

(一)指导思想:以科学发展观为指导,深入贯彻"创业创新、富民强市"战略,在保持与稳定现有土地承包关系不变的基础上,通过完善制度保障、加大政策扶持、强化组织领导,创新土地流转机制,培育土地流转市场,促进土地资源优化配置,提高土地集约经营水平,促进农业转型升级,进一步加快现代农业发展和新农村建设进程。

(二)总体目标:到2012年,农业土地资源配置得到明显优化,全市土地流转率达到35%以上,其中农业规模经营(100亩以上)率达到60%以上,土地集约程度和经营者的规模效益明显提高。

(三)基本原则:坚持依法、自愿、有偿;集中连片、规模经营;因地制宜、分类指导;规范管理、有序推进的原则。

二、积极引导加快土地流转,发展高效规模农业

(一)引导形式多样的土地流转。积极引导鼓励离乡和兼业农户依法采取转包、出租、互换、转让、股份合作等形式流转土地。支持村、组集中连片

流转,推进承包农户委托发包方或土地中介服务组织流转承包土地,鼓励农户在承包期内长久流转,鼓励土地季节性流转。大胆创新土地流转机制,鼓励农户以土地承包经营权作价出资的形式组建农民专业合作社或向合作社增资,变土地资源为土地资本,并通过集约化经营、实行保底分红和二次返利等途径获取收益。土地整理、耕地质量提升、农业综合开发等工程实施后的土地,在不损害原承包者土地承包权益的前提下,可以实行"明确权属,不确定田块"的方式,积极引导鼓励土地流转,实行规模经营。

(二)加快培育农业规模经营主体。积极发展专业大户、家庭农场、农民专业合作社、农业龙头企业等规模经营主体,支持农村各类专业大户、农技推广人员、基层供销社、村级组织牵头创建专业合作社。大力发展农业社会化服务组织,通过多元化、多层次农业作业的社会化服务,推进土地规模经营。大力引进市外资本、民间资本投资农业,创办龙头加工企业,建立农产品基地,发展规模农场。

三、政策激励,营造良好的农业规模经营氛围

(一)加大对土地流转的扶持力度。各级财政要加大投入,制定扶持政策,拓宽投入渠道,完善土地流转激励措施。通过以奖代补、贷款贴息、整合投资项目等多种形式,扶持土地流转和规模经营的农户。

(二)加大金融和政策性保险支持。放宽农村金融准入政策,加快建立现代农村金融服务体系,发挥金融机构服务"三农"作用。加大对农业规模经营主体的信贷支持力度,对实力强、资信好的农业规模经营主体给予一定的信贷授信额度,简化贷款手续,实行优惠贷款利率。完善政策性农业保险制度,逐步提高保险标准,增加保险品种,扩大农业规模经营主体投保率,化解规模经营生产的风险。创新贷款担保方式,扩大农业有效担保物,提高抵押贷款比例,鼓励开展林权抵押贷款和股权、应收账款质押贷款,推动开展农房、土地承包经营权抵押贷款,拓宽农村融资渠道。农业担保公司要以专业大户、农民专业合作社和农业企业为主要担保对象,切实解决担保难问题。

(三)建立健全农村社会保障制度。加快建立高覆盖、保基本、多层次、可持续的农村社会保障体系。完善生活保障、住房保障、农村社会救助、农民工权益保护等农村社会保障制度。积极探索以农民缴费为主、政府补贴为辅、村集体经济组织给予补助、有一定社会统筹性质的养老保险制度试点,解除土地流出户的后顾之忧。

(四)加大基础设施的投入。通过农业综合开发、土地整理、农田水利项

目建设等多种途径,进一步改善农业生产条件,夯实发展基础,提高农业综合生产能力。对已形成规模经营的流转土地,在符合立项条件的前提下优先安排土地整理、耕地质量提升、特色农产品基地、农业综合开发等相关农业基础设施建设项目。建立涉农部门、农技人员与规模经营主体挂联制度。

(五)加快推进农村劳动力转移就业。大力实施农村劳动力培训工程,加强农民技能培训,推进农村劳动力转移,实施城乡一体的就业政策,加快农村劳动力向非农产业转移。

(六)落实农业生产配套设施用地政策。凡流转期限5年以上并签订流转合同、经营面积100亩以上的专业大户、农民专业合作社、现代农场和农业企业等,因生产需要建造仓(机)库、生产管理用房、晒场等临时农业生产配套设施的,要尽量不占用耕地、多用非耕地及未利用地。确需占用耕地的,在不破坏耕作层的前提下,允许其在流转土地范围内按流转面积5‰左右比例使用,作为设施农用地,由农业部门审查,国土资源部门审核,县级以上人民政府审批,报上一级人民政府国土资源管理部门备案。投资规模大、带动能力强的土地流转项目,实行"一事一议"政策。

四、积极培育土地流转市场,推进土地流转规范化

(一)加快土地经营权流转市场培育。市、县(市、区)要建立土地流转指导中心,开发信息网络平台,收集、发布土地流转信息,开展法规政策咨询,对流转合同审查备案,服务指导土地流转工作;乡镇都要建立土地流转服务中心,审核、发布土地流转信息,引进农业规模经营主体,指导土地流转合同的签订,协调土地流转价格;村级要设立土地流转信息员,有条件的村要建立服务站,搜集流转土地的农户信息,协调流转双方关系。鼓励社会力量创办土地流转中介服务组织。对管理规范、服务到位、绩效明显的土地流转中介服务组织、乡镇土地流转中心、村级土地流转服务站,当地财政在保障工作经费的同时,给予一定奖励。

(二)完善土地流转价格形成机制。发挥市场在土地流转中的基础性作用,采用协商、投标等方式合理确定价格。提倡"实物定价,货币结算",受让方每年根据农产品市场价格付清农户的流转费用。探索建立土地流转价格评估制度,县(市、区)土地流转指导中心公布土地流转指导价。

(三)规范土地流转行为。建立健全有效的工作机制和规章制度,加强对受让方资信、经营能力和流转合同的审核审查,规范经营主体准入,加强对投资项目的预审,保护流转主体的权益。建立合同档案管理制度,全面推进土地流转合同的管理,统一使用规范化格式合同。县(市、区)要加大投

入,加快土地承包和流转信息化建设,及时登记、变更农户土地承包和流转信息,逐步建立完整的土地承包和流转档案,力争到 2012 年,县(市、区)实现县、乡、村三级联网,对土地流转实行信息化管理。

(四)建立土地承包和流转的纠纷调处机制。建立健全协商、调解、仲裁、诉讼为主要内容的纠纷解决制度。乡镇、村要及时处理土地承包和流转中出现的信访问题。

各县(市、区)要加快建立农村土地承包纠纷调解仲裁机构。人民法院要积极支持调解仲裁机构开展工作,并受理相关的诉讼,保护农民的合法权益。

五、加强对土地流转工作的领导

土地流转工作涉及面广、政策性强,关系到广大农民群众的切身利益和农村改革发展稳定。各级要高度重视,建立党委、政府领导牵头,有关部门参与的组织机制,研究、协调、落实土地流转工作。将加快土地流转促进规模经营工作列入党委、政府的考核目标。各级要加强农村经营管理队伍建设,各乡镇要有熟悉业务人员从事土地流转工作,做到有人管事、有人办事、有章理事;做到有规模经营需求,就能提供土地资源;有土地流转,就签订流转合同,并做到规范有效。市财政每年从预算安排的农村改革重点项目扶持专项资金中切出一块,专项用于市本级(含柯城区、衢江区)土地流转服务组织、中介组织和规模大户(专业合作社)的扶持和奖励。

关于改善农民专业合作社金融服务的意见

2009 年 10 月 26 日

为贯彻落实党的十七届三中全会精神,扶持农民专业合作社加快发展,使之成为引领农民参与国内外市场竞争的现代农业经营组织,现就改善我市农民专业合作社金融服务提出如下意见:

一、充分认识改善农民专业合作社金融服务的意义

我市是中国农民专业合作社的发祥地。经过近十年的发展,农民专业合作社已成为我市现代农业的重要经营主体。实践证明,农民专业合作社是解决"三农"问题的重要载体,是改造传统农业建设现代农业的主要力量,是社会主义新农村的重要组织基础。近年来,我市金融机构按照《中共台州市委办公室、台州市人民政府办公室关于加强金融机构支持社会主义新农村建设的通知》(台市委办发〔2006〕37 号)要求,加大对农民专业合作社的信贷支持,促进了农民专业合作社的快速发展。但是,从总体上看我市农民专业合作社规范化水平还不高,多数农民专业合作社经济实力不强,信用基础薄弱,可抵(质)押财产不多,为农民专业合作社服务的金融机构和金融产品还比较单一,金融服务手段还不能充分照顾农业生产经营的特点,农业担保和保险体系建设滞后。这些问题已经严重制约了我市农民专业合作社的进一步发展,改善农民专业合作社金融服务已经是一项紧迫的任务。

二、切实加强农民专业合作社信用基础建设

(一)加强农民专业合作社规范化建设。深入实施农民专业合作社素质提升工程,建设一批产权明晰、制度健全、管理民主、运行有序、分配合理的规范化农民专业合作社,打造一批骨干型、龙头型农民专业合作社,增强农民专业合作社自身的经济实力,增强农民专业合作社的信用可信度,降低金

融机构贷款风险。各金融机构要重点加强规范化农民专业合作社和骨干型、龙头型农民专业合作社的金融服务。

（二）加强农民专业合作社信用建设。农村合作金融机构要把规范化农民专业合作社全部纳入农村信用评定范围，配合政府部门继续开展农村信用工程建设，开展金融知识宣传，增强农民的金融意识，普及信用知识，形成"讲信用、守信用、用信用"的良好社会氛围。通过建立信用档案，记录和监督农民专业合作社及其成员的信用状况。对信用状况良好的，要加大支持力度，增加信贷额度，实行优惠利率；对恶意拖欠、逃避银行债务的，要取消其贷款资格，并予相应制裁。

（三）鼓励农民专业合作社为金融服务提供协助。建立农民专业合作社推荐客户制度，由农民专业合作社选择行业内运作规范、信用良好、效益明显的优质农户推荐给金融机构，金融机构对被推荐农户尽量简化贷款手续，实行优惠贷款利率。推行农民专业合作社贷款联保制度，由农民专业合作社按自愿原则组织成员签订联保协议，通过互保互益、共担风险的形式提高成员获贷能力。探索依托农民专业合作社联合会组织农民专业合作社信贷担保公司，为成员单位及农民专业合作社成员提供信贷担保。

三、构建支持农民专业合作社发展的金融服务机制

（一）完善支持农民专业合作社发展的金融服务体系。各金融机构要切实加大对农民专业合作社的信贷支持力度，宜户则户，宜社则社，向农民专业合作社及其成员提供优惠的信贷支持和便捷高效的金融服务。农村合作金融机构要继续发挥支农主力军的作用，加大授信贷款力度，增加对农民专业合作社法人及其成员的授信贷款额度。农业银行、农业发展银行要继续发挥支持农业、服务农村的作用，将农民专业合作社列入支持范围，积极扶持农民专业合作社发展。邮政储蓄银行要积极探索服务农民专业合作社的有效途径。台州市商业银行、浙江泰隆商业银行、浙江民泰商业银行等金融机构要发挥经营灵活的优势，拓展农村业务。其他股份制银行也要积极探索支持农村经济发展、加大农民专业合作社信贷投入的有效举措。全面建立政策性农业保险制度，增强农产品抗风险能力，降低信贷风险。加快建立政策性农信担保公司，缓解农民专业合作社贷款担保难的问题。

（二）创新适合农民专业合作社需求的金融产品。各金融机构要在风险可控的前提下，简化信贷程序和手续，设计适合现代农业生产经营特点的金融产品，方便农民专业合作社及其成员融资。农村合作金融机构要适应农户小额贷款新需求，全面推广"丰收小额贷款卡"，完善农村住房抵押贷款、

农村土地承包经营权流转质押贷款、商标质押贷款、林权抵押贷款等新业务。城市商业银行对农民专业合作社要实行与工商企业一视同仁的经营策略,将扶持中小企业发展的经验移植到农民专业合作社上来,设计适应农民专业合作社及其成员需要的金融产品,支持当地农业产业发展。

(三)探索发展新型农村金融机构。支持有条件的农民专业合作社开展信用合作,创办农村资金互助社,开展成员间的资金互助。支持有条件的农民专业合作社入股农村合作金融机构。继续探索村镇银行和小额贷款公司的建设。

四、多方合作共同做好改善农民专业合作社金融服务

工作农村金融服务是半公共产品。各级党委、政府要切实加强领导,把改善农民专业合作社金融服务作为促进农业转型升级工作的一项重要内容,组织相关政府部门、金融机构为农民专业合作社发展提供更为有效的服务,形成共同服务的工作机制。要采取激励措施,切实降低金融机构开展农村信贷服务的成本和风险,提高金融机构开展农村信贷服务的积极性。财政部门要落实专项资金,加大对农民专业合作社和种养殖大户等的贷款贴息,建立完善农业贷款风险补偿基金。中国人民银行要加强对金融支持"三农"的政策指导,运用有区别的存款准备金率、支农再贷款、再贴现等政策,指导各金融机构深化农村金融创新工作,引导金融机构支农信贷有较大增长。银监部门要加强涉农金融机构的检查监督,确保小额农贷每年有合理的增长幅度;做好农村资金互助社的试点工作,指导农民专业合作社开展资金互助。农业部门要加强对农民专业合作社财务会计业务的指导和监督,组织农民专业合作社开展规范化建设和骨干型合作社培育。发改部门要做好政策性农业保险工作,建立和完善农业风险保障机制。供销合作社要做好农信担保公司工作。各职能部门要相互配合,形成合力,不断改善农民专业合作社金融服务措施和服务环境,使我市农民专业合作社发展再上一个新台阶。

参 考 文 献

[1] 浙江统计局,浙江省农村社会经济调查队.2007 浙江省统计年鉴.北京:
中国统计出版社,2007.

[2] 浙江统计局,浙江省农村社会经济调查队.2009 浙江省统计年鉴.北京:
中国统计出版社,2009.

[3] 国务院研究室中国农民工问题研究课题组.中国农民工调研报告.北京:
中国言实出版社,2006.

[4] 浙江省农业厅."农业创业创新主体培育路径对策研究",重点课题调研
报告成果汇编,2009 年 2 月.

[5] 浙江省统计局."浙江省第二次农业普查主要数据公报",浙江统计信息
网,2008 年 3 月 18 日.

[6] 浙江省农业厅."推进土地流转发展农业规模经营对策研究",重点课题
调研报告成果汇编,2009 年 2 月.

[7] 浙江省农业厅.浙江省农经统计资料简要本(2007),2008 年 5 月.

[8] 浙江省农业厅.浙江省农经统计资料简要本(2007),2008 年 5 月.

[9] 曾煜东.台湾农会组织及其对我国新农村建设的启示.农场经济管理,
2007(1).

[10] 张雅燕,等.以色列农业合作社——莫沙夫对完善我国农村社区合作经
济组织的启示.农业经济,2005(2).

[11] 张新光.当代世界农业发展的基本规律及其启示.当代财经,2008(6).

[12] 刘志扬,王利.对美国现代农业建设双重借鉴的思考.农业经
济,2009(6).

[13] 李超民.20 世纪美国农场经营制度的演化与农场支持政策轨迹.世界
农业,2006(2).

[14] 索南加措.美国家庭农场简介.柴达木开发研究,2006(4).

[15] 李志远,李尚红.美国的家庭农场制给予的启示与我国农业生产组织形式的创新.经济问题探索,2006(9).

[16] 张木生.美国新一代合作社的特征、绩效及问题分析.台湾农业探索,2005(1).

[17] 刘立平.澳大利亚农业的特点.中国农业信息,2006(4).

[18] 孙学顺.澳大利亚、新西兰农业考察报告.河南农业,2005(12).

[19] 孙育红.从日本、韩国有关情况看我国农业发展及社会主义新农村建设.现代农业,2008(3).

[20] 黄瑾.日本农协的作用、问题及借鉴.兰州学刊,2007(11).

[21] 杨承建.日本农协的运作模式及综合服务功能.科技情报开发与经济,2007(22).

[22] 黄祖辉.荷兰经验对我省发展现代农业的启示.今日浙江,2007(6).

[23] 肖健.荷兰高效农业中的合作组织.东方城乡报,2007 年 12 月 13 日.

[24] 俞美莲,等.荷兰农业对上海农业发展的启示.上海农业学报,2009(25).

[25] 国家工商总局农村经纪人考察团.荷兰的农业合作社和农民合作组织.工商行政管理,2006(14).

[26] 韩蕴,石缓缓.以色列农业的成功之路.北京农业,2006(11).

[27] 见闻.关注以色列农业发展经验.北京农业,2008(8)上旬刊.

[28] 朱行.世界农业强国巴西农业概述.粮食流通技术,2009(3).

[29] 范三国,等.国外的农业.北京:中国社会出版社,2006.

[30] 李飞,孙东升.巴西的农业支持政策及对中国的借鉴.中国农机化,2007(5).

[31] 刘常喜,等.越南农业改革评析.延安大学学报(社科版),2009(4).

[32] 吴远富.越南合作社改革初见成效.广西日报,2006 年 4 月 11 日.

[33] 吕青芹,等.国外的农业合作社.北京:中国社会出版社,2006.

[34] 史美兰.农业现代化:发展的国际比较.北京:民族出版社,2006.

[35] 马有祥.国外农业行政管理体制研究.北京:中国农业出版社,2008.

[36] 邓常春.印度政府对农业的支持及其成效.南亚研究季刊,2005(4).

[37] 曹建如.印度的农业合作社.世界农业,2008(3).

后　记

本书是《浙江省农民就业问题政策研究》和《浙江省新型农业经营主体政策研究》两项省长课题的最终成果，也是对两项课题前期阶段性论文和咨询报告的进一步深化和提炼。项目负责人是浙江大学中国农村发展研究院（CARD）院长黄祖辉教授和时任浙江省人民政府办公厅副主任、现任浙江省人民政府副秘书长陈龙同志。现将两项目参与人员与作为最终成果的本书参与编著者说明如下：

调研报告篇章和 2007 年浙江省农民就业问题政策课题报告由黄祖辉教授主笔撰写，陈龙同志修订，CARD 博士生俞宁参与了该项目的前期问卷设计、问卷调研、数据分析和报告撰写等工作，浙江大学学生三农协会（PRAA）的同学也为问卷的调研工作作出了重要贡献。2008 年浙江省新型农业经营主体政策课题报告由黄祖辉教授和陈龙同志主笔撰写与修改，CARD 博士生硕士生王朋、博士生俞宁、博士生邵科参与了整个项目的问卷设计、调研、数据分析与调研报告撰写等工作，其中王朋对课题报告形成有重要贡献，CARD 硕士生李兮芝、胡济飞、方辉东与王鑫鑫参与了该课题的数据调研。

典型案例篇章，由农业专业大户典型案例、农民专业合作社典型案例与农业龙头企业典型案例三大部分组成，案例取材自浙江省新型农业经营主体课题的 10 个调研县（市、区），王朋、俞宁、邵科分别负责完成各自调研县（市、区）的案例材料整理，并且由王朋统稿，黄祖辉教授审定。案例原始材料由 10 个调研县（市、区）的农经部门或者大户（合作社、龙头企业）负责人提供，这里不再一一说明。

国际经验篇章，由 CARD 博士生扶玉枝编辑撰写，黄祖辉教授审核修订。政策法规篇章，由俞宁编辑整理。全书的统稿及初步修订工作由俞宁负责，黄祖辉教授负责本书的构思、体例、最终审核和定稿等工作。

在两个项目立项及实施期间，CARD 客座教授、前浙江省农办副主任、浙江省人民政府咨询委员会委员、浙江省农经学会会长顾益康同志,为项目的构思、开展和报告的撰写提供了大量宝贵的意见。

CARD客座研究员、浙江省农业厅经管处处长童日晖同志为报告的形成提出了许多中肯的意见,并且为两个项目的调研地点落实提供了许多方便。

感谢农业厅经管处吕丹同志为调研点落实与联系所作的许多细致入微的工作;感谢浙江省新型农业经营主体政策课题所调研的10个县(市、区)农业局(农经站)领导同志对课题的支持,感谢具体配合课题组人员进行调研同志的帮助,这10个县市分别是湖州市长兴县、嘉兴市嘉善县、杭州市余杭区、绍兴市绍兴县、宁波市鄞州区、台州市三门县、温州市苍南县、丽水市松阳县,衢州市常山县和金华市浦江县;更要特别感谢具体走访的36个乡镇、96个村的基层同志的帮助,以及186个农业专业大户、102个农民专业合作社和44个农业龙头企业负责人的积极配合。没有你们的大力支持,就没有本课题的顺利完成。

虽然两个课题当初的立项都有一定的前瞻性,并都取得了一定的研究进展,课题研究报告也得到了浙江省副省长陈加元同志和时任浙江省副省长的茅临生同志的批示。但由于课题组能力和水平所限,相对最理想的研究目标,目前的课题研究成果肯定还存在一些不足。希望两课题的成果以书稿形式正式出版后能够得到各位政府工作人员,学术界各位专家学者,以及合作社、龙头企业、大户和普通农民等实务界同志的批评指正!

编　　者

于浙大华家池

2010 年 4 月

图书在版编目(CIP)数据

新型农业经营主体与政策研究/黄祖辉,陈龙编著.
—杭州:浙江大学出版社,2010.7
ISBN 978-7-308-07777-4

I.①新… II.①黄…②陈… III.①农业经济—研究—浙
江省 ②农业政策—研究—浙江省 IV.①F327.55

中国版本图书馆 CIP 数据核字(2010)第 125008 号

新型农业经营主体与政策研究
黄祖辉　陈　龙　编著

责任编辑	吴伟伟
封面设计	俞亚彤
出版发行	浙江大学出版社
	(杭州市天目山路 148 号　邮政编码 310007)
	(网址:http://www.zjupress.com)
排　　版	杭州大漠照排印刷有限公司
印　　刷	杭州日报报业集团盛元印务有限公司
开　　本	710mm×1000mm　1/16
印　　张	18.25
字　　数	327 千
版 印 次	2010 年 8 月第 1 版　2010 年 8 月第 1 次印刷
书　　号	ISBN 978-7-308-07777-4
定　　价	42.00 元